# 自由なき世界 上

フェイクデモクラシーと新たなファシズム

THE ROAD TO UNFREEDOM RUSSIA, EUROPE, AMERICA Timothy Snyder

ティモシー・スナイダー
池田年穂＝訳

慶應義塾大学出版会

我らが時代の英雄、報道記者たちへ

自由なき世界（上）◇目次

下巻目次

# 凡例

1　原題 *The Road to Unfreedom* にある Unfreedom（本書文中でも「自由なき世界」）は著者による造語である。日本語訳の題名の決定にサジェスチョンを寄せてくれた著者スナイダー氏に感謝する。

2　本書を貫く対立概念である「必然性の政治」(politics of inevitability)、「永遠の政治」(politics of eternity) は著者による造語である。前著『暴政――20世紀の歴史に学ぶ20のレッスン』の「エピローグ　歴史と自由」にすでにキーワードとして顔を見せていた。本書中には他にも sadopopulism (sadopopurist), schizofascism (schizofascist) といった魅力的な概念が出てくるが、それらの語の初出も一般的に著者に帰せられている。

3　本文中では外国語は、原則として英文アルファベットの使用にとどめた。英文アルファベットへの翻字については原註ページを参照のこと。

4　［　］は著者による補いや註であり、〔　〕は訳者による註である。

# プロローグ（二〇一〇年）

　息子が生まれたのはウィーンだった。難産だったので、オーストリア人の産科医とポーランド人の助産師がまず心配したのは赤ん坊のことだった。息子は呼吸《いき》をしていた。母親は少しの間《ま》彼を抱いてから、手術室に運ばれていった。助産師のエヴァが、赤ん坊を私の腕にそっと預けた。息子も私も、次に起きたことにいささかとまどいながら、身体をぴたりとくっつけ合っていた。緑色の手術着をまとった外科医たちが、マスクをパチンとかけて足音も高く霞のように私たちの前を走り抜けたとき、息子は焦点の合わないスミレ色の瞳で宙を見上げていた。

　次の日はすべてが順調のようだった。看護師たちから、母子とも明日の朝までこちらで看ているから、通常の退出時間の午後五時には病棟からお帰りくださいと言われた。そこでようやく、いくぶん遅れはしたが、Ｅメールで息子の誕生を皆に知らせることができた。なかには、大勢の人の命を奪った大惨事を知るのと同時に私からの吉報を読むことになった友人たちもいた。友人の一人で、私が前世紀にウィーンで出会っていた学者仲間は、ワルシャワ・ショパン空港で飛行機にさっさと乗りこんでいた。私のメッセージは光の速さで送られたが、それでも彼に届くことはなかった。

二〇一〇年は過去を顧みるのにふさわしい年だった。その二年前に起きた金融危機で世界の多くの富が失われ、回復の鈍さは富裕層に有利に働いていた。アメリカ合衆国の大統領にはアフリカ系アメリカ人が就いていた。二〇〇〇年代に入ってからのヨーロッパの大いなる冒険、すなわち欧州連合（EU）の東方への拡大は、ついに完了したかに見えた。二一世紀に入って一〇年、ヨーロッパでの共産主義の終焉から二〇年、第二次世界大戦の開戦から七〇年を閲《けみ》して、この二〇一〇年は、もろもろの判断を下すのにふさわしい年であるかに思われた。

その年、私はまさにその作業に、死を間際にした一人の歴史家とともに取り組んでいた。トニー・ジャットを私が高く評価する理由は、何より彼が二〇〇五年に上梓したヨーロッパの歴史書『ヨーロッパ戦後史』にある。これは帝国の断片を寄せ集め、世界最大の経済圏にして民主主義の最重要地域にまとめあげるというEUの信じ難い成功について詳述したものだった。この書は、ヨーロッパ・ユダヤ人のホロコーストの記憶に関する省察で締めくくられていた。二一世紀には、手順を踏み、金を注ぎこむだけではじゅうぶんとは言えなくなるだろうとジャットは示唆していた――政治を良識あるものにするためには、恐怖の歴史を語り継ぐことが必要になるだろう、と。

二〇〇八年、トニーは神経変性疾患である筋萎縮性側索硬化症（ALS）を発症していた。意のままにならない身体に閉じこめられて、確実に死にゆく運命にあった。トニーが両手を使えなくなってから、私たちは二〇世紀に題材を得た対話を録音し始めた。二〇〇九年に話し合っていた時点で、二人ともが懸念を抱いていたのは、「資本主義は不変であり民主主義は必然である」とアメリカ人が思いこんでいることだった。以前にトニーは、二〇世紀に全体主義に手を貸した無責任な知識人について著したことがあった。そして今や、二一世紀に新たに見られる無責任な態度について危惧していた。その態度とは、議論を平板なものにし、政策を無効にし、不平等を常態化させてしまう「思想の完全な拒絶」であった。

トニーと対話を重ねていたころ、私は、一九三〇年代と四〇年代のヨーロッパでナチス・ドイツとソヴィエト連邦が犯した政治的大量虐殺の歴史について執筆を進めていた。その書はそもそも、ナチス・ドイツとソヴィエト社会主義共和国連邦の支配が重なった土地にいて両方の体制を経験した人々と彼らの故郷、とりわけユダヤ人、ベラルーシ人、ウクライナ人、ロシア人、バルト人、ポーランド人の存在あってこそ語り始めることができたのだった。その書の内容——計画された飢餓、死の穴、ガス室——は陰鬱ではあったが、前提としていたのは前向きなものだった。大量虐殺のもろもろの原因が突き止められようし、死者の言葉を蘇らせることもできよう。真実が語られ、そこから教訓を学ぶことができるはずだ、というのが前提だったから。

その書の章の一つは、二〇世紀における転換点、すなわちヨーロッパで第二次世界大戦の発端となったナチス・ドイツとソ連の同盟関係を主題にしていた。一九三九年九月、ナチス・ドイツとソ連は、両国ともポーランド国家とポーランドの政治階級を破壊する目的を持ってポーランドに侵攻した。一九四〇年四月、ソ連の秘密警察が二万一八九二人のポーランド人戦時捕虜を殺害した。犠牲となった者の多くは、教育を受けた予備役将校だった。男たち（女性も一人含まれていたが）は、五ヶ所の処刑場で後頭部を銃で撃たれて殺害された。その処刑場の一つがソ連のロシア共和国にあるスモレンスク近郊のカティンの森だった。ポーランド人にとってカティンの森の虐殺は、汎《ひろ》くソ連の弾圧を意味するようになった。

第二次世界大戦後のポーランドは共産主義体制の支配下に入り、ソ連の衛星国であったため、カティンの森事件については議論ができなかった。歴史家は、一九九一年にソ連が崩壊してはじめて何が起きたのかを解明することができた。ソ連の公文書によれば、この大量虐殺がヨシフ・スターリンによって直接に承認された周到な政策であったということに疑問の余地はなかった。ソ連が終焉を迎えたあと、新たに生まれたロシア連邦は、スターリン主義者によるテロルの遺産を処理するのに苦労していた。私が自分の書の最終の仕上げにかかっていた二〇一〇年二月三日、ロシアの首相がポーランドの首相に対して驚くべき提案をした。四月に「カティンの森事件」の七〇周年追悼式典を共同で行おうと持ちかけたのだ。息子の出産予定日だった四月一日の真夜中、私は書きあげた原稿を出版社に送った。そして四月の七日、ポーランドの首相に率いられたポーランド政府派遣団がロシアに到着した。私の妻が出産したのはその翌日のことだった。

その二日後、ポーランド代表団の第二陣がロシアに向けて出発した。そのなかにはポーランド大統領夫妻のほかにポーランド軍司令官、国会議員、市民活動家、聖職者、一九四〇年のカティンの森事件の犠牲者の遺族がいた。代表団のメンバーの一人が、私の友人にして高名な政治理論家——そして追悼式典の責任者を務める文化副大臣——のトメク・メルタだった。二〇一〇年四月一〇日の土曜の早朝に、トメクは機上の人となった。午前八時四一分、飛行機はスモレンスクにあるロシア軍飛行場の滑走路手前で墜落した。生存者はいなかった。ウィーンの産科病棟で携帯電話が鳴り、新米ママのポーランド語の叫び声が病室に響きわたった。

次の日の夜、私は息子の誕生の報告への返事に目を通した。友人の一人は、喜びの只中で私が悲劇を知ることになるのを心配してくれていた。「君は自分が辛い状況にいると知らないようなので、トメク・メルタが亡くなったことを僕から伝えねばならない」。飛行機に乗ることになっていた別の友人は、予定を変えて自宅にいることにしたんだよ、と書いてよこした。彼の妻が数週間後に出産を控えていたのだ。

彼はメールの最後にこう書いていた。「これからは何もかもが変わってしまうね」。

オーストリアでは、出産したばかりの母親たちは、新生児の食事、入浴、世話などについて看護師から教わるため、産科病棟に四日間入院することになっている。それだけの時間があれば、家族同士が顔なじみになり、親たちはどの言葉なら相手に通じるかがわかって、自然と会話が始まるものだ。産科病棟で翌日にポーランド語で交わされたのは陰謀説だった。噂は具体性を帯びていた。ロシアが飛行機を撃ち落としたとか、首相とは出身政党が異なる大統領の殺害計画にポーランド政府が一枚噛んでいたとか……。ポーランド人の新米ママの一人に、どう思いますかと尋ねられた。どれもまるでありそうにない話ですね、と私は答えた。

翌日には退院を許された。バスケットのなかで眠る赤ん坊の傍らで、私はトメクについての記事を二つ書いた。一つはポーランド語での死亡記事、もう一つはこの惨事について説明する英文の記事で、私はそれをロシアに対する期待を込めた言葉で締めくくった。ロシアの国土で行われた犯罪の犠牲者を追悼しようと急いでいたポーランドの大統領が亡くなった。ロシアのウラジーミル・プーチン首相には、これを機会にスターリン主義の歴史についてもっと大局的に考えてもらいたい、と希望を述べた。おそらくこれは、二〇一〇年四月の深い悲しみのなかにあっては妥当な訴えであったろうが、推測としてはまったくの見込み違いだった。

「これからは何もかもが変わってしまうね」。そのとおりになった。首相になる前に大統領としてすでに二期を務めていたプーチンが、二〇一一年九月にはふたたび大統領になる意思を表明した。その年の一二月の議会選挙で、彼の政党は低迷したにもかかわらず議会の過半数を獲得した。不正があったと見られるもう一つの選挙を経て、二〇一二年五月にプーチンは大統領に返り咲いた。するとプーチンは、たとえばカティンの森事件についてかつて自ら先駆けて行ったようにソ連の過去について議論することが、以後はなんと犯罪行為として扱われるように計らった。ポーランドでは、二〇一〇年四月のスモレンスクの大惨事が社会を団結させたのは一日限りで、その後何年にもわたりこの一件はポーランド社会を分裂させることになった。大惨事へのこだわりが時とともに強まって、七〇年前の犠牲者が追悼されるはずだったカティンの森の虐殺がどこかに追いやられてしまった。それどころかポーランド人の受難の歴史的エピソードがすべてどこかに追いやられてしまったのだ。ポーランドもロシアも、歴史を振り返ることをやめてしまった。時代は変わりつつあった。あるいは、私たちの時間の感覚が変わりつつあったのかもしれない。

ＥＵに影が忍びよっていた。手頃な保険料ですべてがカヴァーされるウィーンの産科病棟は、このヨーロッパのプロジェクトが成功したことを再認識させてくれるものだ。このような公共サービスはヨーロッパの多くの国ではごく当たり前のことだが、アメリカでは考えられない。私を病院まで運んでくれた速くて信頼できる地下鉄についても同じことが言えるかもしれない。ヨーロッパでは普通のことでも、アメリカではそうはいかないということだ。二〇一三年にロシアはＥＵと対立し、ＥＵを退廃的だし敵対的であると非難した。ＥＵの成功を目の当たりにしたロシア人たちが、かつての帝国も繁栄する民主主義国家に変貌しうるのだと思いかねないことから、ＥＵの存在がロシアにとって突如として脅威になったのだ。

ロシアの隣国ウクライナがＥＵに接近したため、二〇一四年にロシアはウクライナに侵攻し、その領土の一部を併合した。二〇一五年になると、ロシアは、ヨーロッパやアメリカの大勢の人の手を借りて、ウクライナだけでなくヨーロッパやアメリカにまで桁外れのサイバー戦争を仕掛けるようになった。二〇一六年にイギリスが国民投票でＥＵからの離脱《ブレグジット》を決めたが、これはモスクワが長年提唱してきたことだったし、この年アメリカがドナルド・トランプを大統領に選んだが、これもロシアの工作活動の成果だった。この新しいアメリカ大統領の数多《あまた》ある欠点の一つは、歴史を振り返ることができないということだ。トランプは、ホロコーストの犠牲者を追悼する機会があっても追悼の意思表示ができなかったし、自国のネオナチの糾弾もできなかった。

二〇世紀は完全に終わり、そこから教訓が学ばれることはなかった。新たな政治のかたちがロシア、ヨーロッパ、アメリカに出現した――それは新たな時代に似合った、新たな「自由なき世界《アンフリーダム》」である。

スモレンスクの惨事に関する二つの記事を私が認《したた》めたのは、生と死の政治について何年も考えてきたあと、この二つを隔てる膜が薄くなったように見えた夜のことだった。「不幸のさなかの君の幸せ」と友人の一人は書いてきていたが、幸せすらも不幸と同じくらい不当なものに思えた。終わりと始まりがあまりに近すぎるのか、もしくは順番が間違ってしまったように思えた。生の前に死が、誕生の前に臨終が来てしまった。世の中の箍《たが》が外れてしまったのだ。

おそらく二〇一〇年の四月ごろを境に、人間の気質というものが変わってきたのだ。はじめての子どもの誕生を知らせるメールを書いたときは、コンピュータを使うために自分のオフィスまで行かなければならなかった。スマートフォンはまだ普及していなかった。返事が来るのはすぐにではなく、数日か数週間先だろうと思っていた。その二年後に娘が生まれたころには、すっかり状況が変わっていた。スマートフォンを持っているのが当たり前になり、返事はすぐに来るか、そうでなければずっと先かのどちらかだった。子どもが二人になるのは一人のときとかなり違うが、それでも私が思うに二〇一〇年代初めには、誰にとっても時間はさらに細切れになり、とらえどころのないものになってしまった。

時間を生みだすはずの機器が、逆に時間を呑み込んでいた。集中して過去を思いだす能力を失うにつれ、私たちには何もかもが新鮮に見えてくる。トニーが亡くなったあとの二〇一〇年八月に、私はトニーと共同で執筆した書について読者と意見交換するためのブックツアーに出かけた。トニーはこの書に『20世紀を考える』というタイトルをつけた。アメリカ国内をまわるにつれて、私はこの本のテーマがすっかり忘れ去られていることに気がついた。行く先々のホテルの部屋で観たロシアのテレビが、アメリカ人にトラウマを残すこの国の人種の歴史をもてあそび、バラク・オバマがアフリカ生まれだとほのめかしている。なんとも奇妙なことに、それからまもなくアメリカでも、エンターテナーのドナルド・トランプがこの話題を持ちだした。

　アメリカとヨーロッパの人々を新たな世紀に導いたのは、「歴史の終わり」にまつわる物語だった。これを私は「必然性の政治」（ポリティクス・オブ・イネビタビリティ）と呼ぶことにする。必然性とは、未来はただ現在の延長にすぎず、進歩の法則は周知のことで、代替《オルタナティヴ》の策はなく、よって自分たちになすべきことは何もないと感じることだ。アメリカの資本主義者が語るとすれば、それは自然が市場をもたらし、市場が民主主義をもたらし、民主主義が幸福をもたらした、ということになる。かたやヨーロッパの人々が語るとすれば、歴史が国民をもたらし、国民が戦争の経験から平和が良いものだと学んだからこそ統合と繁栄を選んだ、ということになる。

　一九九一年にソ連が崩壊するまでは、共産主義にも独自の必然性の政治があった。それは、自然が科学技術の発展を可能にし、科学技術が社会変革をもたらし、社会変革が革命を引き起こし、革命がユートピアを実現させるというものだ。そして、それが真実ではなかったとわかったとき、ヨーロッパやアメリカの必然性を唱える政治家たちは有頂天になった。ヨーロッパは一九九二年にはEUを成立させるのに忙しかった（マーストリヒト条約は同年に批准され、翌年に発効した）。一方、アメリカは、共産主義者の筋書きの失敗は、資本主義者の筋書きの方が真実であることを裏づけるものだと判断した。共産主義の終焉から四半世紀のあいだずっと、アメリカとヨーロッパは自分たちの必然性の物語を自らに言い聞かせてきたし、そうやって歴史を知らない二一世紀の世代を育ててきたのだ。

だがアメリカの必然性の政治もまた、その手の話の例に漏れず事実に反していた。一九九一年以降のロシアやウクライナ、ベラルーシの運命を見れば、ある体制の崩壊が白紙の状態をつくりだし、そこに自然発生的に市場が生まれ、市場が権利を生みだす……などといったことが起きないのはじゅうぶんわかることだ。二〇〇三年にイラクでこの教訓を再確認することもできただろう――仮に、アメリカによる違法な戦争の首謀者たちが、その悲惨な結末を顧みていたとしたらの話だが。二〇〇八年に世界的な金融危機が発生し、二〇一〇年にアメリカで選挙献金の上限が撤廃されたことにより、富裕層の影響力が肥大化し、有権者の影響力が減衰した。経済的不平等が拡大するにつれ、時間的視野《タイムホライズン》が狭くなり、今よりもっと良い未来が待っていると信じるアメリカ人の数も減った。他国では当たり前に享受できる基本的な社会財――教育、年金、健康保険、公共輸送機関、男性育児休暇、長期休暇――が保証される状態にないアメリカ人は、日々の暮らしに打ちのめされ、未来を意識できなくなっても不思議でなかった。

必然性の政治が崩壊した先には、別の時間の捉えかたが待ち受けている。それは「永遠の政治」（ポリティクス・オブ・エタニティ）だ。必然性の政治は、皆にとってのより良い未来を約束するが、永遠の政治は、繰り返される受難の物語の中心に一つの国家を据える。そうなると時間とは、もはや未来へと延びる一本の線ではなく、過去の同じ脅威へと際限なく回帰する円になる。必然性の政治では、誰一人責任を負う者はいないが、それは物事がすべてひとりでに良い方向に進むと誰もが承知しているからだ。永遠の政治でも、誰一人責任を負うものはいないが、それは自分たちが何をしようとどのみち敵が現れることを誰もが承知しているからだ。永遠の政治を唱える政治家たちは、政府にできるのは社会全体を支援することではなく、ただ脅威から守ってやることだけだと汎《ひろ》く世間に信じさせる。かくして進歩が「運命《ドゥーム》」に道を譲るのだ。

いざ権力を握ると、永遠の政治を唱える政治家たちは危機をでっちあげ、その結果生じる感情を操作する。そして自分たちに改革ができないことや、改革に乗り気でないことから国民の目を逸らすため、頻繁に喜んだり怒ったりするよう国民に教えこみ、未来を現在に埋没させる。また外交政策においては、自国の人々の目に手本のように映りかねない外国の偉業は貶《おとし》めて、あげくはなかったことにしてしまう。永遠の政治を唱える政治家たちは、政治の作り話を伝える技術を駆使して国の内外を問わず真実を否定し、生活を見世物や刹那の感情の次元に引き下げてしまう。

二〇一〇年代には、おそらく私たちが気づいているよりも多くのことが起きていた。スモレンスクの飛行機事故（二〇一〇年）からトランプの大統領就任（二〇一七年）までの怒涛の日々は、おそらく私たちがそれとは知らずに体験した大変化の時期だったのだ。おそらく私たちは、一つの時間の感覚から別の時間の感覚へとすっと移ってゆくところなのだ。なぜなら歴史がいかに私たちをつくっていくか、また私たちがいかに歴史をつくっていくかを、私たちは現在見ようとしていないのだから。

必然性も永遠も、事実を物語《ナラティヴ》に変えてしまう。必然性に惑わされた者は、いかなる事実も、進歩の物語全体を変えることなどない些細な逸脱とみなす。永遠へと転じた者は、どんな新たな出来事も、時を超えて存在するもう一つの脅威に過ぎないと考える。どちらも歴史の仮面を被り、そのくせどちらも歴史を退ける。必然性の政治を唱える政治家たちは、何が起こるにせよ進歩の役に立つのだから、過去の細々したことなど無意味であると説く。一方、永遠の政治を唱える政治家たちは、ある瞬間から別の瞬間へと、何十年あるいは何世紀をもひょいと飛びこえ、無垢と危機の神話を紡ぎだす。彼らは過去に繰り返されてきた脅威に想像をめぐらせては、わざとらしい危機と日常のドラマを創りだすことで、現在に彼らの納得できる空想上のパターンを見いだすのだ。

必然性にも永遠にも、独自のプロパガンダの流儀がある。必然性の政治を唱える政治家たちは、事実を紡いで幸福の蜘蛛の巣を編んでみせる。一方、永遠の政治を唱える政治家たちは、他国の人々の方が自分たちより自由で豊かであるという現実や、知識に基づき改革を練ることができるといった考えを否定するために、事実をもみ消してしまう。二〇一〇年代に起きていることの大半は、政治の作り話——衆目を集め、よく考えるすきを与えない桁外れの物語の数々——を入念にしつらえているにすぎない。とはいえプロパガンダがそのときどんな印象を与えようと、それは歴史が下す最終的な判決ではない。記憶と歴史のあいだには違いがある。記憶は私たちが受ける印象に過ぎない。歴史とは、私たちが苦労してつながりを持たせるものだ――その労を私たちが惜しまないかぎりだが。

本書は、歴史的な時間のために現在を取り戻し、そうすることで政治のために歴史的な時間を取り戻そうと試みるものである。つまりは、事実の重要性そのものが疑問視される時代に、ロシアからアメリカまで現代史における相互に関連した一連の出来事を理解しようとすることになる。二〇一四年のロシアによるウクライナ侵攻は、ＥＵとアメリカにとって、いわば現実認識の試金石だった。ヨーロッパとアメリカの多くの人々には、法秩序を守ることよりも、ロシアのプロパガンダのもたらす幻影を追う方がたやすかった。ヨーロッパとアメリカの人々は、侵攻が実際に行われたのか、そもそもウクライナは国家なのか、ウクライナには侵攻されても当然の理由があったのか……を問うことで時間を浪費してしまった。それによってＥＵとアメリカの抱える深刻な脆弱性が露呈することになり、ロシアはすぐさまそれにつけこんだ。

学問としての歴史は、戦争のプロパガンダに対抗するものとして始まった。最初の歴史書『ペロポネソス戦争史』で著者のトゥーキューディデースは、指導者たちの行動についての彼ら自身の説明と、彼らの決定における真の理由とを慎重に区別した。現代でも、不平等の拡大が政治の作り話を持てはやすなか、調査報道の価値はますます高まっている。調査報道の復興《ルネサンス》が始まったのは、ロシアがウクライナに侵攻しているさなかのことで、このとき勇敢な報道記者たちが危険な場所から記事を送り続けた。ロシアとウクライナでのジャーナリズムの関心はそれまでは泥棒政治《クレプトクラシー》と不正の問題に集中していたのだが、こうしたテーマで経験を積んだ報道記者たちが、今度はこの戦争を報じたのだ。

大規模な不平等が固定化し、プロパガンダが政策に取って代わり、必然性の政治から永遠の政治に移行するなどロシアで実際に起きたことは、アメリカやヨーロッパでも起こりうる。ロシアの指導者たちがヨーロッパやアメリカを永遠の政治に誘《いざな》うことができたのは、ロシアがこれに一番乗りしたからだ。彼らにはアメリカやヨーロッパの弱点がわかっていたが、そもそもそうした弱点は、ロシアの指導者たちが最初に自国で見つけて利用したものだった。

ヨーロッパとアメリカの多くの人々にとって、二〇一〇年代に起きた一連の出来事――反民主主義的な政治が台頭し、ロシアがヨーロッパと対立してウクライナに侵攻し、イギリスが国民投票でEU離脱《ブレグジット》を決め、トランプが大統領選挙で勝利した――はまさに青天の霹靂《へきれき》だった。この驚愕の事態にアメリカ人はおおむね二通りの反応を示した。予期せぬ出来事のことを本当は起きていないのだと考えるか、もしくはこれは前代未聞の事態なので歴史的に理解するなど無理に決まっていると断言するか、のいずれかだった――どのみち万事うまくいくだろうと思うか、もしくは万事が最悪で手の打ちようもないと思うかだったのだ。前者の反応は、必然性の政治に備わる防御メカニズムであり、後者の反応は、必然性が破綻して永遠の政治に道を譲る直前に立てる軋《きし》り音《ね》だ。必然性の政治がまず市民の責任感を徐々に蝕み、その後、重大な問題に直面して破綻すると永遠の政治に陥る。ロシアの推す候補者がアメリカの大統領になったときに、アメリカ人が示したのはそうした反応だった。

一九九〇年代と二〇〇〇年代には、影響は西側から東側へと伝わった。経済や政治のモデルが移植され、英語が普及し、EUと北大西洋条約機構（NATO）が拡大した。そうこうするうちに、ヨーロッパやアメリカの資本主義世界のなかの規制が及ばない空間が、裕福なロシア人を、オフショア口座やダミー会社、匿名取引などといった東側・西側という地理的な区分とは無縁の領域に呼び寄せた。ロシア国民から盗まれた富が、ここできれいに洗浄《ロンダリング》されたのだ。こうした理由もあって、二〇一〇年代になると今度は影響が東から西へと伝わり、例外であったオフショア取引が常套手段となり、ロシアの政治の作り話が国外へと浸透していった。トゥーキューディデースは『ペロポネソス戦争史』のなかで、「寡頭政治」を「少数による支配」と定義し、これを「民主主義」と対立するものとした。アリストテレスは「寡頭政治」を「少数の富裕層による支配」と考えた──こちらの意味での「寡頭政治《オリガーキー》」という言葉が、一九九〇年代にロシア語のなかで蘇り、やがてそれなりの理由があって、二〇一〇年代には英語のなかで復活したのだ。

つまるところ、概念とその実践が、東側から西側へと動いたのだ。「フェイク・ニュース」の「フェイク」という言葉がその一例である。この言葉はアメリカの発明のように聞こえるし、ドナルド・トランプも彼自身の発明だと言い張ったが、実際はアメリカで現れるずっと前からロシアとウクライナで使われていた。これはニュース記事を装った作り話をでっちあげることを意味し、その目的は、特定の出来事についての混乱を拡散し、同時にジャーナリズムの信用を貶めることにある。永遠の政治を唱える政治家たちは、最初に自分たちでフェイク・ニュースを広めておいてから、すべてのニュースは偽物《フェイク》なのさとうそぶき、最終的には自分たちの与える見世物だけが本物なのだと断言する。世界中の公的領域を作り話で埋め尽くそうというロシアの作戦は、二〇一四年にウクライナで着手され、二〇一五年にはアメリカに波及し、二〇一六年のアメリカ大統領選出に一役買った。時間が経つにつれてさらに洗練の度合いを増してはいたが、どこであろうと手法は同じだった。

二〇一〇年代のロシアは、永遠の政治を輸出しようとする泥棒政治《クレプトクラシー》の体制だった——事実の価値を覆し、不平等を維持し、さらにヨーロッパやアメリカにも手を出して自分たちのと同様の傾向に拍車をかけようとしていた。このことはウクライナを見ればよくわかる。この国でロシアは正規戦を戦う一方で、EUやアメリカのプレゼンスを押し戻す作戦を拡大していった。アメリカ最初の親ロシア派大統領候補の顧問は、なんとウクライナ最後の親ロシア派大統領の顧問と同一人物だった。ウクライナでは失敗したロシアの戦術が、アメリカではまんまと成功した。ロシアとウクライナのオリガルヒ（新興財閥、またその頭領も指す）は、くだんのアメリカ大統領候補のキャリアを支えていたやり方を使って、自分たちの資産を隠蔽することもした。これは、どれもがつながっている一つの歴史、私たちの時代に私たちが選択した歴史なのである。

歴史とは、それほどまで今日性《こんにち》を持てるものなのだろうか。ペロポネソス戦争を私たちは古代史と考える。アテネがスパルタと戦ったのは二〇〇〇年以上前のことだからだ。だがその時代の歴史家トゥーキューディデースは、当時自らが経験した出来事を書き記していた。そして彼は、「現在」の利害関係をはっきりさせるのに必要な範囲で「過去」についての考察も含めていた。本書では謹んでその手法に倣うこととする。

本書『自由なき世界』では、現在の政治の問題を明確にし、その問題を覆い隠す神話をいくらかでも払拭するために、必要に応じてロシア、ウクライナ、ヨーロッパ、アメリカの歴史を掘り下げる。また関連する国々からの一次資料をもとに、現代という自分たちの時代を理解するのに役立つ法則性や概念を探求していく。資料の言語――ロシア語、ウクライナ語、ポーランド語、ドイツ語、フランス語、英語――は研究のツールであると同時に、経験の源泉でもある。私はこの数年間のロシア、ウクライナ、ヨーロッパ、アメリカの報道に目を通し、関連する場所の多くに出かけた――それで、もろもろの出来事についての報道と、私自身の経験や私が知る人たちの経験をときに比較することもできた。本書の各章は、特定の出来事と特定の年に焦点を当てている。全体主義思想の復活（二〇一一年）、ロシアにおける民主政治の崩壊（二〇一二年）、ロシアのEUに対する攻撃（二〇一三年）、ウクライナの革命とそれに続くロシアの侵攻（二〇一四年）、ロシア、ヨーロッパ、アメリカにおける政治の作り話の広まり（二〇一五年）、ドナルド・トランプの選挙（二〇一六年）といった具合だ。

必然性の政治は、政治的基盤とは変えようもないものだと匂わすことで、基盤そのものをますます不確かなものにした。未来というのは良好な政治秩序が自動的に継続されるものだと私たちが考えてしまえば、その秩序とは何なのか、それがなぜ良いのか、それがどのように維持されるのか、またどのように改善しうるのか……を問う必要がなくなる。だが歴史とは政治的に考えることであり、またそうあらねばならない。なぜなら歴史こそが、必然性と永遠とのあいだに隙間を穿《うが》って、私たちが必然性から永遠へと漂いゆくのを押しとどめ、私たちが状況を良くする瞬間を垣間《かいま》見せてくれるからだ。

私たちが必然性の世界から身を乗り出して永遠と対峙するときには、崩壊の歴史が修復の指針となってくれるだろう。崩壊こそ、何が抵抗してくるのか、何を強化できるのか、何を再建できるのか、何を考え直すべきなのかを教えてくれるからだ。理解することが力を与えてくれるので、本書の章題では二つの選択肢を投げかけることにした。「個人主義か全体主義か」「継承か破綻か」「統合か帝国か」「新しさか永遠か」「真実か嘘か」そして「平等か寡頭政治《オリガーキー》か」——それゆえに個性、持久力、協調、新しさ、正直さ、公正といったものが政治的な美徳として扱われよう。これらの性質はたんに陳腐な言い回しや嗜好などではなく、歴史における事実であって、その点で物質的な力と変わるところはない。そもそも美徳と、それに感化され育まれる制度とを切り離すことなどできないのだ。

制度は善についての何らかの観念を育むことができ、制度そのものもまたその観念に拠って立つ。制度が栄えるには美徳を必要とし、美徳を育むには制度が必要だ。公的領域においては何が善で何が悪かという道徳的問いかけを、制度の歴史的研究と切り離すことは決してできない。だが必然性の政治、永遠の政治とも、私たちに美徳を無意味なものであるとか、滑稽であるとすら思わせようとする――必然性の政治は、善とはすでに存在しており、予測どおり拡大していくはずだと約束することで。また永遠の政治は、悪はつねに外部にあって、私たちは永遠にその無垢な犠牲者なのだと説くことで。

善と悪とについてもっと賢明な説明を得たいと願うならば、私たちは歴史を蘇らせる必要があるのだ。

# 第1章　個人主義か全体主義か（二〇一一年）

法があるところ国は栄え、不法がまかり通れば国は滅びる。

――ニャールのサガ、一二八〇年頃

例外をつくれる者こそが君主である。

――カール・シュミット、一九二二年

「必然性の政治」とは、思想など存在しないという思想である。その思想に囚われた者は思想など重要ではないと言い切るが、それこそ彼らが一つの強烈な思想の虜になっている証拠にほかならない。必然性の政治の決まり文句《クリシェ》は「他に選択肢はない」というものだ。だがそれを認めることは、歴史を振り返り変革するという個人の責任を否定することである。それでは人生が、前もって買っておいた墓所にある、あらかじめ墓碑銘が刻まれた墓へと無自覚に歩いていくようなものになってしまう。

「永遠」とは、死体から幽霊が立ち現れるかのごとく「必然性」から現れる。資本主義者が語る必然性の政治、つまり市場が政策の代替として機能するとの発想は、進歩への信頼を蝕む経済の不平等を生じさせる。社会的流動性がなくなれば、必然性は永遠に道を譲り、民主政治《デモクラシー》は寡頭政治《オリガーキー》に道を譲る。「無垢な過去」という物語を、おそらくはファシスト思想の助けを借りて紡ぎだす一人のオリガルヒが、本物の痛みを抱える人々に偽物の保護を与えるのだ。テクノロジーが自由に資すると信じることが、この見世物を成り立たせる。集中するかわりに注意散漫になり、現在の不満に未来が呑みこまれ、永遠が日常になる。このオリガルヒは虚構の世界から本物の政治に入りこみ、神話を引き合いに出し危機をでっちあげることで統治する。二〇一〇年代に、そんな人間の一人であるウラジーミル・プーチンが、同類のドナルド・トランプを虚構の世界から権力の座へと誘《いざな》った。[*1]

「永遠の政治」に一番乗りしたのはロシアであり、ロシアの指導者たちは永遠の政治を輸出することで、自分たちの身と財産を守った。最高のオリガルヒのウラジーミル・プーチンは、ファシストの哲学者イヴァン・イリイン（一八八三年―一九五四年）を案内役に選んだ。一九五三年に詩人のチェスワフ・ミウォシュが次のように記している。「二〇世紀半ばになってようやく多くのヨーロッパ諸国の住民たちが、たいていの場合は苦難を通して、複雑で難解な哲学書が自分たちの運命に直接影響を与えるのだと理解するようになった」。こんにち重要な意味を持つ哲学書のいくつかは、イリインの著作である。イリインはミウォシュがこの文章を書いた翌年に亡くなった。一九九〇年代から二〇〇〇年代にかけて、イヴァン・イリインはロシア当局の公認を得て復活を果たし、彼の著作はふたたび日の目を見ることになった――寡頭政治《オリガーキー》を可能にするよう脚色されたファシズムとして、また指導者らが必然性から永遠の政治に移行するのに都合のよい思想として、生き返ったのだ。[*2]

一九二〇年代と三〇年代……イリインの時代のファシズムには、核となる特徴が三つあった。まず理性や法よりも意志や暴力を礼賛し、国民と神秘的めいたつながりを持つ指導者を担ぎあげ、さらにグローバリゼーションを一連の対処すべき課題としてではなく陰謀とみなすというものだ。不平等がはびこる現代の社会に永遠の政治として蘇ったファシズムは、オリガルヒらにとって役立っている。公《おおやけ》の議論であるべきものを政治の作り話に変え、意味ある投票行動をフェイクデモクラシー（まやかしの民主主義）に変え、法の支配を独裁体制に変える……そのための触媒としての役割である。[*3]

歴史はこの先も続き、選択肢はつねに現れる。イリインもその一つだ。イリインは今世紀に蘇った唯一のファシスト思想家というわけではないが、最も重要な人物と言えるだろう。自由なき世界《アンフリーダム》に向かう暮れなずむ道、必然性から永遠にいたる道の案内人なのだ。彼の思想と影響を理解すれば、私たちはその道を見渡して光と出口を探すことができる。これは歴史的に考えるということだ――過去の思想が現代でどのような意味を持つのかを問い、イリインの時代のグローバリゼーションと現代のそれとを比較し、イリインの時代も現代と同じで選択肢は現実にあったし、それも二つにとどまらなかったと気づくことだ。必然性のヴェイルに取って代わるのは、このままでは永遠の帷《とばり》だが、その帷《とばり》が降りる前に見つけなければならない（できたら複数の）選択肢がある。永遠を受け入れてしまったなら、私たちは個性を犠牲にすることになり、どんな可能性も見えなくなるだろう。永遠もまた、思想など存在しないという思想なのだ。

一九九一年にソ連が崩壊したとき、必然性を唱えるアメリカの政治家たちは「歴史の終焉」を宣言したが、ロシアの政治家のなかには帝国主義の過去に新たな権威を探し求める者もいた。一九二二年に創建されたソ連は、ロシア帝国の領土の大半を引き継いだ。ロシア皇帝《ツァーリ》の領土は世界最大で、西はヨーロッパ全体の半分近くを占め、東は太平洋沿岸まで、北は北極地方から南は中央アジアにまでと広がっていた。二〇世紀初めのロシアは小農と遊牧民が大半の国ではあったが、中流階級とインテリ層は、独裁者に統治された帝国がどのようにしてもっと近代的で、もっと公正な国になりうるだろうと考えていた。

一八八三年に貴族の家に生まれたイヴァン・イリインは、彼の世代の典型的な若者だった。一九〇〇年代初めのイリインは、ロシアが法によって統治される国になることを願っていた。だが第一次世界大戦という大惨事と一九一七年のボルシェヴィキ革命を経験したのち、イリインは反革命主義者になり、革命に対抗するために暴力的手段を用いることを提唱し、時とともにボルシェヴィズムに打ち勝つことを目的とするキリスト教ファシズムの唱導者になった。一九二二年、ソ連が創建される数ヶ月前に、イリインは祖国を追われた。その後ベルリンで執筆活動を行い、新興ソ連に敵対する者たち、すなわち白系ロシア人に政綱を提供した。この人間たちは、長いあいだにわたる凄惨なロシアの内戦（一九一七年―一九二二年）でボルシェヴィキの赤軍を相手に戦って、のちにイリインと同じようにヨーロッパへの政治亡命を果たしていた。後年イリインは、いずれくるソ連の終焉後に権力を握ることになるであろうロシアの指導者の手引きになるようにと、自らの著作を全集にまとめた。イリインは一九五四年にこの世を去った。[*4]

一九九一年、消滅したソ連から新たにロシア連邦が誕生したのち、イリインの短い著書『我らの仕事』がロシア語の新版で広く読まれるようになったし、彼の全集も出版され、その思想は熱心な支持者を獲得した。イリインは忘れられたままスイスで亡くなったが、二〇〇五年にはプーチンによってその亡骸がモスクワに改葬された。二〇〇六年、プーチンはミシガン州立大学の所蔵に帰していたイリインの私文書の返還を求めて特使を派遣した。そのころになるとプーチンは、ロシア連邦議会総会に対する大統領年次教書演説で、何年にもわたってイリインを引き合いに出すようになっていた。年次教書演説は重要な演説で、プーチンが自ら原稿を書き上げた。さらに二〇一〇年代になると、ロシアがなぜEUを弱体化させ、ウクライナに侵攻する必要があるのかを、イリインの権威を借りて説明した。歴史家の名前を一人挙げるよう求められると、プーチンは過去についての自分にとっての権威はイリインだと答えた。[*5]

ロシアの政治階級にいる者たちもプーチンの例に倣った。プーチンの懐刀でプロパガンダの達人ウラジスラフ・スルコフは、イリインの思想を現代メディアの世界に適応させた。スルコフは、プーチンが権力の座に就けるよう画策し、プーチンの永遠とも思える支配を確実にするためメディアの統合を取り仕切った。プーチンの所属政党の党首であるドミトリー・メドヴェージェフが、ロシアの若者にイリインを推奨した。イリインの名が、エセの野党勢力である共産党と（極右の）自由民主党の指導者らの口の端にのぼった。彼らはイリインの提唱する見せかけの民主主義をつくるのに一役買っていた。憲法裁判所の長官は、指導者に出世した者にとって法とは愛であるとの自身の考えを発表するさいにすら、イリインを引き合いに出した。ロシアがイリインの提唱した中央集権国家になったので、ロシア各地の知事らも彼に言及するようになった。二〇一四年初めにロシア与党の党員と公務員の全員が、クレムリンからイリインの政治的著作の全集を受けとった。二〇一七年にロシアのテレビ局は、ボルシェヴィキ革命一〇〇周年を記念して、イリインを道徳的権威として紹介する番組を放映した。[*6]

イリインこそ永遠の政治を唱える政治家だった。一九九〇年代と二〇〇〇年代のロシアで必然性の政治の資本主義ヴァージョンが崩壊したとき、イリインの思想が多大な影響力を持つようになった。二〇一〇年代にロシアが泥棒国家《クレプトクラシー》として組織化され、国内の不平等が息を呑むほどの規模になると、イリインの影響力は最高潮に達した。ロシアがEUとアメリカに狙いを定めて攻撃を始めたことで、哲学者イリインが目もくれなかったか、あるいは忌み嫌っていた政治の美徳が却《かえ》って見えてきた——個性、持久力、協調、新しさ、正直さ、そして公正といった美徳である。[*7]

イリインがその思想を最初にロシア人に提唱したのは、一世紀も前のロシア革命後のことだ。にもかかわらず彼は現代に通じる哲学者になった。これまで、これほど派手なかたちで二一世紀に復権した思想家も、国際政治にこれほど影響を与えた二〇世紀の思想家もいなかった。このことに気づかないとしたら、それは私たちが必然性の虜になっているので、思想などどうでもよいと思っているからだ。歴史的に考えるということは、馴染みのないことが実は重要である可能性を認めて、馴染みのないことを知ろうと努力することだ。

私たちの時代の必然性の政治は、イリインの時代のそれとよく似ている。一九八〇年代の終わりから二〇一〇年代の初めにかけてと同じく、一八八〇年代の終わりから一九一〇年代の初めにかけても、グローバリゼーションの時代を迎えていた。この二つの時代に共通する社会通念とは、輸出主導型の成長は良識ある政治をもたらし、狂信主義《ファナティシズム》に終止符を打つというものだ。ところが、この楽観主義は第一次世界大戦と、それに続く革命、反革命のなかで破綻をきたした。イリイン自身が、その傾向の先駆けとなった。法の支配を支持する若者だった彼が、極左に見られる戦術を称賛しつつ極右に転向したのだ。イリインがロシアから追放されてまもなく、元左翼のベニート・ムッソリーニが自身のファシスト党を率いて「ローマ進軍」を行った。哲学者イリインは、この統領《ドゥーチェ》のなかに、腐敗した世界にとっての希望を見出した。[*8]

イリインはファシズムこそ来たるべき世界の政治であると考えた。一九二〇年代、国外追放の身のイリインは、イタリア人がロシア人よりも先にファシズムに到達したことが気に入らなかった。そこでムッソリーニのクーデターはロシア白軍に刺激を受けた結果なのだと考えて自らを慰めた。「白軍運動そのものが、［イタリアの］ファシズムよりも深遠で幅広い」。この深遠さと幅広さは神の敵どもに血の犠牲を求めるようなキリスト教を受け入れることから来るものだ、そうイリインは説明した。一九二〇年代のイリインは、それでも白系ロシア人の亡命者たちが政権を奪取しうると信じ、彼らを「わが白い兄弟のファシストたちよ」と呼んでいた。[*9]

イリインはアドルフ・ヒトラーにも同じように感銘を受けていた。イリインはイタリアを訪れ、またスイスで休暇を過ごしたが、一九二二年から三八年まではベルリンに居を構え、政府系の研究所で働いていた。母親がドイツ人だったので、イリインはジークムント・フロイトとともにドイツ語で精神分析を引き受け、ドイツ哲学を研究し、ドイツ語でもロシア語でと同じくらい頻繁かつ巧みに執筆していた。本業では、ソ連の政治についての批判的研究の執筆と編集に携わっていた（たとえば一九三一年だけでも、『奈落の世界』をドイツ語で、『ボルシェヴィズムの害毒』をロシア語で執筆した）。イリインはヒトラーのことを、ボルシェヴィズムから文明を守る者とみなしていた。ロシア型の革命がこれ以上起きるのを阻止したことで、総統《フューラー》は「ヨーロッパ全体に多大な貢献をした」とイリインは書き記した。ヒトラーの反ユダヤ主義がロシア白軍のイデオロギーから派生したものだと認識し、これを是としていた。そして「ヨーロッパは国家社会主義運動を理解していない」と嘆いた。ナチズムはロシア人が他の何にもまして共有しなければならない「精神」だった。[*10]

一九三八年、イリインはドイツを離れてスイスに移り住み、一九五四年に亡くなるまでその地で暮らした。スイスでは、ドイツ系アメリカ人の実業家を夫に持つ女性から経済的支援を受けていたし、一般の聴衆に向けてドイツ語で講演をすることでもいくばくかの金銭を得ていた。講演の主旨は、あるスイス人の学者が書きとめたように、ロシアを現時点の危険な共産主義国家としてではなく、将来のキリスト教による救済の場として理解すべきだというものだった。イリインによれば、共産主義体制とは、退廃的な西側によって無垢なるロシアに押しつけられたものにすぎなかった。いつの日かロシアはキリスト教ファシズムの助けを借りて、自国のみならず他国をも解放することになるだろう。あるスイス人の評論家はイリインの著作の特徴を、「西側全体に敵対するという意味ではナショナリズムだ」と述べた[*11]。

第二次世界大戦が始まったときも、イリインの政治観が変わることはなかった。彼がスイスで付き合っていたのは極右主義者たちだった。キリスト教極右のルドルフ・グローブは、スイスがナチス・ドイツを見習うべきだと信じていた。テオフィル・シュペリは、ユダヤ人やフリーメーソンを法により追放しようとする一派に属していた。アルベルト・リードヴェクは右翼の弁護士で、兄のフランツはナチスの絶滅計画に関与した最も際だったスイス市民だった。フランツ・リードヴェクは、ヒムラーの寵を受け、ナチス親衛隊に加わった。戦争大臣ヴェルナー・フォン・ブロンベルクの娘と結婚し、ドイツへの帰化も果たし、ドイツによるポーランド、フランス、ソ連への侵攻に参加した。ソ連への侵攻をイリインはボルシェヴィズムにとっての試練とみなし、ナチスがロシアを解放してくれるかもしれないと期待していた[*12]。

一九四五年にソ連が戦争に勝利して西方へとその帝国を拡大したとき、イリインは後世のロシア人のために著述を始めた。そして自分の著作は、大いなる闇のなかで小さなランタンに灯りをともすようなものだと表現した。その小さな炎から、二〇一〇年代のロシアの指導者たちは大火災を引き起こしたのだ[*13]。

イリインは一貫していた。一九一六年に哲学に関する最初の代表作をロシア語で書いたが、それが一九四六年にドイツ語に翻訳され編集されて最後の代表作になった。[*14]

宇宙におけるただ一つの善とは、天地創造以前の神の完全性であるとイリインは主張した。神がこの世界を創造したとき、神はただ一つの完全な真理、すなわち神自身を打ち砕いてしまった。イリインはこの世界を「絶対的な世界」すなわち、かつて唯一存在していた完全性が失われてしまった王国と、「歴史的な世界」すなわち、「事実」と「情熱」の存在する人間の社会とに分けた。イリインにとって存在の悲劇とは、事実を寄せ集めても神の完全性が戻ってはこないし、情熱を寄せ集めても神の目的が戻ってはこないことだった。かつては自身もキリスト教ファシズムの支持者だったルーマニア人の思想家E・M・シオランは、この概念についてこう説明している――有史以前、神は完全であり永遠だったが、歴史をつくりはじめたとたんに神は「取り乱し、過ち《あやま》の上に過ちを重ねた」ように思われる、と。イリインが述べたように、「神が経験的存在に身を落としたとき、神は調和のとれた一体性、論理的理性、組織をつくろうという目的を失ってしまった」のだ。[*15]

事実と情熱の存在する私たち人間の世界は、イリインにとっては意味を持たないのだ。イリインは、事実をその歴史的状況から理解するのは不道徳なことだと考えていた。「経験的存在の世界は、神学的に正当化できるものではない」。一方、情熱とは邪悪なものである。神は天地創造のさいに、「官能の邪悪な本性」を解放するという過ちを犯した。神は、性に突き動かされる存在、すなわち私たちをつくりだしたことで、「ロマンチックな」衝動に屈したのだ。ゆえに「ロマンチックな充足が理性的思考に打ち勝ち、思考は軽率な目的にその場所を譲りわたし」たのだが、その目的とは肉体的な愛だった。神は私たちを「精神的・道徳的な相対主義」の只中に置き去りにしたのだ。[*16]

神に非を鳴らすことでイリインは、哲学、あるいは少なくとも一人の哲学者（これはイリイン自身だが）に力を与えた。イリインは、天地創造以前には神の「完全性」が存在したという見方をしたが、どうすればそれを取り戻せるかを見つけるのは自分で引き受けた。神を舞台から引きずり下ろしたことで、神の「完全性」とは何か、それはどうあるべきものかについてイリインは自ら判断を下すことができた。たしかに神聖な世界は存在し、何とかしてその世界を救済せねばならず、そしてこの聖なる仕事は、自らの窮状を理解している者たちの双肩にかかっている――イリインとその著作のおかげを被っての話だが。[*17]

この見方は全体主義のものだった。この見方によれば、私たちは自分たちが一体となって考え感じる状況、ということは何も考えないし何も感じない状況を求めるべきなのだ。私たちは、個々の人間として存在するのをやめなければならない。イリインは「人が生まれるところ、悪《イーブル》が生まれる」と記している。私たちの個性そのものが、この世界に欠陥があることを証明している。「人間の存在が経験によって分断されているのは、この世界が間違っていて、長続きせず、形而上学的に真実でない状態にあるということだ」。イリインは中流階級を嫌悪していた。中流階級の「シビル・ソサエティ」と私的生活が、この世界を破壊し続け、神を寄せつけないのだと考えていた。個々人に社会的進歩をもたらす社会階層に属するのは、最悪の種類の人間になることだった。「この階級は、これ以上なく下層の社会的存在である」と彼は述べている。[*18]

あらゆる不道徳な行為の例に漏れず、永遠の政治も初めからそれ自体に例外を認めている。他のすべての生きとし生けるものが悪であろうと、私と私の仲間は善である。なぜなら私は私自身であり、私の仲間は私の仲間だからだ。他の人々は歴史の「事実」と歴史の「情熱」によって混乱し、その虜になっているかもしれないが、私の国家と私自身は、先史時代の無垢の状態を保ち続けている。唯一の善とは、私たちに備わっているこの目に見えない資質なのだから、唯一の政策は、いかなる代償を払ってでも、私たちの無垢を守ることである。永遠の政治を受け入れる者は、長生きすることも、幸福な人生や実り多い人生を送ることも望まない。罪を犯した他の人々が自分たちよりも苦しんでいるのだと思えば、苦悩を当然のこととして受け入れる。人生とは不快で残酷で短いものだ。だから他の人々の人生がもっと不快で残酷で短いものになりうることが、人生の喜びになる。[*19]

イリインはロシアとロシア人については例外とした。彼があきらかにしたロシアの無垢は、この世界では人々の目に入るものではなかった。例外としたことは、イリインが自らの同胞に対してとった信念に基づく行為だった——ロシアを救済するためには、ロシアをありのままには見ないことだった。この世界のもろもろの事実は神の失敗作の邪悪な残骸にすぎないのだから、真の意味で見るということは、目に見えないものについて熟考することだった。ルーマニアにおける同種のファシズムの創設者コルネリウ・コドレアヌは、獄中で大天使ミカエルを見て、その姿を数行の文章に認《したた》めた。イリインは自らの発想を熟考し潤色を施して数冊の本にまで仕立て上げたが、それはコレアヌスの数行と実際のところ変わらなかった――自分は祖国を高潔なものとみなしており、その見方の純粋さこそが、ロシア人が現実に行ったどんなことよりも重要なのだ。「純粋にして実在する」ネイションとしてのロシアは、この哲学者が自らを盲目にしてはじめて見えたものだった。[*20]

無垢は具体的な生き物のかたちをとった。イリインが見たものはロシアの汚れのない肉体だった。彼の時代のファシストなどの権威主義者《オーソリタリアン》と同様に、イリインは自分の祖国は生き物であり、「自然と精神の有機体」であり、エデンの園にいる原罪を持たない動物であると主張した。細胞が肉体に属するかどうかを決めるのは細胞ではないのだから、ロシアという有機体に誰が属するかは個人が決めることではなかった。ロシアが勢力を拡大した先々では、ロシア文化によっておのずと「友愛的連合」がもたらされたとイリインは記している。イリインは、ウクライナ人がロシアという有機体の外に在る別個の存在であることを否定していたので、「ウクライナ人」というように括弧で囲って記述していた。ウクライナについて語る者は、ロシアにとって不倶戴天の敵だった。イリインは、ソヴィエト崩壊後のロシアにウクライナが組みこまれるのは当然のことだと思っていた。[*21]

ソ連の権力は、「事実」と「情熱」という悪魔的エネルギーのすべてを一ヶ所に集中させたのだとイリインは考えた。だがその一方で、共産主義が勝利したのは、ロシアがむしろ無垢の度合いが強いことを示しているのだと主張した。イリインの主張では、共産主義は外国人による誘惑であり、彼が「ターザン」と呼んだロシア人を根絶やしにした。ロシアが無邪気で無防備だったので、彼らは汚れのないロシアを冒瀆したくてたまらなかったのだ。一九一七年にロシア人はあまりにも善良だったので、罪が貨物となって西方から届いても抗えなかった。ソ連の指導者が破壊したにもかかわらず、ロシア人はほんのわずかながら良心を保っていた。事実と情熱を日常として受け入れていたヨーロッパやアメリカとは異なり、ロシアは神の完全性を想起させる「精神」をその根っこに持ち続けていた。「この国は神ではない」とイリインは記した。「だが、その魂の力は神からの授かり物なのだ[*22]」。

神が世界を創造したとき、ロシアはどうにかして歴史から逃れて、永遠のなかに留まった。イリインが考えるに、そのおかげで自分の故国は、時間の経過からも、(彼からすればあまりに堪え難い)偶然と選択の蓄積からも免れえたのだ。代わりにロシアは、脅威と防御のサイクルを繰り返し経験した。起きたことはすべて、無垢なロシアに対する外の世界からの攻撃か、もしくはそのような脅威に対するロシアの正当な反応にほかならない。そう考えるならば、ロシアの実際の歴史などほとんど知らないイリインが、何世紀もの歴史を単純な言い回しでまとめるのも造作ないことだった。歴史家であればモスクワから北アジア、そしてヨーロッパの半分にまで及ぶ権力の拡大と見たであろうものが、イリインにすればただの「自衛」に過ぎなかった。彼によれば、ロシア人が今までに関わったありとあらゆる戦いは、防衛のためのものだった。ロシアはつねにヨーロッパによる「大陸封鎖」の犠牲者だった。イリインは事の次第をこう見ていた。「ロシア国家はキリスト教に完全に改宗して以来、一〇〇〇年近くも歴史的に艱難辛苦を舐めてきたのだ」。

ロシアが悪事をなすわけはなく、ロシアに対してだけ悪事がなされるのだ。事実は重要ではないのだし、責任も消えてなくなってしまう。[*23]

ボルシェヴィキ革命以前、イリインは法学生で、進歩を信奉していた。一九一七年以降には、どんなこともありうるし、どんなことも許されるかに思われた。極左の無法は、極右のさらに大いなる無法によって凌駕するほかないとイリインは考えた。そのため円熟期の著作でイリインは、ロシアの無法を愛国的に美徳として描いている。「実のところファシズムとは、贖罪としての愛国的な恣意的行動が行き過ぎたものなのだ」。ロシア語のプロイズヴォール（恣意性）は、ロシアの改革派が昔から何より嫌ってきたものである。恣意性《プロイズヴォール》を愛国的だと説明することで、イリインは法による改革に背を向けて、政治はそんなことよりも独裁者の気まぐれに従うべきだと公言していたのだ。[*24]

イリインがロシア語の「贖罪」にあたる語のスパシーテリヌイを使ったことで、政治に深い宗教的意味が吹きこまれた。『わが闘争』におけるアドルフ・ヒトラーをはじめとするファシストたちと同様に、イリインも犠牲と贖罪というキリスト教的観念を新たな目的に転用した。ヒトラーはユダヤ人を一掃することで、遠く離れた神のためにこの世界を救うのだと主張した。「だから私は自分が全能の創造主の御心のままに行動していると信じている」とヒトラーは記した。「私がユダヤ人を拘束するかぎり、私は神の仕事を行っているのだ」。スパシーテリヌイという語は、通常は、キリストが信者を救うために磔になったことを東方教会信徒がさして使う言葉だ。イリインが意味していたのは、権力を掌握するためには他者の血を流すことも厭わない「騎士道的な犠牲」を果たす救世主が、ロシアには必要だということだった。ファシストのクーデターは「救済行為」であり、この宇宙に完全性が戻って来ることへの最初の一歩なのだ。[*25]

　神が創りたもうた欠陥のある世界を救った男たちは、愛について神が語ったことには素知らぬふりをする必要があった。イエスは弟子たちに、神を愛することの次に重要な戒律は隣人を愛することだと教えた。善きサマリア人の譬えのなかで、イエスはレビ記一九章三三―三四節を引用した。「もし他国人があなたがたの国に寄留して共にいるならば、これをしえたげてはならない。あなたがたと共にいる寄留の他国人を、あなたがたと同じ国に生れた者のようにし、あなた自身のようにこれを愛さなければならない。あなたがたもかつてエジプトの国で他国人であったからである。わたしはあなたがたの神、主である」。イリインには隣人などいなかった。個性などというものは堕落した儚いものだから、意味のある唯一のつながりは失われた神の完全性だけなのだ。世界が分裂しているかぎり、神を愛することとは、「地上における神の秩序の敵を相手にした」戦いを果てしなく続けることだ。この戦いに参加せず他のことをするというのは悪《イーブル》をなすことだった。「悪魔に立ち向かう騎士道的な戦いに抗う者こそ悪魔である」。信仰とは要は戦争をすることだ――「汝の祈りが剣となり、汝の剣が祈りとならんことを！」[*26]

　世界は罪深く神は不在だったので、イリインの英雄は、歴史を超越した、いずこかの堕落していない世界から現れなければならなかった。イリインは「権力とはおのずと強者に舞いこむものだ」と思いをめぐらせていた。一人の男がどこからともなく現れ、ロシア人たちはその男が自分たちの救世主だと気づくのだ。「我々は、ロシアを救済に導くこのロシアの愛国者から授けられた我々の自由と我々の法律を受け入れよう」。作り話のなかから出てきたこの救世主は、この世の事実には目もくれず、自らのまわりに神話をつくりあげる。そしてロシア人の情熱という重荷を引き受けることで、「官能という邪悪な本性」を壮大な統一へと導くのだ。指導者には、ムッソリーニのように「じゅうぶんに男らしい」者がなるだろう。そして「公正に男らしく務めを果たすなかで自らを鍛え上げる。その指導者は特定の個人や集団の動機ではなく、全体性の精神によって奮い立つ。それに、独りで立ち、独りで歩いていく。なぜなら彼は政治の未来が見通せ、何をなすべきかを知っているからだ」。ロシア人たちは「このロシアという生きもの、自己救済の手段」の前に跪《ひざまず》くことになる。[*27]

救世主は、事実をもみ消し、情熱の向かう先を定め、そして選んだ敵への暴力的な攻撃を命じることで神話をつくりだす。ファシストは、社会（社会の優先するものであったり、関心であったり、将来の展望であったり、構成する人々の権利であったり、さまざまだが）に根ざすいかなる政治も冷笑する。ファシズムは、自らの内に在るものを見定めるのではなく、外に在るものを拒絶することから始める。外の世界とは、独裁者が敵のイメージをかき立てるために創作した文献資料に過ぎないのだが。ナチスの法哲学者カール・シュミットに倣って、イリインは政治とは「敵を特定し無力化する技術」と定義した。そのため自身の論文「ロシアのナショナリズムについて」を、「ロシア国家にはいくつもの敵がいる」という単純明快な主張から書き始めた。ロシアこそが、神の完全性の唯一の源だったので、欠陥のある世界はロシアと対立するほかないわけだった。[*28]
救世主には、戦争を仕掛ける義務、そして敵を選ぶ権利があった。イリインは「国民の精神的達成が脅かされる」場合には、戦争が正当化されると信じていた――そして個性がなくならないかぎり、この先も精神的達成は脅かされることだろう。神の敵に戦いを挑むことは、自らの無垢を示すことだった。（ヴェトナム戦争時の反戦スローガン「メイクラブノットウォー」を思い出すが）セックスでなく戦争をすることは、国家の純潔を危険に晒すのではなく守るのだから情熱の適切な解放の仕方だった。一九三〇年代にルーマニアのファシストたちが、「甲冑に覆われた胸と百合のように純白な心」についての歌を歌った。ロシアの救世主は、その手を血で汚すように人々を先導することで、ロシアの性的エネルギーをすべて自分に引きつけ解放へと導いた。戦争とは、イリインが唯一是とした「度の過ぎた行為」、無垢な生命体とこの世のものならぬ救世主との神秘的な交わりだった。真の「情熱」とは、ファシストの暴力だった。それは反乱の剣であり、また跪いての祈りでもあった。[*29]

詩人のシャルル・ペギーが教えてくれるように、「あらゆるものが神秘的な雰囲気のなかで始まり、政治に終わる」。イリインの思想は一九一六年に、神とセックス、真実について熟考することで始まった。そして一世紀後に、クレムリンの正説《オーソドクシー》として、そしてウクライナ、ＥＵ、アメリカを相手にした戦争の正当化として終わった。[*30]

いつの時代でも創造するより破壊する方が容易《たやす》い。救済されたロシアをいかなる形の体制にするかを明示するのにイリインは手こずった――そして彼にして未解決のこの問題が、こんにちでもロシアの指導者たちを悩ませている。なかでも最大の問題は、ロシアという国の持続性にある。権力の継承を可能にする法制度があれば、国民は、指導者が変わっても国家が存続する未来を思い描くことができる。だがファシズムが目的とするのは、救世主とその国民とのあいだの神聖かつ永続的なつながりだ。ファシストは制度や法を、指導者と民《たみ》とのあいだに立ちはだかる邪悪な障壁だと表現する――そうした障壁は迂回するか破壊しなければならないのだ。

イリインはロシアの政治制度を考案しようとしたが、彼の描く見取り図ではこの難題を克服することはできなかった。彼は救世主の人格を一つの制度として扱うことで、この難題に「意味論的な」解決をはかろうと試みた。救世主は――一九二〇年代と三〇年代のファシスト指導者を想起させる称号の寄せ集めになるが――「主権者《ガスダーリ》」、「国家元首」、「民主的独裁者」「国家独裁者」などとみなされるべきだ。救世主は、行政、立法、司法すべての権限を握り、軍の最高司令官でもある。ロシアは連邦でなく完全な中央集権国家となる。ロシアは一九三〇年代のファシスト政権のような一党独裁国家になるべきではない。なんと一党でも多すぎたのだ。ロシアはただ一人の男に救済される「党のない国家」になるべきだ。イリインによれば、政党は必要だが、その唯一の存在意義は選挙を儀式化することにある。[*31]

ロシア人に自由選挙で投票させるのは、胎児に自らの人種を選ばせるようなものだとイリインは考えた。無記名で投票させることが国民に自分たちを個人と認識させるのだし、その結果はこの世界の悪しき性格をはっきりさせた。「民主主義の原理とは、無責任な人間という原子《アトム》にある」。だから個性といったものは、ロシア人の救世主への集団的愛情を刺激し持続させる政治習慣によって克服しなければならない。かくして私たちは、「政治を機械的、算術的に理解すること」だけでなく「得票数とその政治的な重要性を盲目的に信じることも拒絶しなければならない」。投票は、従属の意思表示として国民を団結させるものであるべきだ。よって、選挙は公開で、投票は記名で行われるべきである。[*32]

　イリインは社会を、あらゆる人間やあらゆる集団がそれぞれ決まった持ち場にいる、今風に言えばシナジェティック的構造にも通じるが、コーポレートの構造（コーポレート・ストラクチャー）をしているべきだと、「ムッソリーニ的＝権威主義的コーポラティズム」の観点から夢想した。国家と国民とのあいだの区別はなく、「国民と有機的かつ精神的に結合する政府と、政府と有機的かつ精神的に結合する国民」があるだけである。救世主は高みにある存在で、中流階級は自分たち以外の全階級の重みを受けて底辺で踏み潰される。人々が上流に成り上がる、または下流に落ちぶれるときには中流を通過するので、普通なら中流階級は真ん中に位置する。中流階級をあえて底辺に置くということは、不平等には道理があると主張することだった。社会的流動性は端《はな》から排除されていた。[*33]

　したがって、ファシストとしてイリインが意図した思想とは――二〇一〇年代のロシアがまさしくそうなったのだが――少数の富裕層による支配である寡頭政治《オリガーキー》を許し、これを正当化するものだった。国家の目的が救世主とその取り巻きたちの富を守ることであるならば、法の支配など不可能だ。法の支配がなければ、より良い生活が送れるだけの金を稼ぐことも難しい。社会的進歩がなければ、どんな未来を思い描いたとしても現実味はなくなる。そこでは国の政策の弱点が、指導者とその民との神秘的な絆に書き直される。統治するのでなく、指導者は危機と見世物をつくりだすのだ。法は、社会的進歩を可能にする中立的な規範を示すのをやめて、現状《ステータスクオ》に従わせること――つまり、かたや監視する権利、かたや楽しみを与えられる義務――を意味するようになる。

イリインは「法」という言葉を使いはしたが、法の支配は是認していなかった。彼が意味する「法」とは、救世主の気まぐれと、彼以外の人々の服従という関係だった。ここでもまた、現れつつある寡頭政治《オリガーキー》にとってファシストの思想が好都合なことが証明された。ロシアの大衆の心からの義務は、救世主のあらゆる気まぐれを、自分たちの法的義務と解釈することだった。言うまでもないが、義務は互恵的なものではなかった。ロシア人には、自分たちの理性を捨てて、「自らの心のうちにある法」を受容できる「特別な心構え」ができていた。個人の理性を捨てて国家への服従を選ぶことを、イリインはそのように理解していた。こうした体制を指揮する救世主のもとでなら、ロシアは「民族を同じくする全国民の形而上学的アイデンティティ」を披露するのだ。[*34]

精神的な脅威との迫りくる戦いに駆りだされたロシアの国民は、作り話から現れた気まぐれな指導者に服従することで神聖な存在になった。救世主が事実と情熱をすべて消滅させる責任を自ら引き受けるので、世界を見て感じて変えたいと個々のロシア人が願うことは、何一つとして意味のないことになる。このコーポレート・ストラクチャーのなかのロシア人一人ひとりの場所は、人の体の細胞のように固定され、それぞれのロシア人は、この身動きできない状態を自由として経験することになる。救世主によって一つにまとめられ、自分の罪が他人の血で洗い流されたロシア人は、神が自ら創造した世界に戻ってくることを歓迎する。キリスト教ファシストの考える全体主義とは、神に対し、この人間界に戻ってきてロシアがあらゆる地で歴史を終わらせるのを助けてくれるよう乞うことなのだ。[*35]

イリインは一人の人間に、神の名において「愛の律法」を破ることが求められる、真のキリストの役割を課した。そうすることでイリインは、人間的なものとそうでないもの、可能なものとそうでないものとの境を曖昧にした。永遠に無垢なるロシアという夢物語には、永遠に無垢なる救世主という夢物語が含まれる――その救世主は過ちを犯さず、よって死ぬこともない。イリインは誰が救世主の後継者になるのかという問いには答えられなかった。その問いに答えることは、救世主が年をとり死にゆく人間で、他の人間たちと同じく不完全な宇宙の一部ということになってしまうからだ。言い換えれば、どうすればロシア国家が持続しうるのか、イリインには見当もついていなかったのだ。[*36]

次に何が起こるのかという不安そのものが脅威を意識させ、その脅威を他国のせいにした外交政策をとることができる。全体主義こそが自国の真の敵なのだが、他国を攻撃することで自国民にその秘密を隠すことができるのだ。

二〇一〇年代になると、イリインの思想はソ連崩壊後に現れた億万長者の役に立ち、ソ連崩壊後の億万長者もまたイリインの思想復活に役立った。プーチンとその友人、仲間たちは法の及ばないところで莫大な富を築いたのち、自分たちの利益を守るためにこの国をつくり変えた。それが達成されたので、ロシアの指導者たちは、政治を動的なもの（何を行うか）でなく静的なもの（どんな存在か）と定義する必要があった。イリインの唱える類いのイデオロギーは、特定の男たちが富と権力を持つ理由を、貪欲や野心以外の言葉で説明していると思われた。救世主と呼ばれることを好まない泥棒などいるだろうか。[*37]

一九七〇年代にソ連で育った男たちにイリインの思想が耳に心地よかったのにはもう一つ理由があった。この世代のロシアの泥棒政治家《クレプトクラット》たち、二〇一〇年代に政権を握っていた男たちにとっては、イリインの思考回路のすべてがなじみのあるものだった。イリインはソ連政府と対立はしていたが、その論法は、ソ連国民全員がそのなかで教育を受けたマルクス主義、レーニン主義、スターリン主義の論法と気味の悪いほど似通っていた。ロシアの泥棒政治家は決して哲学者などではないが、彼らが青年時代に受けた教育が、成人してから必要となる正当化の論理に彼らを驚くほど近づけていた。イリインと、彼が敵対したマルクス主義とは、その哲学的起源とレトリックを同じくしていた。それはヘーゲル哲学だった。[*38]

G・W・F・ヘーゲルの念願は、現実と理想の違いを解消することだった。その主張は、「精神《スピリット》」と呼ばれる何か、すなわちあらゆる思考と心を統一したものが、時代を特徴づける種々の衝突を通して時をかけて発現する、というものだった。カタストロフは進歩の兆しであるとするヘーゲルの見方は、私たちの御しがたい世界を見るにはなかなか魅力的な方法だった。歴史は「屠殺台」ではあったが、流血には目的があった。この発想によって哲学者たちは、預言者とか、より良い世界へと向かう隠れた法則性を予見できる者、あとで皆が益を得るためには誰が今苦しまねばならないかを判断する者のふりをすることができた。もし「精神」が唯一の善であるならば、その実現のために歴史が選ぶいかなる手段もまた善であるのだ[*39]。

カール・マルクスは「精神」についてのヘーゲルの発想には批判的だった。彼をはじめとするヘーゲル左派は、ヘーゲルが神を「精神」という見出しを付けてその思想体系にこっそり持ちこんだのだと主張した。マルクスが言うには、絶対善は神ではなく人間の失われた本質だった。歴史は闘いではあるが、闘いであるという意味は人間がその本質を取り戻すために状況を克服することだった。テクノロジーの出現によって一部の人間が他の人間を支配するようになり、社会階級が形成された、とマルクスは主張した。資本主義のなかで、ブルジョワジーが生産手段を支配し、労働者大衆を抑圧した。この抑圧こそが、労働者に歴史の特質を教え、彼らを革命家に変えたのだ。プロレタリアートはブルジョワジーを追放して生産手段を奪取し、それによって自らの人間性を回復することになるだろう。私有財産というものが存在しなくなれば人間は協力して幸せに生きていける、というのがマルクスの考えだった[*40]。

イリインはヘーゲル右派だった。いつもながら舌鋒鋭く、イリインはマルクスがヘーゲル哲学の「待合室」から決して出ないと記した。それでも、ヘーゲルが「精神」という言葉で神を表しているという指摘には同意した。マルクスと同様にイリインも、歴史は、人間に苦悩を宿命づけた原罪から始まったと考えていた。ただし原罪とは、マルクス主義者が考えるような人間が私有財産を通じて人間に犯した罪ではなく、神が天地創造を通じて人間に課した罪だった。ヘーゲル左派のように神を殺すのではなく、イリインは神が傷つき孤独でいるがままにさせた。マルクス主義者が考えるように、暮らしは貧しく混沌としているが、それはテクノロジーと階級闘争が元凶というわけではなかった。人々が苦しむのは、神が創造した世界が手に負えないほど矛盾に満ちたものだったからだ。事実と情熱とを連携させうるのは革命ではなく、贖罪を通してだけだった。唯一の完全性は神のそれであり、選ばれた国家が救世主の起こす奇跡によってその完全性を復活させることになる。[*41]

一八七〇年に生まれ一九二四年に没したウラジーミル・レーニンは、最も重要なマルクス主義者だった。なぜならレーニンはマルクス主義の名において革命を指導したからだ。ロシア帝国の小さな非合法政党の活動家だったレーニンは、教育を受けたエリートには歴史を前に進める権利があると信じていた。この世界で唯一の善が人間の本質を取り戻すことなのだとしたら、その手順を理解している者がその達成を早めるのは当然のことだ。この理屈が一九一七年のボルシェヴィキ革命を可能にした。まさに必然性の政治から得たこうした正当性を主張する少人数の集団によってソ連は統治された。レーニンとイリインは面識はなかったが、気味の悪いほどよく似ていた。レーニンの父称は「イリイチ(Ilyich)」だったので、彼は「イリイン(Ilyin)」をペンネームに使っていた。そのペンネームを使った著作の何冊かを、本物のイリインが読んで論評した。イリインがボルシェヴィキの秘密警察チェカーに逮捕されたとき、レーニンはイリインの哲学への称賛の念を表そうと、彼のために介入した。*42

イリインはレーニンの革命を軽蔑していたが、その暴力と自発的行動主義《ヴォランタリズム》は支持していた。レーニンと同じようにイリインもまた、ロシアには目的と手段を定義する一人の哲学的エリート（自分自身）が必要だと考えていた。マルクス主義者の社会主義的ユートピアにも似て、イリインの唱える「神の完全性」には、暴力的な革命……というよりは暴力的な「反革命」が必要だった。この類似を見出したロシア人哲学者はほかにもいた。ニコライ・ベルジャーエフは、イリインの著作に「邪悪な善の悪夢」を見た。ベルジャーエフは一九二五年にイリインが出版した書物を論評し、「神の名を借りたチェカーは、悪魔の名を借りたチェカーよりも恐ろしい」と述べた。彼の次の判断は未来を見通していた。「ボルシェヴィキは何のためらいもなくイヴァン・イリインの著書を受け入れるだろう。彼らは自分たちのことを絶対的な善を担う者と考え、中途半端に力を備えた悪《イーブル》とみなす者たちとは敵対するのだ*43」。

イリインは晩年をドイツとスイスで過ごしたが、その立ち位置はレーニンの後継者たちと同じ道をたどった。一九二四年にレーニンが亡くなってからは、ヨシフ・スターリンが権力基盤を固めた。西側の文化は伝染力のある邪悪なものだとのスターリン主義者の判断に、イリインはきわめて細かい点にいたるまで賛同した。イリインは、たとえば、ジャズとはヨーロッパのリスナーを正常なセックスができない愚鈍なダンサーに貶めるための周到な企てだと信じていた。共産党新聞『プラウダ』は、アフリカ系アメリカ人の音楽を聞いた経験を、驚くほどそっくりな言葉で

レーニン

イリイン

表現した。「どこかのケンタウロスが巨大な男根を振り回して指揮をしているにちがいない」。イリインはスターリン体制下の恐怖政治を記録する著作を何冊かものしたが、法に対する彼の態度は本質的には恐怖政治の加害者の態度と似たようなものだった。見世物裁判（一九三六年から三八年にかけての三度のモスクワ裁判）の悪名高き検察官アンドレイ・ヴィシンスキーは、「革命の法は成文法に優先する」と信じていた。これはまさしく、自ら計画していた反革命についてのイリイン自身の態度だった[*44]。

当初イリインは第二次世界大戦がスターリンのソ連を崩壊させてくれることを望んでいたが、大戦後にイリインの掲げたロシア像はスターリンのものとほとんど変わらなかった。スターリンはソ連を社会主義の祖国と呼んだ。そしてソ連が崩壊するようなことがあれば、共産主義に未来はなく、人類にとって唯一の希望が失われるだろうと主張した。かくして、ソ連を守るための行為はどんなことでも正当化された。イリインはロシアを、どんな犠牲を払っても守るべき神の祖国とみなしていた。というのも、ロシアは神の完全性を回復しうる唯一の場所だったからだ。戦後スターリンは、ロシア民族を（ウクライナ、ベラルーシ、中央アジア、コーカサスなどソ連の何十もの民族とは対照的に）優遇した。ロシアがファシズムから世界を救った、とスターリンは主張した。だがイリインの見方からすれば、ロシアがファシズムから世界を救うのではなく、ファシズムによって世界を救うのだ。いずれにしても、絶対善にとっての唯一の器はロシアであり、永遠の敵は退廃的な西側だった。[*45]

ソ連の共産主義は、永遠の政治に屈した必然性の政治だった。ロシアがこの世界の篝火《かがりび》であるとの考えが、数十年のあいだに、ロシアは無分別な敵対心の犠牲者であるとのイメージに変化した。当初のボルシェヴィズムは国家ではなく革命であり、世界中の国々がロシアの範に倣うだろうという希望そのものだった。それから、一つの任務――資本主義を模倣したうえでこれを克服し、社会主義を構築する――を負った国家になった。スターリニズムは、一九三〇年代に起きた何百万人もの餓死や、さらにおよそ一〇〇万人もの死刑執行をも正当化しうる未来像だった。ところが第二次世界大戦が、この筋書きを変えてしまった。一九四五年以降、スターリンとその支持者や後継者は、一九三〇年代に自らが招いた大虐殺は四〇年代にドイツに勝利するために必要なことだったと、口を揃えて主張した。一九三〇年代が四〇年代のためにあったのならば、社会主義の遠い未来のためではなかったことになる。第二次世界大戦の直後は、ソ連の必然性の政治の終わりの始まりであったし、ロシアの永遠の政治が幕を開ける兆しが見えた。

スターリンの経済政策、すなわち農業集団化から得た資金による強制的工業化は、二世代にわたって社会的流動性を生みだしたものの、三世代までは続かなかった。一九五〇年代と六〇年代に、ソヴィエトの指導者らは粛清をし合わないことに同意したが、これが政治から活力を奪うことになった。一九七〇年代に、レオニード・ブレジネフが永遠の政治に向けて論理的な一歩を踏みだした。第二次世界大戦をソ連史上の最高到達点だと説明したのだ。ソ連市民は前を向くのではなく、第二次世界大戦中の両親や祖父母たちの偉業を振り返るように指導された。もはや西側が敵である理由は、やがては凌駕される資本主義の代表だからというわけではなくなった。西側が敵である理由は、一九四一年にソ連が西方から侵攻されたからだった。一九六〇年代と七〇年代に生まれたソ連市民は、西側を「終わりなき脅威」とする過去への崇拝《カルト》のなかで育っていた。ソ連共産主義終焉前の数十年間は、ソヴィエト市民がイリインの世界観を受け入れる下地をつくっていたのだ。[*46]

一九九一年以降にロシア連邦に出現した寡頭政治《オリガーキー》は、共産主義下の生産の集中化、その後のロシア経済学者の理論、ロシア指導層の拝金主義などに大きく関係していた。市場には制度が必要だと訴えるのではなく、市場が制度をつくるのだと示唆することで、アメリカの社会通念が寡頭政治《オリガーキー》の出現というこの思いがけない事態に寄与するところとなった。

二一世紀には、ロシアの選択肢をよく検討するよりも、西側を非難する方が簡単であるとわかった。二〇一〇年代に西側を非難していたロシアの指導者たちこそ、まさに国家の富を盗んだ者たちだった。ロシア国家の頂点からイリインの思想を公然と褒め称えた者たちは、ロシアの資本主義化の犠牲者というよりむしろ受益者だった。プーチンの側近たちは、ロシアに法の支配が及ばないよう万全の手を打った。というのも彼らこそが、腐敗した国家の独占を生みだし、そこから利益を得ていたからだ。イリインの思想は、西側を精神的脅威の永遠の源とする一方、国内では徹底的な不平等を容認し、政治の話題を改革から無垢へとすり替えた。[*47]

ロシア国家はイリインの思想に基づいて築かれたわけではない。だがその思想は、泥棒たちが救世主のふりをするのに手を貸した。この思想のおかげで新たな指導者たちは、敵を選ぶことで、退廃的な西側の永久的な敵意といった解決不能な架空の難題をこしらえることができた。ヨーロッパとアメリカが汚れなきロシア文化を妬《ねた》んだために永遠の敵となったという発想はまったくの作り話ではあったが、現実の政策を生みだした。すなわち、ロシアの指導者たちが、自国ではなしえない外国の偉業を潰そうとする企てである。

永遠の政治は、プーチンであれ誰であれ、不死身にすることはできない。だがほかの発想を思いつかなくさせることはできる。それこそ永遠の意図することだ——何度も何度も同じことが繰り返されて退屈なようでも、それが自分たちだけに特別のものだと錯覚しているせいで信者には心躍るものになる。この「我々と彼ら」という意識、もしくはファシストが好むような「友・敵」という意識は、もちろん彼らが具体的に経験したものではいっさいない——なぜなら、そのなかで生きるというのは、個人であることを犠牲にすることだからだ。[*48]

必然性と永遠のあいだを隔てるのは、一人ひとりがそのなかで考え生きていく歴史だけだ。永遠と必然性を私たち自身の歴史のなかの発想として理解すれば、自分たちに何が起きていて、それにどう対処できるのかが見えてくるかもしれない。全体主義とは体制にとっての脅威であるばかりでなく、私たち自身にとっての脅威でもあるとわかることだろう。

イリインの思想が猛威を振るうなか、この思想から個人主義が政治的な美徳であることが——それも他のすべての美徳に力を与える美徳であることが——はっきりと見えてくる。この世のなかには素晴らしいことがたくさんあるし、政治に必要なのは完全性のビジョンなどより責任ある考慮と選択だということを、私たち一人ひとりは理解しているだろうか。世のなかには自分以外にも同じことに取り組む人々がいることを、私たちはわかっているだろうか。個人であることとは、果てしなく現れる事実を絶えず考慮することであり、単純化できない情熱のなかから絶えずいずれかを選択しなければならないことだと、私たちは理解しているだろうか。

個人主義の美徳は現代の苦悩のなかで見えてはきたが、私たちがこの美徳を通して歴史と自分自身を見つめ、自分の責任を引き受けてはじめて、この美徳は失われずにいられるのだ。

# 第2章　継承か破綻か（二〇一一二年）

すべての独裁政権、すべての権威主義的な政権が短命であることは歴史が証明している。長続きするのは民主主義体制だけなのだ。

――ウラジーミル・プーチン、一九九九年

無垢なる国家というイリインの発想は、持続的な国家をつくるには努力が要ることを覆い隠してしまった。ロシアの救世主が世界中を魅了するなどという考えを持ちだしたのは、その救世主がどのような政治制度を築くのかという問いをはぐらかすためだった。二〇一一年と一二年の信頼性を欠いた民主選挙で、ウラジーミル・プーチンは勇敢な救世主の役を引き受け、ロシアをイリインの提起したジレンマに陥らせた。いわく、プーチンが生きているかぎりロシアを良い方向に変えられる者はいないし、プーチンが死んだあとに何が起きるかを知る者もロシアにはいないのだ。

イリインの時代のファシストたちは、持続性の問題など眼中になかった。一九四〇年、ルーマニア人ファシストのアレクサンドル・ランダは、ファシストの指導者たちが「国家を永遠の力へと、国境から解き放たれた「神秘体」へと変えるのだ」と宣言した。救世主のカリスマ性が国家を歴史から切り離すのだ。アドルフ・ヒトラーは、何より重要なのは人種闘争であり、ユダヤ人絶滅こそが自然界の永遠のバランスを回復させるのだと主張した。彼の千年王国が一二年間続いたあとに、ヒトラーは自殺した。一人の指導者が一世代の人々を惑わせたからといって、国家が存続するわけではない。政治の持続性という問題は、現在のことしか考えない者には解決できない。将来誰がどのようなかたちで自分の後を継いでゆくのか指導者が想像をめぐらすためには、まず自分や自分の一族《クラン》の枠を超えて考えなければならない。[*1]

健全な国家とは、国民に継続意識をもたらすものだ。国が存続できるのであれば、国民は深刻な惨事を恐れることなく変革を思い描くことができる。国家を指導者よりも長く存続させるための仕組みは、継承原理と呼ばれる。一般的なのは民主主義だ。それぞれの選挙を行うことは、次の選挙があることを約束する意味を持つ。一人ひとりの国民は誤りを免れない存在なので過ちが積み重なってゆくが、それを将来への皆の信頼に変えてくれるのは民主主義なのだ。そうやって歴史は連綿と続いていく。

イリインを追放しプーチンを教育したソ連は、時間と関係性を結ぶのがうまくゆかなかった。

ソ連には継承原理がなかったので、たった六九年しか続かなかった。ボルシェヴィキは、自分たちが始めたのは国家の建設ではなく世界的な革命だと信じていたため、継承の問題には関心がなかった。一九一七年のロシア革命とは世界に向けたものであり、文明に火を放ち、新たな歴史を始めるための雷《いかづち》の一撃だった。この予言が破綻すると、ボルシェヴィキは自らが支配する領土に新たな国家、すなわち彼らがソ連と呼ぶ新たな体制を築くほかに道はなかった。

一九二二年に創建されたソ連では、共産党が権力を握っていた。共産党が正統性を主張したのは、法理や過去との継続性からではなく、革命の栄光からであり、輝かしい未来を約束したからだった。原則として、労働者階級がすべての権限を握っていた。そして労働者たちを党が代表し、党を中央委員会が、中央委員会を政治局が、政治局をたいていはレーニンやのちのスターリンのような一人の指導者が代表した。マルクス・レーニン主義は「必然性の政治」だった――すなわち物事の成り行きは前もって決まっており、社会主義が資本主義に取って代わり、党の指導者たちが物事を細部まで知り尽くし、計画を立てる。初期の国家は、時間を加速させ、資本主義がどこかよそで構築した工業を模倣するという明確な目的に沿って築かれた。ひとたび工場や都市が国内にできたなら、ソ連は所有の原理を元に戻し、社会主義的調和が生まれ、国家は消失しうる……はずだった。[*2]

ソ連の国家統制下にある農業や計画経済は、近代的なインフラを生みだしはしたが、労働者が権力を持つことはなかったし、国家が消滅することもなかった。継承原理が確立されたためしがなかったので、指導者が亡くなるたびに体制そのものが脅かされた。一九二四年のレーニンの死後、スターリンがライバルたちを蹴落として――そのうち何人かは殺された――権力を掌握するまでに六年かかった。スターリンは第一次五ヵ年計画（一九二八―三三年）という劇的な近代化を取り仕切った。この計画は、何百万人もの飢餓と、加えて何百万人もの強制収容所送りを代償に、都市と工場を建設するものだった。スターリンは、ソ連市民六八万二六九一人が銃殺された一九三七年から三八年の大テロル、ソ連とナチス・ドイツが同盟を結び国境が西へと拡大していた一九三九年から四一年にかけてのそれよりは小さなテロルの筋書きを書いた。こちらのテロルで行われた多くの大量殺人や流刑のなかには、一九四〇年にカティンをはじめとするさまざまな場所で行われた二万一八九二人のポーランド市民の殺害も含まれていた。*3

一九四一年にスターリンは同盟国のヒトラーに裏切られて面食らったが、一九四五年に赤軍が勝利してからは、自らを社会主義計画とロシア国家の救済者に見立てていた。第二次世界大戦後、ソ連は西の国境に沿って（ポーランド、ルーマニア、ハンガリー、チェコスロバキア）ないし近辺に（ブルガリア）、自国の体制を模した、帝国に擬せられる影響圏を持つことに成功した。また、もともとはスターリンがヒトラーと同盟を組んだおかげで併合したバルト三国（エストニア、ラトビア、リトアニア）を、ふたたびソ連に取り込んだ。

一九五三年のスターリンの死後、唯一の権力継承者候補が殺害され、一九五〇年代の終わりまでにはニキータ・フルシチョフが権力基盤を固めたかに思われた。が、一九六四年にはレオニード・ブレジネフがフルシチョフに取って代わった。スターリンの最も有力な後継者であることを証明したのはブレジネフだった。それは彼が時間に対するソ連の態度を定義し直したからだ。つまり、マルクス主義者の必然性の政治を葬り去って、ソ連の「永遠の政治」に置き換えたのだ。

ボルシェヴィキ革命とは、若い世代のため、資本主義後の新たなスタートを切ろうと行われたものだった。このことを国内はもとより、とりわけ国外で印象づけたのは、新たな顔ぶれが党内序列で上昇できるようにした血の粛清だった。こうした粛清が終わった一九六〇年代になると、ソ連の指導者たちはソヴィエト国家とともに老いていた。一九七〇年代になると、ブレジネフは来たるべき共産主義体制の勝利ではなく、「現存する社会主義」について語った。いったん国民が未来に何の進歩も期待しなくなったとき、ユートピアが消えたあとの空白は郷愁の念で埋めるしかなかった。ブレジネフは、未来は完璧なものになるとの約束を、スターリンや第二次世界大戦におけるその指導力への崇拝に置き換えた。革命の物語とは必然的な未来についてのもので、戦争の記憶とは永遠の過去についてのものだった。この過去とは汚れなき犠牲でなければならなかった――よって、スターリンがヒトラーと同盟を組んで戦争を始めたことに触れるのはタブーどころか非合法になった。必然性の政治が永遠の政治になるためには、歴史的事実など犠牲にする必要があったのだ。*4

十月革命の神話はあらゆることを約束したが、大祖国戦争の神話は何も約束しなかった。十月革命は、「人類は兄弟である」という架空の世界を予見した。一方、大祖国戦争を偲ぶことは、西側からファシストが永遠に戻ってくることを想起させた。彼らファシストは、ソ連――いやいやもっと単純にロシアと言った方が良いが――を破壊しようと虎視眈々なのだ。極端な希望をもたせる政治が、（通常兵器や核兵器に莫大な費用を投じることを正当化する）底なしの恐怖の政治に道を譲った。モスクワの赤の広場で行われた赤軍の派手な軍事パレードは、ソ連が変革できないことを証明するものだった。二〇一〇年代にロシアを支配したのは、この精神のもとに教育された者たちだった。[*5]

赤軍の実際の展開についても同じことが言える。その目的はヨーロッパの現状《ステータスクオ》を維持することにあった。一九六〇年代に、チェコスロバキアの共産主義者のなかに共産主義体制を一新できると信じる者がいた。一九六八年、ソ連率いるワルシャワ条約機構軍が、改革派の共産主義者を打倒すべくチェコスロバキアに侵攻したとき、ブレジネフは「友愛的支援」と称した。ブレジネフ・ドクトリン（制限主権論）によれば、ヨーロッパの共産主義国での、モスクワが脅威とみなすいかなる動きもソ連軍が阻止することになっていた。チェコスロバキアへの介入後に樹立された政権は、その時点での空気を周到に読んで「正常化」という言葉を使った。「正常」とは、あるがままを指していた。それ以外の言い方をブレジネフ政権下のソ連で口にしたら、精神病院送りは必至だった。[*6]

ブレジネフは一九八二年に亡くなった。その後、死期が迫った男たちによる短い政権を二つ挟んで（ユーリ・アンドロポフとコンスタンティン・チェルネンコ）、一九八五年にはミハイル・ゴルバチョフが権力の座に就いた。ゴルバチョフは、共産主義は改革可能であり、より良い未来が約束されていると信じていた。彼の一番の敵は共産党そのもの、とりわけ現状《ステータスクオ》に慣れて硬直化したロビイストたちだった。そこでゴルバチョフは、党を掌握するために新たな制度をつくろうとした。また、東ヨーロッパのソ連衛星圏の共産党指導者たちにも自分を見習うよう促した。経済危機と政敵たちに直面していたポーランドの共産主義者たちは、ゴルバチョフの言葉を信じて一九八九年に部分的自由選挙を実施したが大敗した。これによってポーランドに非共産党政権が誕生し、東ヨーロッパのいたるところでこれを模した革命が勃発した。[*7]

ソ連の内部でゴルバチョフもまた同様の問題に直面していた。そもそも一九二二年に成立したときからソヴィエト国家は、ロシア、ウクライナ、ベラルーシ、ザカフカース（当初）の共和国で構成される連邦のかたちを取った。ゴルバチョフの願うところでは、ソヴィエトの改革とは、一五ある連邦構成共和国を活性化することが目的だった。さまざまのソヴィエト共和国で、経済改革を実行する新たなエリート層を生みだすために民主選挙が実施された。たとえば、一九九〇年三月にロシア・ソヴィエト連邦社会主義共和国で行われた選挙では、新たな議会の創設がなされ、ボリス・エリツィンが議長に選ばれた。ソ連がロシア共和国を正当に扱っていないと信じている点で、エリツィンは民主主義が生んだニューリーダーの典型だった。どのソヴィエト共和国でも、他の地域の利益のために、自分たちが連邦に利用されているにちがいないと人々は信じていた。[*8]

一九九一年の夏に危機が訪れた。ゴルバチョフ自身は党によってその正統性を認められていたのだが、それでも国家をもって党の代わりにしようとしていた。そのためには、ナショナリストの不満、政治不安、不景気といった空気が漂うなか、各共和国の状況を把握でき、かつ中心となる機能を果たす拠点も築ける……そんな手立てを見つける必要があった。ゴルバチョフの解決策は、その年の八月に調印が予定されている新連邦条約だった。ところがゴルバチョフは、別荘《ダーチャ》で休暇を過ごしていた八月一八日の夜に、ソ連の保守派グループによって監禁された。けれども彼らは、テレビでバレエの番組を放送すること以外、次の手を思いつかなかった。クーデターの勝者は、結局ボリス・エリツィンということになった。エリツィンはモスクワで首謀者らに公然と戦いを挑み、戦車の上に立ち、自らを庶民の英雄に仕立て上げた。ゴルバチョフはモスクワに戻ることはできたが、今や権力を掌握しているのはエリツィンだった。[*9]

エリツィンがソ連で最も有力な政治家になった時点で、ソ連に残された日々は数えるほどになっていた。西側の指導者たちは不安定化を恐れて、ソ連をそのまま残すべく行動を起こした。一九九一年八月、ジョージ・H・W・ブッシュ大統領はキエフを訪れて、ソ連から分離独立しないようウクライナに迫った。「自由と独立は別なのだ」とブッシュは諭した。そして一〇月にはゴルバチョフにこう言った。「アメリカ政府の立場を知っておいて欲しい。私たちは党中央を支持している」。一九九一年一二月、エリツィンがソヴィエト・ウクライナとソヴィエト・ベラルーシの新たに選ばれた指導者らと合意書に署名して、ロシアはソ連から離脱した。ソ連のロシア・ソヴィエト連邦社会主義共和国は、ロシア連邦と呼ばれる独立国家になった。ソ連のかつての共和国はすべてこれに続いた。[*10]

新たなロシア連邦は、大統領と議会が自由選挙で選ばれる、民主主義によって正統性を与えられる立憲共和国として創建された。よって建前の上からは、ロシアは継承原理を備えた。

イリインは、別の形でのソヴィエトからロシアへの権力の移行を期待していた――ファシストの独裁、ソ連の全領土の維持、罪深き西側を相手にした半永久的な戦いである。ロシア人がイリインの著作を読みはじめたのは一九九〇年代になってからだった。彼の思想はソ連の終焉には影響しなかったが、ソ連崩壊後に出現したオリガルヒたちが、二〇〇〇年代と二〇一〇年代に新たな種類の権威主義《オーソリタリアニズム》を確立した過程にはたしかに影響を及ぼした。

イリインが思い描いたロシアの救世主とは、作り話の世界から現れ、完全性の精神から行動するのだが、これは人間には不可能なことだった。ただし、熟練のプロパガンディストたち（ロシアは「政治テクノロジスト」とうまく名づけたが）による妙技と言ってよい舞台装置《シーノグラフィー》があれば、この世の奇跡と見まごうものもつくれるかもしれない。救世主の神話は、あまりに壮大で疑うことすらできない数々の嘘で成り立っている必要がある。そのような嘘を疑っては何もかもを疑うことになるからだ。ソ連の終焉からほぼ一〇年後にボリス・エリツィンからウラジーミル・プーチンへと権力が移行できたのは、選挙というよりも作り話のおかげだった。かくしてプーチンとイリイン、要は作り話の世界の政治家と哲学者が、かたや頭角を現し、かたや復活したのだ。[*11]

自由に争われた選挙を経て権力が移行したわけではないという意味で、ロシアに民主主義は根づかなかった。エリツィンがロシア連邦の大統領になったのは、ロシアがまだソ連の一共和国だった一九九一年六月に開かれた共和国大統領選挙で勝ったからだ。とはいえ、この選挙に票を投じた人々は、ソ連から独立したロシアの大統領を選んだわけではなかった。独立ロシアなどまだこの世に存在していなかったからだ。エリツィンは独立後もロシアの大統領職に留まったというにすぎない。たしかに一九九〇年代の初めには、このように制度上あいまいな権力の主張はよくあることだった。東ヨーロッパにおけるいわゆる「ソヴィエト帝国」、ついでソ連自体が崩壊したので、さまざまな秘密裏の妥協、円卓交渉、部分的自由選挙によって、異種交配の制度からなる政府が誕生した。その他の旧共産主義諸国では、その後自由で公正な大統領選挙と議会選挙がすみやかに行われた。一方、ロシア連邦は、エリツィンを正式に認めるか、もしくは後継者に道を開いたかもしれない選挙を実施できなかった。イリインは予測しなかったものの、イリインの主義とは容易に折りあえる展開のなか、超富裕層がロシアの救世主を選んだのだ。[*12]

エリツィンを取り巻く少数の金持ちは、この段階で「オリガルヒ」と呼ばれるようになり、大統領と自分たちに有利に働くよう民主主義を操ろうとした。ソヴィエトの計画経済が終わったことで、高収益産業と資源の開発が猛烈な勢いで進み、裁定取引《アービトラージ》が活発化し、たちまち新たな富裕階級が誕生した。無軌道な民営化は、少なくとも従来の意味での市場経済とはまったく異なるものだった。市場には法の支配がなくてはならず、これがソ連崩壊後の転換期における最も難しい課題だった。アメリカ人には法の支配は当たり前のことに思えるので、必要な制度はいずれ市場がつくってくれるだろうと思うかもしれない。だが、これは間違いだ。重要なのは、新たに独立した国家が法の支配を確立したかどうか、そして何よりも自由選挙によって権力の移行が合法的に行われたのかどうかである。

一九九三年にエリツィンはロシア議会を解散し、議員たちを押さえつけるべく軍隊を送りこんだ。エリツィンは西側の首脳陣に、これは市場改革に弾みをつけるうえで必要な合理的措置であり、アメリカのメディアでも受け入れられる類いの出来事だと説明した。市場が活性化されているかぎり、必然性を唱える政治家たちは議会への攻撃を民主主義に向かうステップだとみなすことができた。エリツィンは議会との対立を、大統領職の強化を正当化する口実に利用した。一九九六年、エリツィンの一派は（自ら報告しているように）いかがわしい大統領選挙で、大統領の任期をもう一期勝ち取ることになる。[*13]

一九九九年にもなると、エリツィンは見るからに病気とわかり、しじゅう酔っ払っていたので、後継者探しが急務になった。エリツィンを交代させるには選挙が必要だったが、オリガルヒたちからすれば、選挙が操作され、結果が意のままになる必要があった。エリツィンの「ファミリー」（通常の意味での彼の身内と、ロシア語の意味での親しいオリガルヒたちの双方）を生き存えさせ、その富を維持できるようにする後継者が必要だった。クレムリンで「後継者作戦」と呼ばれたこの課題には、二つの段階があった——まずはエリツィンとの関係が知られていない新しい男を見つけてきて、次いでエセの問題をでっちあげ、この男が解決できたかのように見せかけるのだ。[*14]

後継者を見つけるために、エリツィンの取り巻きは人気のエンターテインメントに出てくる好きなヒーローについての世論調査を行った。勝者はマックス・スティルリッツだった。ソ連のスパイ小説シリーズに登場するヒーローで、小説は何度も映像化されている。なかでも有名なのは、一九七三年にテレビで放映されたシリーズ番組『春の一七の瞬間《とき》』だ。架空の人物であるスティルリッツは、第二次世界大戦時にドイツ軍情報部に潜入したソ連の諜報部員、すなわちナチの軍服をまとった共産主義者のスパイだった。ＫＧＢに在職中は東ドイツの地方都市でさほど重要でもない職に就いていたウラジーミル・プーチンが、物語のスティルリッツに最も近いと思われた［著者註：プーチンの方も、スティルリッツという物語の登場人物を師として描き、大統領になってからは、一九七三年のテレビ版でスティルリッツを演じた俳優を叙勲することになる。その俳優ヴャチェスラフ・チーホノフは、二〇〇四年と二〇一〇年にニキータ・ミハルコフが監督した映画にも出演していたが、このミハルコフがおそらくプーチンにイリインの著作を紹介したにちがいない］。プーチンは一九九〇年代にサンクトペテルブルク市長の補佐官に出世するとクレムリンに知られる存在になり、また団結を乱さない人間《チーム・プレーヤー》であると思われていた。一九九八年以降は、主としてロシア連邦保安庁（ＦＳＢ、旧ＫＧＢ）長官としてモスクワでエリツィンに仕えていた。一九九九年八月にエリツィン政権の首相に任命されたとき、プーチンの大衆への知名度は低く、全国規模の選挙の有力候補者にはなれなかった。彼の支持率は二パーセントだった。したがって、そろそろこの辺で彼が解決したように見せかけられる危機をでっちあげる必要があった。[*15]

一九九九年九月、ロシアのいくつかの都市で爆破事件が連続して発生し、何百人ものロシア市民が犠牲になった。実行犯はＦＳＢの職員の可能性があると思われた。たとえばリャザン市では、爆破事件の容疑者としてＦＳＢの職員が地元の同僚によって逮捕された。当時、自作自演のテロの可能性が囁かれたが、爆破に関与したとみられるロシアのある地域との新たな戦いをプーチンが命じると、事実に基づく疑念は高潔な愛国心の前に霧消してしまった――この地域とは、コーカサス地方に位置する南西ロシアにあるチェチェン共和国のことで、一九九三年に独立を宣言したのち、ロシア軍と戦って現在は膠着状態にあった。チェチェン人と爆破との関係を証明するものは何もなかった。第二次チェチェン戦争のおかげで、一一月にはプーチンの支持率が四五パーセントに跳ね上がった。一二月にはエリツィンが辞意を表明し、プーチンを自分の後継者に指名した。偏ったテレビ報道、票集計の操作、テロと戦争が生んだ風向きのおかげで、二〇〇〇年三月の大統領選で勝つために必要な絶対多数の票がプーチンに授けられた。[*16]

政治の作り話は血で綴られるのだ。

こうして、当時「管理された民主主義」と呼ばれた新しい種類の政治が始まった。ロシア人はこれに習熟し、のちにはこれを輸出さえした。「後継者作戦」で「政治テクノロジー」を認められたのは、ウラジスラフ・スルコフという父親がチェチェン人の才気溢れる広報の専門家で、彼はエリツィン政権で大統領府長官補佐官を務めていた。謎めいた大統領候補にフレームアップされた危機を利用して本物の権力を握らせるという、スルコフが先駆けて行った民主主義の舞台監督の役割を、スルコフはプーチンから一連のポストを任されたあとも続けた。

プーチンが大統領を務めた最初の二期、つまり二〇〇〇年から二〇〇八年までのあいだ、スルコフは人気を獲得するか制度を変更するために、処理しやすい紛争を利用した。二〇〇二年、ロシアの保安部隊がテロリストから劇場を奪還する際に一〇〇人を超えるロシアの民間人を殺害したあとは、テレビ局が完全に国の支配下に置かれた。さらに二〇〇四年に地方の学校がテロリストに占拠されたあとは、選挙で選ばれる知事職が廃止された。この決定を正当化するために、スルコフは――イリインを引用して――ロシア人はいまだに投票の仕方がわかっていないのだと主張した。スルコフに言わせれば、ロシアは「現代民主主義の状況下で暮らす準備ができていなかったし、現在もできようはずもない」。それでもロシアは主権という点では他の旧ソ連の諸国よりも優れている、とスルコフは続けた。そして、ロシア以外の国々はいずれも独立国家たりえない、とまで断言した。[*17]

スルコフがロシアの優越性をいくら主張しても、当時のロシアの指導者たちが重視する条件を満たすことはできなかった――それはヨーロッパとの類似性、ヨーロッパからの承認、そしてヨーロッパとの関係改善だった。二〇〇四年、三つの旧ソ連の共和国、リトアニア、ラトビア、エストニアが、ソ連の衛星国だった東ヨーロッパ諸国（チェコ共和国、ハンガリー、ポーランド、スロバキア）とともにEUに加盟した。これらの国々がEUに加盟するためには、ロシアが見せたことのない具体的なかたちで、その主権を証明してみせる必要があった――それは競争を生む市場を創設し、EU法を施行できる政権を樹立し、自由で公正な選挙を行う民主主義を確立する、というものだった。

EUに加盟した国々には、有効な継承原理があった。だがロシアにはそれがなかった。スルコフは「主権民主主義」を唱えることで、継承原理の欠如を優越性の主張にすり替えた。そうすることでロシアの抱える問題をはぐらかしたのだ――その問題とは、民主主義そのものか、せめて何らかの継承原理がないのであれば、ロシアが主権国家として存続できると思える理由が一つもないということだ。「主権民主主義」とは、ロシアがある種の西側の政治社会へと向かう自分なりの道を見つけるための一時的手段であることをスルコフは匂わせた。それでもスルコフの言葉は、ファシストでネオ・ユーラシア主義者のアレクサンドル・ドゥーギンなどの極端なナショナリストたちから称賛を浴びた。ドゥーギンは主権民主主義を、現状が永遠に続くこと、すなわち永遠の政治と理解していた。ロシアを本物の民主主義国家にするためのいかなる試みも、今や主権を引き合いに出せば阻止できるだろうとドゥーギンは考えた。[*18]

民主主義は支配者を交代させるための手順である。共産主義体制のあいだは「人民民主主義」、その後は「主権民主主義」というように、民主主義を形容詞で修飾するのは、その手順を省くことを意味する。当初スルコフは果敢にもその二つ（民主主義と主権民主主義）を両立させようとした。然るべき人間を権力の座に就けることで民主主義という制度を維持したとうそぶいたのだ。「我々の政治風土では、いわば人柄こそが制度なのだ」。かつてイリインも同じ手を使っていた。彼は自身の救世主を「民主的独裁者」と呼んだ。建前上、この救世主は人々を代表するからだった。スルコフにとってロシア国家の柱とは、「中央集権、擬人化、理想化」だった。国家が統一され、その権威が一人の個人に与えられ、その個人が賛美の対象とならねばならない。スルコフはイリインを引用し、ロシアの人々には、今の彼らに無理なく持てる程度の自由が与えられるべきだと結論した。当然ながら、イリインの言う「自由」とは、指導者に隷属する集団のなかに個人が自らを埋没させる自由のことだった。[*19]

スルコフの曲芸まがいの行為も、二一世紀になって最初の一〇年の豊かな時代には可能なことだった。二〇〇〇年から二〇〇八年までの、プーチンが大統領になって最初の二期のあいだは、ロシア経済は年平均七パーセント近い成長を遂げた。プーチンはチェチェンでの戦いに勝利した。ロシア政府は、天然ガスと石油の国際市場価格が高いことを利用して、輸出で得た利益の一部を国民に分配した。エリツィン時代の政情不安が去って、当然のことながら、多くのロシア人が喜び、感謝していた。ロシアは国際関係においても確かな地位を築くことができた。二〇〇一年アメリカでの「九・一一」テロのあと、プーチンはNATOに対してロシアからの支援を申し出た。二〇〇二年、プーチンは「ヨーロッパの文化」について好意的に語り、NATOを敵とみなすことを差し控えた。二〇〇四年にプーチンはウクライナのEU加盟を支持し、それが実現すればロシアの経済的利益につながるだろうと述べた。さらにEUが拡大することは、平和と繁栄の地域をロシア国境にまで広げるものだと語った。二〇〇八年、プーチンはNATOの首脳会談に出席した。[*20]

二〇〇四年、プーチンは大統領就任に必要な絶対多数票を獲得し、四年任期の二期目に入った。不正があろうとなかろうと定期的に選挙が行われることは、少なくとも大統領の権力にも期限があることをロシア国民に保証した。国民は、二〇〇〇年にプーチンが現れたときのように、二〇〇八年にも新たな人物が現れると思っていたにちがいない。ロシア憲法によれば、プーチンは法的には二〇〇八年に三期目の大統領職に立候補することができなかった。そこで代わりに無名のドミトリー・メドヴェージェフを後継者に選んだ。メドヴェージェフは大統領に就任すると、プーチンを首相に任命した。メドヴェージェフ政権下で、大統領の任期を六年に延長するようロシア憲法が改正された。そこでプーチンは二〇一二年、さらには二〇一八年にも大統領選に立候補できるようになった。プーチンの狙いは明らかだった――自分の所属政党である「統一ロシア」が、二〇一一年一二月の議会選挙とその後のすべての選挙で勝利すること、そして二〇一二年三月と二〇一八年三月の大統領選に勝利すること、つまり少なくとも合計二〇年間は大統領職に留まり、政治における「永遠」を確立することだった。

もっとも二〇一二年に大統領職に返り咲くための唯一の手順は、民主的（と外見からは判断できる）選挙だった。プーチンはこれまでどおり不正をする必要があったが、今回は、不正行為が見つかったとき、それを認めることになる。この選挙こそスルコフによる指導者の人格と制度の同一視、もしくは遡ってイリインの提案した儀式的な選挙だった。プーチンは継承のメカニズムをすでに弱体化させていたので、ロシアにはそれが必要ないのだと言い張るしかなかった。政治の未来を抹殺することで、政治の現在を永遠に続かせざるをえなくなった――そして現在を永遠のものにするには、果てしなく続く危機と、恒久的な脅威を必要としたのだ。

二〇一一年一二月四日、ロシア国民には、ロシア連邦議会下院（ドゥーマ）の過半数の議席を政党「統一ロシア」に与えることが求められた。これは尋常ならぬ瞬間だった。なにしろ当時の大統領メドヴェージェフと当時の首相プーチンが職位を交換するつもりであることがすでに公表されていたからだ。統一ロシアが議会選挙に勝利し、プーチンが来たる三月の大統領選に勝てば、メドヴェージェフが首相としてプーチンに仕えることになるのだ。

多くのロシア人は、永遠なるプーチンという展開に少しも魅力を感じていなかった。二〇〇八年の世界金融危機のあとにロシアの成長は減速した。プーチンもメドヴェージェフも、ロシアの商品輸出への依存を減らす計画も、社会的流動性を促す見通しも示さなかった。したがって、これらの選挙を、多くのロシア人が景気低迷を回避する最後のチャンスとみなし、その思いで投票に臨んだ。

ロシアの独立選挙監視団の計算では、一二月四日に行われた選挙で統一ロシアが獲得した票は、全体の二六パーセントほどのはずだった。それでも統一ロシアには、議会で多数派を維持するのにじゅうぶんな票が与えられた。ロシアの選挙監視員と国際的な選挙監視員らは、メディアの偏った報道と票の物理的およびデジタル的な操作を批判した（イギリス国民党党首でホロコースト否定論者でもあるニック・グリフィンが、親政権派の「監視員」としてロシアに来ていたが、彼はロシアの選挙が「イギリスよりもはるかに公正だ」と宣言した）。一二月五日に抗議運動が始まった。一二月一〇日、およそ五万人がモスクワに集まった。一二月二四日には参加者の数が八万人に膨れ上がった。ロシア国民はその月のあいだに九九の都市に集まり、ロシア連邦史上最大の抗議運動を行った。彼らのスローガンの柱は、「自由選挙を！」だった。[*21]

二〇一二年三月四日の大統領選挙でも、いかさまが繰り返された。プーチンは一回目の投票で大統領の指名に必要な過半数の票を獲得した。今回、選挙の不正操作の大半は、手作業によるものではなくデジタルデータの改竄によるものだった。何千万ものデジタル票が加えられ、結果として人間が投じた票が希釈され、偽りの過半数がプーチンに与えられた。なんと、プーチンの得票数が切りの良い数字だった地区もある。どうやらこれは中央当局が設定した目標票数を、地方公務員が文字どおりに解釈したせいかと思われる。チェチェンでは、プーチンの得票率が九九・八パーセントに達した。この数字はおそらく、彼のチェチェンの盟友ラムザン・カディロフが選挙を完全に牛耳ったことを反映した数字なのだろう。プーチンは国家の管理下に置かれた精神病院などの施設でも同様に得票を重ねた。ノボシビルスクでは開票総数が人口の一四六パーセントにのぼったと抗議者たちは訴えた。今回もまた、ロシアの独立選挙監視団と国際的な独立選挙監視団が不正を指摘した。そして今回もまた政権に友好的な極右の外国人らが選挙結果を承認した。[*22]

二〇一二年三月五日、モスクワでおよそ二万五〇〇〇人のロシア国民が、不正のあった大統領選に抗議した。二〇一一年の一二月から翌年三月までの数ヶ月間は、プーチン自身にとっても選択の時だった。プーチンは議会選挙に対する批判に耳を傾けることもできただろう。大統領選の開票結果を受け入れて、一回目ではなく二回目の投票で勝利してもよかっただろう。一回目の投票での勝利にこだわった理由は、自尊心以外の何ものでもなかった。あるいはプーチンは、抗議者たちの多くが自国における法の支配と継承原理について憂慮していることを理解してもよかったかもしれない。ところがプーチンは、これを自分に対する個人攻撃だと受けとったようだった。[*23]

プーチンが選択したのは、一回目の投票での勝利という刹那の幻の方が法よりも重要だし、自分の心の傷の方が同朋の強い信念よりも重要だとみなすことだった。プーチンは不正行為があったことをこともなげに認め、メドヴェージェフはロシアの選挙はこれまでもすべてまやかしだったと言って助け舟を出した。選挙は続けると言い張りながら、「一人一票」の原則を無視することでプーチンは国民の選択を無視していたが、その一方で、国民がこれからもこの支援表明の儀式に参加するのをあてにしていた。そうすることで彼は民主主義に対するイリインの態度を受け入れ、イリインがかつて「得票数とその政治的意味への盲目的信仰」と呼んだものを、名実ともに否定した。自分が権力の担い手であるとの主張が賭かっていた。しょせん、いかさまをする者の勝ちなのだ。[*24]

プーチンが二〇〇〇年に作り話の世界から現れた謎めいた英雄として大統領の座に就いたとしたら、二〇一二年には法の支配の執念深い破壊者として戻ってきた。プーチンがスポットライトを浴びながらも選挙結果を不正にさらってしまおうと決めたせいで、ロシアが国家《ステートフッド》であることは中途半端な状態に陥った。そのためプーチンが二〇一二年に大統領に就任したことは、継承原理の危機の始まりだった。権力を握る男は未来を消した男でもあったので、現在を永遠に続くものにするほかなくなった。

一九九九年と二〇〇〇年に、クレムリンはチェチェンを必要不可欠な敵として利用していた。その後チェチェンは敗れ、チェチェンの軍事指導者だったカディロフは、プーチン政権の有力なメンバーになった。二〇一一年と一二年のいかさま選挙のあと、国内の政治の危機が恒久的なものになったので、敵もまた恒久的でなければならなくなった。そして厄介な外国の敵は抗議者たちと繋がっている必要があった。そうすればプーチン自身ではなく彼らを、ロシアが国家であることの脅威に仕立てることができる。抗議者たちの活動は、プーチンが招いた正真正銘の国内問題と切り離し、代わりにロシアの主権に対する国外からの偽の脅威に結びつける必要があった。

永遠の政治は、作りものだから解決などできない問題を必要とするし、また、そうした問題を作りだしてしまう。二〇一二年のロシアにとって、この作りものの問題とは、ロシアを崩壊させようとするEUとアメリカの目論見というものだった。

レオニード・ブレジネフの永遠の敵であった、退廃的な西側が戻って来たのだ。だが今回の退廃とは、もっと露骨に性的な多様性を含んだものになった。イリインは自らが「性的倒錯」とみなすもの、彼の場合はホモセクシャリティに対して異議を唱えていた。それから一世紀経って、クレムリンが民主派の反対勢力に最初にとった反応はそれと同じものだった。二〇一一年と一二年に開票を心待ちにしていたのは、法が遵守され、自分たちの意思が尊重され、祖国が存続することを願うロシア国民ではなかった。彼らは世界規模の性的退廃をもたらす愚者たちで、彼らの行動がこの無垢の有機体である国家を脅かしていたのだ。[*25]

二〇一一年一二月六日、モスクワで最初の抗議運動が起きた翌日、ロシア連邦大統領――当時はまだドミトリー・メドヴェージェフだった――が、抗議運動の主導者は「フェラチオをする愚かな羊だ」という主旨のメッセージをリツイートした。その時点ではまだ首相だったが、再度の大統領就任を目前に控えたウラジーミル・プーチンは、抗議者たちが身に着けていた白いリボンがコンドームみたいに見えるとロシアのテレビで発言した。それから抗議者たちを猿にたとえて、猿のまねをしてみせた。ドイツを訪問したプーチンは、ロシアの野党勢力は「性的に欠陥がある」と言ってアンゲラ・メルケルを驚かせた。ロシアの外務大臣のセルゲイ・ラヴロフは、無垢なるロシア社会を守るためにロシア政府は同性愛に反対の立場を取らなければならない、と言い始めた。[*26]

プーチンの腹心であるウラジーミル・ヤクーニンは、この羊のイメージを地政学理論に発展させた。二〇一二年一一月に発表した長い論文でヤクーニンが述べたことには、ロシアは永劫にわたって敵の陰謀に晒されており、その陰謀が太古から歴史の流れを支配してきた。ロシアの出生率を下げ、そうすることで西側の力を維持するために、この国際的な組織が、世界中で同性愛のプロパガンダを喧伝してきた。ゲイの権利拡大とは、資本主義の世界的な支配者たちが、ロシア人を楽に操れる「羊の群れ」に変えるための周到な策略なのだ。[*27]

二〇一三年九月、あるロシア人外交官が中国で開かれた人権に関する会議で、この主張を繰り返した。ゲイの権利とは、ロシアや中国のような高潔な伝統的社会を搾取する目的で世界規模のネオリベラルの陰謀が選んだ武器にほかならない、と述べたのだ。プーチン大統領は、その数日後に、彼自身が始めたヴァルダイ国際討論クラブの第一〇回会議でさらに踏みこんだ発言をし、同性同士のパートナーシップを悪魔崇拝になぞらえた。そしてゲイの権利を、「堕落と原始主義に直結する道を開き、深刻な人口統計的・道徳的危機をもたらす」として西側のモデルと結びつけた。そのころにはすでにロシア議会が「伝統的な家族の価値の否定を提唱する情報から子どもたちを守ることを目的として」という名称の法案を可決していた。[*28]

人間の性的関心《セクシュアリティ》は、尽きることのない苦悩を生みだすものだ。異性愛はロシア国内に留めて、同性愛は国外に追いやろうとする試みは実際ばかげたことだったが、このさい事実は関係なかった。この反同性愛運動の目的は、民主主義を求める声を、ロシアの無垢に対する漠然とした脅威にすり替えることだった。その脅威とは、「投票＝西側＝ソドミー」という図式だった。当然、ロシアは無垢でなければならなかったし、あらゆる問題は他国に責任があるのだった。

この反同性愛運動は、ロシアのエリートたちが異性愛者であるのが事実として証明されていることに依拠していたわけではなかった。プーチンが首相だった四年間に、スルコフはプーチンが猟鳥や猟獣をしとめる写真を何度も撮影させていた。プーチンとメドヴェージェフがバドミントンの試合後にお揃いの白いウェアでポーズを取り、自分たちを男らしい友人同士だとアピールする試みも、同じくらい説得力がなかった。反同性愛運動を始めたちょうどその時期にプーチンは妻と離婚し、家庭の価値を擁護する本人が伝統的な家族を失っていた。このロシアの大統領は性同一性の問題に執着した。二〇一六年にプーチンは、自分は「気分にむらのある女ではないんだ」と断言した。また二〇一七年には、自分はドナルド・トランプの新郎《グルーム》ではないと発言した。その年、プーチンをゲイのピエロとして描くことが犯罪になった。注意深い女性研究者は、プーチンの立場をこう簡潔に表現した。「プーチンのキスは子どもと動物のためにとってあるのよ」[*29]。

プーチンは、民主主義に反対する論拠として男らしさを持ちだした。ドイツの社会学者マックス・ヴェーバーが主張したように、カリスマ性は政治体制を始めることはできても、それを持続させられるとはかぎらない。カリスマ性を持つ指導者を中心に政治的・営利的なクラン（身内や仲間）が形成されるのはごく普通のことだとヴェーバーは述べた。だがその男が戦利品の再配分や次の襲撃の計画以上のことをしたいと思えば、自分の権力をほかの誰かに移譲する手段を見つけなければならない。理想としては、その権力を先行きでふたたび移譲できるような手段が望ましい。この継承の問題を解決することこそが、近代国家を創建するための前提条件なのだ。[*30]

ヴェーバーは、ほとばしり出るカリスマ性が永続的な制度をもたらすための二つのメカニズムを定義した。一つは、慣習によってである。たとえば君主制に見られるように、長男が父親の後を継ぐといったものだ。もう一つは、法によってである。たとえば民主主義に見られるように、定期的に選挙を行うことで議会や統治者を交代させられるようにする。だがプーチンが君主制による継承を考えているようには見えなかった。自分の娘たちを政治の表舞台から遠ざけてきたからだ（もっとも家族は「縁故資本主義」（クローニー・キャピタリズム）の恩恵を受けてはいたが）。したがって残された理にかなう可能性は法であり、これは現代社会では通常は民主政治を意味する。ところがプーチンは自らこの代替案を却下した。そのため男らしさを誇示することで、ロシアの国家としての健全さを犠牲にしても、うわべの権力を繕ったのだ。[*31]

こうした類いの自ら招いた結末のなかで、ある種の男は決まって女性に汚名を着せようとするものだ。ウラジーミル・プーチンの場合、その女性というのはヒラリー・クリントンだった。

クレムリンの最初の思いつきが民主派の反対勢力を国際的なソドミーと結びつけることだったとしたら、二つ目の思いつきは、抗議者たちが外国のために活動していると主張することだった。

その外国とは、女性が国務長官を務める国、アメリカだ。抗議運動が始まって三日後の二〇一一年一二月八日、プーチンは抗議者たちを教唆したとしてヒラリー・クリントンを非難した。「彼女が合図を送ったのだ」。一二月一五日、プーチンはデモの参加者が金銭を受け取っていたと吹聴した。証拠は提示されなかったし、そもそも証拠は重要ではなかった。イリインが主張したように投票とは外国の影響が入ってくる布石にすぎないならば、プーチンの役目は外国の影響にまつわる話をでっちあげ、その話を国内の政治を変えるために利用することだった。肝心なのは、祖国に実際に脅威を与える敵ではなく、指導者の必要に最も適した敵を選ぶことだ。むしろ現実の脅威については語らないに越したことはない。現実の敵について論じれば、現実に抱えている弱点が露呈し、野心に燃える独裁者が誤りを犯しやすいことがわかってしまうからだ。政治の技巧とは「敵を特定し、無力化することだ」とイリインは記したが、それはどの外国が現実に脅威となるかを政治家が突き止めるべきだ、という意味ではない。イリインの言わんとするところは、政治は指導者がどの敵国が自分の独裁を揺るぎないものにしてくれるかを判断することから始まる、ということだった。ロシアにとって、真の意味での地政学上の問題は中国だった。だが中国の覇権が現実の差し迫ったものであるというまさにその理由から、ロシアの現実を地政学的に捉えることは、気の滅入る結論につながるおそれがあった[*32]。

かたや西側はロシアにとって何の脅威にもならなかった。だからこそ敵として選ばれたのだ。中国とは違ってEUには軍隊も、ロシアとのあいだの長い国境線もない。アメリカはたしかに軍隊を持ってはいるが、ヨーロッパ大陸から部隊の大部分を引き上げ、駐留軍は一九九一年の約三〇万人から、二〇一二年には約六万人に減っていた。NATOはなお存在していたし、東ヨーロッパの旧共産主義国の加盟を認めてきた。けれど二〇〇九年にバラク・オバマ大統領は、アメリカが東ヨーロッパでミサイル防衛システムを構築する計画を中止したし、二〇一〇年にロシアは、アメリカの飛行機が、アフガニスタンに駐留するアメリカ軍に物資を補給するためロシア領空を通過することを許可した。二〇一一年にも一二年にも、ロシアの指導部のなかでNATOによる侵攻を恐れる者はなく、また誰も恐れるふりすらしなかった。二〇一二年にアメリカの指導者たちは、自分たちがロシアとの関係の「リセット」をはかっていると信じていた。二〇一二年の三月にミット・ロムニーがロシアをアメリカの「地政学上最大の敵」と呼んだとき、彼は嘲笑の的になった。アメリカの大衆もメディアも、ほとんどモスクワに注意を向けてはいなかった。ロシアは、国際的な脅威や問題についてのアメリカの世論調査の対象項目にすら入っていなかった。[*33]

EUとアメリカが脅威に仕立てられたのは、ロシアの選挙がまやかしのものだったせいだ。二〇一一年の冬から一二年の春にかけて、ロシアのテレビ局と新聞は、選挙違反に抗議した者全員が西側の組織から金銭を受け取っていたとの話をでっちあげた。こうした動きが始まったのは二〇一一年の一二月八日、ヒラリー・クリントンが抗議運動を教唆したとするプーチンの主張が報じられたときだ。『ノーバヤ・イズベスチヤ』紙は「プーチンが西側の手先に厳罰を提案」との見出しを掲げ、プーチンの公の見解として「アメリカのヒラリー・クリントン国務長官の「ゴー・サイン」を受けて、ロシアの反政府組織が大規模な抗議運動を開始した」と報じた。反対派と反逆罪との関連は自明であり、唯一の問題は適切な処罰についてだった。三月にはロシアのテレビ局が「ドキュメンタリー」と称する番組を放映したが、それは街頭デモに参加したロシアの市民たちが奸智《かんち》にたけた外国人から金銭を受け取っていたとするものだった。[*34]

プーチンは、自分がロシア国家を脆弱にしたからこそ、それを敵の仕業だと主張せざるをえなかった。プーチンは、「国家を破壊してまで変化へのこうした渇望を満たそうとするのは許しがたいことだ」と信じていたので、自分の気にくわない意見をロシアへの脅威と決めつける権利は自分のためにとっておいたのだ。[*35]

二〇一二年からは、現在の改革的な政権が間に挟まるかたちになるが、現在より悪かった過去のロシア、現在より良くなっているだろう未来のロシアといったように思いをめぐらすことなど、意味がなくなっていた。アメリカとEUのロシアへの敵意が、否も応もなくロシアの政治の前提になった。プーチンは、ロシアが国家であることを等閑視《なおざりし》し、ロシアを、(オリガルヒとしての)自身のクランのための場、またそれが好機を得る場としてしまった。将来予想される崩壊を阻止する唯一の道は、民主主義を身近でしかも永遠に続く脅威として描くことだった。未来を奈落の底に変えてしまったプーチンは、その淵で足掻いているざまを、お得意の柔道でもしているように見せかけるよりほかなかった。

二〇一二年にプーチンは、なんと民主主義を彼個人のための様式化された支援と理解していることを明確にした。その年にプーチンがロシア議会で行った年次教書演説で述べたように、民主主義は「法律、規則、規制を遵守し尊重する」ということである。よってプーチンの論理では、個々のロシア国民には政府の反民主的な行為に対して抗議する権利はなかった。なぜなら民主主義とは国民に対し、そうした抗議を禁じる法律に心から従うよう要求するものだからだ。プーチンは選挙についても法律についてもイリインの解釈を繰り返した。その結果、「自由」とは、気まぐれな指導者の言葉に服従することを意味するようになった。事実、二〇一二年の五月にプーチンが大統領に返り咲いたのち、国家としてのロシアは、イリインの提案したとおりのやり方で変貌を遂げた。重要な法律のことごとくが、イリインの考案した憲法条文の内容に命を吹きこんだのだ。[*36]

誹謗中傷することが刑法上の罪になった。信仰心への侮辱を禁じる法律によって、警察は公的領域における東方教会の推進者になった。キリストの風刺漫画を出版したり、教会内でポケモンGOで遊んだりすることが犯罪になった。ロシア連邦保安庁（FSB）の権威と予算は増大し、職員は警告なく発砲できる広い権限を与えられた。FSBの新たな部局は、秘密警察チェカー（GRU、NKVD、KGB、そしてFSBの前身）の創設者フェリックス・ジェルジンスキーにちなんで名づけられた。反逆罪の定義が拡大され、ロシア国外の非政府団体（NGO）への情報提供も含まれるようになったため、Eメールを介して真実を語ることが重大な犯罪行為になった。明確な定義のない「過激主義《エクストリミズム》」が非合法化された。「ロシアの国益に反する」とみなされたNGOは活動を禁止された。海外からの資金提供——たとえば会議の開催のような形態の如何を問わない国際協力を含むたいへん広汎な概念だったが——を受けたことのある団体は、「外国代理人」としての登録が必要になった（ちなみに、「外国代理人登録法」は元々アメリカで一九三八年に可決された法律だった）。[*37]

「外国代理人」登録法が施行された日の朝、気の早いことにモスクワ中のNGOの本部に、「外国代理人USA」との落書きが見られた。この法の標的になったなかには、二〇一六年に「外国代理人」に指定されてしまった、二〇世紀のロシア史に関する資料の宝庫として知られる人権保護団体「メモリアル」があった。ロシア自体の過去すらも国外からの脅威になったのだ。「メモリアル」は、スターリン時代の、ロシア人をはじめとするソ連国民の苦しみを記録してきた。たしかにロシアの問題がすべて外部からもたらされたのであれば、こうした事柄にこだわっても意味がない。[*38]

永遠の政治は歴史を破壊するものなのだ。

永遠の政治では、過去は無垢の象徴の宝箱であり、為政者はこれを利用して祖国に見られる調和と、自国以外の国々での不協和音を説明する。二〇一一年と一二年の抗議運動に対するプーチンの（「国際的なソドミー」、「外国のための活動」に次ぐ）三つ目の反応とは、イリインの唱える永遠の政治を公然と支持し、喧伝することだった――その目的は、ロシアは汚れなき有機体であり、これを悩ます脅威というのは外国からの侵入に限られるという幻想を抱くことにあった。

不正選挙に対する抗議運動が始まって一〇日後、そしてソ連の崩壊から二〇年後にあたる二〇一一年一二月一五日、プーチンはロシアにおける過去の紛争はしょせん文学的な問題だったと、想像をめぐらせた。ファシストの作家アレクサンドル・プロハーノフと一緒にラジオ番組に出演したプーチンは、ソ連時代の市民に対するテロルを称える――とりわけチェカーとその創設者フェリックス・ジェルジンスキーを称える――ソ連の記念碑にロシアが敬意を払うことに、深く思いを馳せた。ロシアの歴史に何か問題があったとすれば、それはソ連が終焉したことだったのだ、とプーチンは語った。プーチンの後ろ盾であるエリツィンがその中心的役割を果たし、プーチン自身のキャリアを拓いてくれた歴史的出来事であるソ連の終焉が、今や国を沈滞化へと導いた謎めいた道になっていた。よって、ロシアに必要なのは「革命」という言葉の別の認識なのだとプーチンは問題提起した――革命とは同じ場所に何度も繰り返し戻ってくるサイクルのことなのだ、と。[*39]

プーチンはラジオを聴く何百万もの人々に問いかけた。「我々の国はソ連崩壊後にその身に起きた劇的な事件から立ち直り、傷も癒えたと言えるのでしょうか。今や強く健康な国家になったと言えるのでしょうか。もちろんノーです。この国は依然として病気なのです。だが我々は今こそここでイヴァン・イリイインの言葉を思いださねばなりません。「たしかに我々の母国は依然として病んでいるが、我々は病床にある母親から逃げはしなかった」と語ったのです」。この発言からプーチンがイリイインの著作集に精通していることがわかるが、このくだりについての彼の解釈は奇妙だった。イリイインからすれば、ロシアを傷つけたのはソ連の崩壊ではなく創建だった。イリイインは実の母親のもとに残りたかったのだが、それがかなわなかったのはチェカーが彼をソ連から追放したからだ。イリインはチェカーの尋問官にこう語っているのだ。「私が思うにソヴィエト政権とは、数世紀かけてロシアに広がった社会と魂の深刻な病による避けがたい歴史的結末なのである」[*40]。

元KGB職員のプーチンは、ロシア人がいまだにこう呼ぶところの「チェキスト」だったし、ロシア正教会によるロシアの統治を望んでいた。プーチンは赤軍と白軍、共産主義者と正教会徒、テロルと神という、自身が伝統と呼ぶものを融和させたかった。歴史を意識するならば、ロシア史でこうして二つの面を並べるのには強い違和感を感じただろうに。ところが永遠の政治はプーチンに、赤軍と白軍の双方とも、外的脅威に対する無垢なるロシアの反応だとして受け入れる自由を与えた。すべての紛争が外部の者の責任ならば、ロシア人のことも、彼らの選択のことも、彼らの犯した罪のことも考えなくてすむ。それどころか、極右と極左は双頭のイコンとして一緒に描かれるべきである。プーチンは矛盾を払いのけた。プーチンはイリインの著作の復活を自らの手で進めたが、そのさいイリインのソ連に対する批判は黙殺された。ソヴィエト崩壊後のロシアの政治からチェキストを追放するようイリインが提言していたことに触れるのは、さすがに具合が悪かったのだろう[*41]。

二〇〇五年にプーチンはイリインの亡骸《なきがら》を、ある修道院に埋葬し直したのだが、そこは大粛清の最中《さなか》に処刑された何千人ものロシア国民の遺体をソ連の国家秘密警察が焼却した場所だった。イリインが改葬されたさいにロシア正教会の総主教を務めていたのは、ソ連時代にKGBの諜報員をしていた男だった。埋葬式では軍楽隊がロシアの国歌を演奏したが、これはソ連の国歌とメロディーがまったく同じだった。プーチンにイリインの著作について教えたとおぼしき人物である映画監督のニキータ・ミハルコフは、この二通りの国歌のどちらも手がけた作詞家の息子だった。ミハルコフがイリインの熱心な研究者だったことは、彼の次の政治的な声明からあきらかだ。ロシアは「精神と物質の統合」、「多数の国家と民族の一〇〇〇年にも及ぶ団結」であって、「特有の超国家的な帝国意識」を誇示している。ロシアは、ユーラシアの中心、すなわち「独立した、文化=歴史を共有する大陸、有機的な国家的統一、地政学的にも宗教的にも、世界の中心」なのだ、というものである。[*42]

二〇〇九年にイリインの墓に花を供えたとき、プーチンはお気に入りのロシア正教修道士のティホン・シュフクノフと一緒だった（シュフクノフは、一九九八年から、一四世紀創建のモスクワにあるスレテンスキー修道院を預かる院長だった）。シュフクノフはソ連の死刑執行人たちをロシアの愛国者とみなすことを厭わなかった。プーチンが数年後に話したところによれば、彼自身も共産主義の価値観を聖書に由来するものとみなすことに何の抵抗もなかった。プーチンはこう述べている。「ある種のイデオロギーがソ連を支配していたのであり、そして我々がそれについてどう感じるかにかかわらず、それは何らかの明白な、もっと言うならば擬似宗教的な価値観に根ざしていた。『共産主義創始者の道徳律』（一九六一年、第二二回ソヴィエト共産党大会で採択）を読めば、それが聖書の哀れなコピーにすぎないことがわかるだろう」。イリインと同時代のたくさんの人々が、イリインを「神に仕えるチェキスト」と呼んだ。そうしてイリインはそのような者として――チェキストと聖職者から名誉を授けられ、チェキストだった聖職者たちと聖職者だったチェキストたちの手によって――再埋葬された。[*43]

イリインは無理やり追いだされたロシアに、亡骸も精神も戻ってきた。矛盾を是とし、事実を蔑《ないがし》ろにするなかでのこの帰郷こそ、イリインの流儀に対する敬意をこのうえなく純粋に表すものだった。なるほどイリインはソヴィエト体制に反発していた。だがソ連はもう存在しないのだから、それは過去のものだし、イリインにすれば過去の事実は、無垢の神話を生みだす材料に過ぎなかった。イリインの見方をほんの少しだけ修正すれば、彼のようにソ連を外からロシアに押しつけられたものと見るのではなく、ソ連はロシアであり、したがって汚れなきものだと見ることも可能だった。そうすればロシア人はソヴィエト体制を、世界の敵意に対する無垢なるロシアの反応であったとして回想することができる。ロシアの支配者らは、一人のソ連の敵を改葬することで、自らのソヴィエトとしての過去に敬意を表したのだ。

ソ連の偉大な小説家で、国家社会主義とスターリニズムの犯罪に関する記録者《クロニクラー》でもあるワシーリー・グロスマンは、こう書いている。「万物は流れ、万物は変化する。同じ乗り物に二度乗ることはできない」。グロスマンが意味するところは「強制収容所に向かう乗り物」であり、これはヘラクレイトスの次の格言から引用・改変したものだ。「万物は流れ、万物は変化する。同じ川に二度入ることはできない」。さて、プーチンが潤色をしたものではあったが、イリインの感覚によれば、時間は前方に流れる川ではなく、丸いかたちをした冷たいプールで、そこでは神秘的なロシアの完全性に向かって内向きにさざ波が寄せているのだった。そう、新しいことは何も起きなかったし、これからも起きようがない。しょせん西側は何度も何度も繰り返し無垢なるロシアを攻撃してきたのだ。過去の研究という意味での歴史は退けなければならない。というのも、そこから疑問が提起されることになるからだ……。

二〇一四年の自身の映画『サンストローク』のなかで、ミハルコフはユダヤ人女性の秘密警察の将校にロシア民族への死刑宣告をさせることで、いかなる不当な殺害も、それを行ったのは民族や性別のせいで異質とされかねない人々だったとほのめかした。二〇一七年にロシアがボルシェヴィキ革命の一〇〇周年に何らかのかたちで取り組む必要が生じたとき、ロシアのテレビはレオン・トロツキーの連続ドラマを放映し、それによって革命をユダヤ人に記号化した。ドラマの最後を飾る英雄は、誰あろうイヴァン・イリインだった。こうしてロシアは、ロシア人は過去を無垢のサイクルとして捉えるべきだと語る反革命主義の哲学者を英雄にまつりあげ、革命一〇〇周年を祝ったのだ。一つの教訓が学習されていたわけである。[*44]

イリインの永遠の政治を支持したとき、プーチンはロシア国家についてのイリインの定義を受け入れたのだった。議会選挙の直後、そして大統領選挙の直前でもあった二〇一二年一月二三日、プーチンはこの国の問題についてのイリインの理解を敷衍した論説を発表した。政治的反発が性的なものや外国に由来するものだと主張することで、プーチンはすでにロシアの問題の全責任の所在を、ロシアの救世主やロシアという有機体の埒外に置いていた。ロシアは元々が無垢な「文明」だったと断言して、プーチンは循環論法に幕を引いた。ロシアはその本質からして、調和を生みだし他国に広める国であり、よって近隣諸国にロシア独自の平和をもたらすのは許されるべきことなのだ。[*45]

この論説でプーチンは、ロシア連邦の法的な国境線を撤廃した。すぐにも大統領になろうという人間としてこれを書き記したプーチンは、ロシアを国家ではなく霊的な状態として説明した。そしてイリインを名指しで引用し、ロシアには民族間の紛争などはないし、かつてあったはずもないと主張した。イリインによれば、ロシアの「民族問題」は敵のでっちあげたもの、西側から持ちこまれた概念でありロシアに当てはまるところはなかった。イリインと同様にプーチンも、ロシアの文明を、友愛の念を惹起させるものだとみなした。「偉大なロシアの任務は、文明を統一し結びつけることである。このような「国家＝文明」には民族的少数者など存在しないし、「友・敵」を区別する原理は、文化を共有しているかどうかに基づいて定義される」。政治が「友・敵」の区別から始まるのは、ナチスの法哲学者カール・シュミットが理論化し、イリインが支持し広めたファシズムの基本理念である。[*46]

ロシアを文明と描写したときにプーチンが意味したのは、その文明の一部と自分がみなす人間たちすべてのことだった。プーチンは、ロシアがその主権や領土の保全、国境線を公式に認めたウクライナ人の国家について語るよりも、ウクライナ人とは（なんと）彼がロシアの領土と定義した「カルパチア山脈からカムチャツカ半島までの」広大な土地に散らばる人々であり、よってロシア文明の一つの要素だと考える方を好んだ。ウクライナ人が（「タタール人、ユダヤ人、ベラルーシ人」のように）もう一つのロシア人集団にほかならないとすれば、ウクライナの国家としての地位《ステートフッド》などうでもよく、ロシアの指導者としてプーチンにはウクライナの人々を代弁する権利があった。プーチンは挑戦を呼びかけて締めくくり、ロシア人とウクライナ人は決して分断されることはないと世界に告げ、納得しない者には戦いを挑むと脅しをかけた。「我々は何世紀にもわたりともに暮らしてきた。最も恐るべき戦争にともに勝利を収めた。そしてこれからもともに暮らしていく。我々を分断しようとする者に告げる言葉は一つしかないのだ――そんな日は決して来ない」[*47]。

二〇一二年一月にプーチンが真っ向から挑戦状を突きつけたとき、西側では誰も注意を払わなかった。メディアで報じられた話題は、ロシアの有権者や彼らの不満についてだった。つまるところ、ヨーロッパ、アメリカ、そしてウクライナの誰もが、ロシアとウクライナの関係を深く考えてはいなかった。それでもプーチンの動きはすばやく、自らの不正選挙に対するロシア人の抗議運動を、ロシアに対するヨーロッパとアメリカの攻撃――そこで戦場になるだろう地はウクライナだった――にすり替える永遠の政治を公式見解とした。プーチンによれば、個々のロシア人の票が意味を持たなかったからといって、彼らが不当に扱われたわけではなかった。ウクライナがロシアであると西側がわかっていなかったから、文明としてのロシアが不当に扱われたのだ。プーチンが継承原理を蔑ろにしてロシアを弱体化させたわけではなかった。ヨーロッパとアメリカがウクライナを承認することで、ロシア文明に挑戦状をたたきつけたのだ。二〇一二年に大統領としてロシア議会ではじめて行った演説で、プーチンはこの「国家＝文明」という考えをあらためて明言した[*48]。

国境線を有する主権国家としてのロシア連邦は、誰も分断しようとはしていなかった。けれど、ウクライナもまた国境線を有する主権国家であった。ウクライナがロシアとはまた別の主権国家であることは、カナダがアメリカ合衆国ではなく、ベルギーがフランスではないのと同じく国際法の基本事項だった。ありふれた法的な現状《ステータスクオ》をロシアの汚れなき文明に対する侵害であるかのごとく見せることで、プーチンは文化という理由をことさら前面に持ちだし、ロシアが過去二〇年にわたって守ってきた法の一般通念を覆したのだ。「ロシアは無垢なだけでなく寛容でもある」と、彼は持論を展開した。「というのもロシア文明を介してのみ、ウクライナ人は自分たちがほんとうは何者なのかを理解できるからだ」。

ウクライナの指導層のなかで最も卑屈な者ですら、自分たちの社会についてのプーチンの説明を受け入れるのには抵抗があっただろう。当時のウクライナ大統領ヴィクトル・ヤヌコーヴィチはロシアでは既知の人物でも、脅威とは程遠い存在だった。二〇〇四年、ヤヌコーヴィチは大統領選で彼のために不正が行われたことが発覚して赤恥をかき、プーチンは選挙がやり直されて他の候補が当選したので面目を潰された。アメリカへのロシアの影響力を強める計画を実行していたアメリカ人の政治戦略家ポール・マナフォートが、ヤヌコーヴィチに手を貸すべくキエフに派遣された。ヤヌコーヴィチは、マナフォートの指導のもとスキルをいくらか身につけ、ライバルたちの汚職のおかげで再度チャンスを得た。*49

二〇一〇年にヤヌコーヴィチは合法的に選挙戦に勝利し、その任期を始めるにあたって、ウクライナが与えられるほぼすべてのものをロシアに差しだした。これにはウクライナのクリミア半島に二〇四二年までロシア海軍の駐留を認める基地権も含まれていた。これによりウクライナは、その時点でのウクライナ、ロシア、アメリカの理解によれば、少なくとも三〇年間はＮＡＴＯに加盟できなくなった。ロシアは軍艦、フリゲート艦、潜水艦、揚陸艦、新型海軍機を増派して、黒海沿岸での駐留を拡大すると発表した。あるロシア人の専門家は、ロシア艦隊は「最後の審判の日まで」黒海に持っている軍港に駐留を続けるだろうと断言した。[*50]

二〇一二年、プーチンは突如として新ドクトリンを発表し、ウクライナとロシアは条約の調印が可能な、法的に同格の国家であるという発想そのものに異議を唱えた。二〇一三年と一四年にロシアはヤヌコーヴィチを卑屈な従属国の長から無力な傀儡に変えようとしたが、そのことで、国民の権利を棚上げにし、抑圧的なロシアの法律を模倣し、暴力を行使するというヤヌコーヴィチ政権にウクライナの人々が反旗を翻すという結果を招いた。プーチンのロシア文明にまつわる思想とヤヌコーヴィチいじめが、ウクライナに革命をもたらすことになったのだ。[*51]

歴史の学徒たちから歴史の権威を挙げるよう求められたとしたら、プーチンが思い浮かべる名前はただ一つ、イヴァン・イリインだろう。さて、イリインにはさまざまな顔があったが、歴史家でだけはなかった。仮にイリインの述べる時間を無視した法則性が歴史的な時間に取って代わることができ、仮にアイデンティティが政策に取って代われるならば、そのときには継承の問題もおそらく先送りできるだろう。[*52]

二〇一二年にロシア議会で大統領として最初に行った演説のなかで、プーチンはロシアの時の遠近法《タイムスケープ》における自らの位置を、永遠のサイクルの完結地点にいるとした――ロシア人がウラジーミルと呼ぶ古代キエフの王の帰還なのだ、と。この国が無垢であり、その指導者に統治する権利があり、未来について考えるのは無意味であることを示す永遠の政治には、現在が循環してゆく時点が必要となる。プーチンにとって最初のそのような時点は、自分と同名の人物で、その時代にはヴォロディーミルまたはヴァルデマーと呼ばれた中世初めの諸侯の一人がキリスト教に改宗した九八八年だった。プーチンの唱える過去の神話では、ウラジーミル一世の改宗が、今日のロシア、ベラルーシ、ウクライナの地を永遠に結びつけることになったのだ。[*53]

プーチンの友人で修道士のティホン・シュフクノフは次のように述べた。「ロシアを愛しその幸運を願う者は、神のご意志によってロシアの元首となったウラジーミルのために祈ることしかできない」。この明確な言葉に従えば、ウラジーミル・プーチンは――「神のご意志によって」――歴史を超越して現れ、ある名前を持っているというだけで一〇〇〇年のロシアの過去を神秘的にも一つにしたロシアの救世主ということになる。時間は、事実がそっくり失われた神秘的な輪《ループ》になった。ヴォロディーミルまたはヴァルデマーの彫像が――現代ロシア語の綴りである**Владимир**（ウラジーミル）として――モスクワで公開されたとき、ロシアのメディアは、ヴォロディーミル（ヴァルデマー）が統治していた時代にはモスクワの街はまだ存在していなかったことに触れないよう気を配った。その代わりにロシアのテレビは、この新たな記念碑がルーシの支配者へのオマージュとしては最初のものであることを繰り返し指摘した。これは事実に反していた。

現実に、ヴォロディーミル（ヴァルデマー）の像は、一八五三年からキエフの街に建っているのだから。[*54]

歴史上、この人物はキエフの統治者としてはヴォロディーミル、スカンジナビアの親戚にはヴァルデマーとして知られていた。南方の港で奴隷を売るためにドニエプル川に沿って南下してきたルーシと呼ばれるバイキングの一族に属していた。ルーシ族はキエフを主要な交易所とし、のちにここを首都にした。バイキングの諸侯の誰彼《だれかれ》が死ぬたびに血みどろの戦いが起きた。ヴォロディーミルまたはヴァルデマーはノヴゴロドの王子であり、この地で――アラブ側の資料によると――近隣のムスリムのブルガール人たちと取引すべくイスラム教に改宗した。キエフを己のものとすべく、ヴォロディーミル（ヴァルデマー）は、自分の兄たちと戦うのに軍事援助を頼もうとスカンジナビアまで出かけていった。彼は戦いに勝利し、ルーシを支配した。ヴォロディーミルはキエフで異教信仰の祭式を公式なものと定め、地元のキリスト教徒を雷神の生贄にした。その後ヴォロディーミルは東ローマ皇帝の妹と結婚したが、この政治的な大殊勲のためにキリスト教

フィン族
ノルウェー
ラドガ
スウェード人
エスト人
ゴロジシェ
ゴート人
北　海
ムー
クルト人
ラトビア人
リャザン
デンマーク
バルト海
リトアニア人
キエフ・
ルーシ
ポメラニア人
プロシャ人
ポロニア人
アーヘン
キエフ
ドニエストル川
プラハ
クラコウ
ヴォリーニャ人
東フランク
王国
ボヘミア
大モラヴィア
王国
ペチェネグ人
トランシルバニア
マジャール人
ブルグンド
ブルガリア
ヘルソン
クロアト人
教皇領
セルブ人
黒　海
ダルマチア
プレスラフ
ドナウ川
ローマ
カプア＝
ベネヴェント両公国
コンスタンチノープル
サレルモ
ビザンチン帝国
シチリア
カイルワーン
アグラブ朝
地　中　海
クレタ

への改宗が必要になった。このときはじめて公式の異教信仰ではなくキリスト教が、キエフの支配者にとって正統性の根拠になったのだ[*55]。

キリスト教は継承原理を定めていなかったので、親殺しに兄弟殺し、子殺しの争いを防げなかった。妻妾の数も子どもたちの数も多かったヴォロディーミルだが、息子のスヴャトポルクを投獄したし、一〇一五年に死んだのも息子ヤロスラフ一世を討つために進軍している最中だった。ヴォロディーミルの死後、スヴャトポルクは兄弟のうち三人を殺したが、戦場で弟のヤロスラフに敗れてしまった。その後スヴャトポルクは、ヤロスラフを倒すためにポーランド王とポーランド軍を引き入れた。一方、ヤロスラフの方は、スヴャトポルクと戦うためにペチェネグ族――ヤロスラフ一世の祖父スヴャトスラフ一世の頭蓋骨を酒盃にした部族――から兵を募り、スヴャトポルクは戦いの末に殺された。すると、もう一人の兄弟であるムスチスラフがヤロスラフを攻撃してこれを破り、この二人の兄弟のあいだで休戦と共同統治の条件が成立した。一〇三六年にムスチスラフが死んだあとは、ヤロスラフが単独で統治した。こうして父ヴォロディーミルから息子ヤロスラフへの継承には二一年の歳月を要したし、ヴォロディーミルの一〇人の息子が死んでようやく完了したのだった。キエフのヴォロディーミル（ヴァルデマー）の人生と統治は、これを永遠の政治の一環としてではなく歴史として見た場合、一つの教訓を教えてくれる――継承原理がいかに重要であるかということだ[*56]。

選挙を非常事態にし、周到に戦争相手を選ぶことで、ロシアが当分のあいだ国家を維持できるのは間違いない。継承原理の欠如によって生じる不安は国外に向けることができるし、本物の敵意を生むことで、これまでのいっさいのなりゆきを捨ててやり直すことができる。二〇一三年、ロシアはヨーロッパの近隣諸国を脅したりすかしたりして、その国の制度や歴史を放棄させようとし始めた。ロシアが西側になることができないならば、西側をロシアにしようではないか、というのだ。アメリカの民主主義の欠点を利用してロシアの言いなりになる人物《クライアント》を選挙で勝たせることができれば、プーチンは外の世界もロシアと同じにすぎないことを証明できる。仮に自分の生きているあいだにEUやアメリカが崩壊すれば、プーチンは永遠という幻想を一層たくましくすることができるだろう。

# 第3章　統合か帝国か（二〇一三年）

ヨーロッパは、その数多《あまた》抱える欠点や過ちがどれほど深刻であろうと、きわめて貴重ですこぶる有用なスキルとノウハウという持ち前の能力があるため、生き残るためにかつてないほどそれらを必要とする世界の国々と、今もそれらを分かち合うことができるのだ。

——ジグムント・バウマン、二〇一三年

継承原理を持つ国が存在するのは時間のなかにである。外交関係を結ぶ国が存在するのは空間のなかにである。二〇世紀のヨーロッパにとっての中心的課題は、「帝国のあとに何が来るのか」だった。ヨーロッパの列強が広大な領土を支配し続けることができなくなったとき、切れ切れに残された国はどうすれば国家として存続できるのだろうか。一九五〇年代から二〇〇〇年代までの数十年間は、その答えが自明の理であるかのように思われていた——統合と呼ばれる国家間の関係構築、すなわち欧州連合（ＥＵ）を創設し、深化させ、拡大していくことだった。ヨーロッパの帝国は、最初のグローバリゼーションをもたらしただけでなく、第一次世界大戦、大恐慌、第二次世界大戦、ホロコーストといった、その悲惨な終楽章《フィナーレ》をもたらした。ヨーロッパの統合は第二のグローバリゼーションの礎を築いたが、今度のグローバリゼーションは、少なくともヨーロッパでは、以前とは異なるものになることが約束されていた。

　ヨーロッパの統合はずいぶんと長く続いてきたので、ヨーロッパの人々はそれをごく自然のものと受けとめ、他の政治モデルの持つ訴求力や力強さを忘れがちになっていた。だが歴史には終わりがなく、選択肢はつねに現れる。二〇一三年、ロシア連邦は「ユーラシア」という名の、統合に代わるものを提案した。それはロシアにとっては帝国で、その他すべての国々にとっては民族国家の集合だった。この提案の問題点の一つは、ヨーロッパで民族国家は維持できないとすでにわかっていたことだ。ヨーロッパ列強の歴史を見れば、民族国家がろくに現れもしないうちに、帝国主義が統合に溶けこんでしまった。ヨーロッパの大国はどこも民族国家であったためしはない。第二次世界大戦より前の列強は帝国であり、そこでは市民と臣民が同等ではなかった。その後、彼らは自分たちの帝国を失ったため、主権が共有されるヨーロッパ統合のプロセスに加わった。一方、民族国家として創建された東ヨーロッパの国々は、一九三〇年代もしくは四〇年代に崩壊してしまっていた。二〇一三年になると、さらに大きなヨーロッパのシステムがないかぎり、ヨーロッパの国々もまた消滅するのではないかと疑う至極もっともな理由があった。一つの崩壊、すなわちＥＵの崩壊が、もう一つの崩壊、すなわちヨーロッパ各国の崩壊につながるおそれは十二分にあった。

　ロシアの指導者たちは、どうやらそれを理解していたようだった。彼らはヨーロッパの指導者たちとは違って、一九三〇年代についておおっぴらに議論していた。ロシアの「ユーラシア構想」は、一九三〇年代――ヨーロッパの民族国家が戦争に雪崩れこんだまさにその一〇年間――に端を発するものだった。近年のロシアでは、指導者たちが国民にヨーロッパ統合の道を閉ざしたため、ユーラシア構想が現実味を帯びたものになった。それと同時にクレムリンは、一九三〇年代のファシスト思想家たちの名誉を回復させ、ファシズムを呼び覚ます現代のロシア人思想家たちを登用した。二〇一〇年代の主なユーラシア主義者たち――アレクサンドル・ドゥーギン、アレクサンドル・プロハーノフ、セルゲイ・グラジエフ――はナチスの思想をロシアの目的に叶うように蘇らせたり、つくりかえたりした。

イヴァン・イリインはその活動期において、過去と同じく未来も帝国とともにあると信じていた点では主流派にいた。一九三〇年代には、新しい帝国が極右か極左かということが最大の問題であると思われていたのだ。[*1]

第一次世界大戦がヨーロッパの旧い大陸帝国の崩壊を引き起こした――イリインのロシアだけではなく、ハプスブルク君主制、ドイツ帝国、オスマン帝国にまで及んだ。その後、それらの領土だったところでは、民族国家を創建する実験が始められた。フランスはこれらの新生国家を支援しようとしたが、中央ヨーロッパ・東ヨーロッパにおけるその影響力は、大恐慌のさなかにファシスト国家イタリアとナチス・ドイツに奪われていた。あるポーランド州知事やルーマニア人のファシストのアレクサンドル・ランダが「リベラルな民主主義の時代は終わった」と宣言したとき、彼らが口にしたのは、ヨーロッパの人々が一般に信じていたこと、そして現に大西洋の反対側アメリカでも広く共有されていた考えだった。一九三〇年代のアメリカは、たくさんいたアメリカ先住民やアフリカ系アメリカ人の「臣民」が「完全な市民」ではなかったという意味で内実は「帝国」だった。アメリカが民主国家になるかどうかには議論の余地があったし、この国の有力者の多くはそうならないと思っていた。のちに卓越した戦略思想家になる外交官ジョージ・ケナンは、一九三八年に、アメリカは「憲法改正を通して権威主義的国家《オーソリタリアン・ステート》にいたる道を進むべきだ」と提案した。有名な飛行家チャールズ・リンドバーグは、「アメリカ・ファースト」のスローガンを掲げてナチスへの支持を呼び掛けた。[*2]

第二次世界大戦はまたヨーロッパの人々に、選択肢はファシズムかコミュニズムか、極右の帝国か極左の帝国かであることを教えた。この戦争は、誰にも止められなかった両極間の同盟、すなわち一九三九年八月のドイツとソヴィエト間のおぞましい軍事協定から始まった。この同盟が国家群をまるごと消し去ることで、ヨーロッパの体制はあっけなく崩壊させられた。ドイツは早くもオーストリアとチェコスロバキアを解体していた。ドイツ国防軍《ヴェアマハト》と赤軍は同時にポーランドに侵攻し、これを破壊した。その後ソ連は、リトアニア、ラトビア、エストニアを占領して併合した。一九四〇年、ドイツはソ連の経済的支援を受けてフランスに侵攻して勝利した。戦争の第

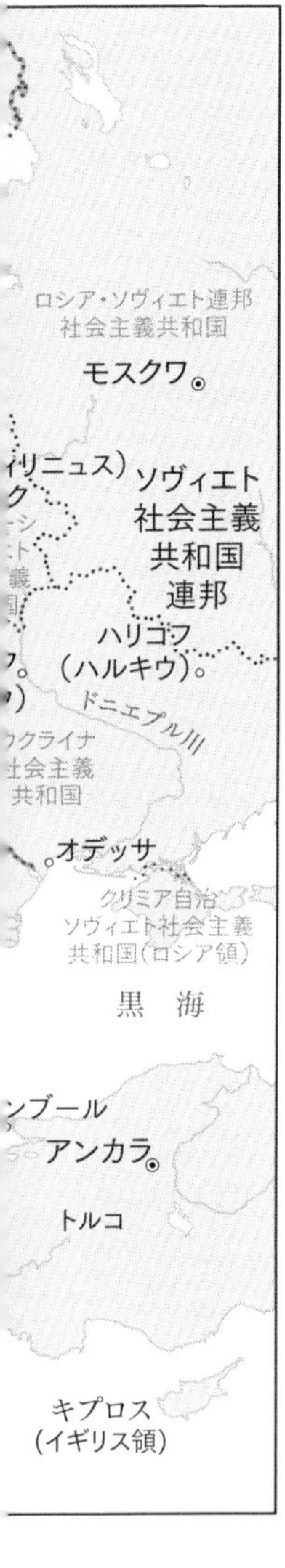

ノルウェー
クリスチャニア
ストックホルム
フィンラン
ヘルシンキ
タリン
エストニア
スウェーデン
エディンバラ
デンマーク
北　海
コペンハーゲン
リガ
ラトビ
ダブリン
連合王国
アイルランド
自由国
バルト海
リトアニア
カウナス
ダンツィヒ
東プロシャ（ドイツ領）
オランダ
アムステルダム
ロンドン
ベルリン
ワルシャワ
ブリュッセル
ライン川
ドイツ
ベルギー
ポーランド
パリ
ルクセンブルク
プラハ
クラコウ
チェコスロバキア
ミュンヘン
フランス
ベルン
スイス
ウィーン
オーストリア
ブダペスト
ビスケイ湾
ハンガリー
ルーマニ
ベルグラード
ブカレ
ドナウ川
ユーゴスラビア
イタリア
マドリッド
スペイン
ブルガ
ソフィ
ローマ
ティラナ
アルバニア
ギリシャ
アテネ
マルタ
（イギリス領）
地　中　海
ヨーロッパ
1930年頃

二段階は、一九四一年六月、ヒトラーがスターリンを裏切り、ドイツがソ連に侵攻したときに始まった。今度は、両極が敵対していた。ベルリンの戦争目的は帝国主義のそれだった――ヒトラーは、ソヴィエト・ウクライナの肥沃な土地を手に入れることができれば、ドイツは自給自足の経済が構築でき、世界の大国になれると考えた。敵としてであれ味方としてであれ、極右か極左かというのが唯一現実味のある選択肢のように思われた。ナチスの支配へのレジスタンスですら、主導したのはたいがいが共産主義者たちだった。[*3]

一般的には、一九四五年のナチス・ドイツの敗北がファシズムの信用を失墜させたと言ってよいだろう――その理由は、ヨーロッパの人々がファシズムを道徳上の危機とみなすようになったからか、あるいはファシズムが勝利を約束しながら敗れたからかのどちらかだったが。赤軍がドイツ国防軍をソ連と東ヨーロッパから追いだしたあと、エストニア、ラトビア、リトアニアがふたたびソ連に併合され、ルーマニア、ポーランド、ハンガリーに共産主義政権が樹立された――これら諸国はすべて、ほんの数年前まで右翼の権威主義体制が運命づけられているように思えた国だった。一九五〇年になると、共産主義が、第一次世界大戦後に創建された民族国家のあった地域のほぼ全域に拡大していた。第一次世界大戦直後のときもそうだったのだが、第二次世界大戦直後の時期に、ヨーロッパの民族国家は持続することが不可能であるのがはっきりしたのだ。[*4]

アメリカの経済力が戦局の行方を左右した。ヨーロッパでの戦いに参加した時期は遅かったが、アメリカは同盟国のイギリスとソ連に物資を提供していた。第二次世界大戦後のヨーロッパで、アメリカは経済協力に資金を投じたが、それは政治の中道を支援して極右・極左の勢力を弱体化させることで、長期的に見てアメリカにとっての安定した輸出市場を創出するためだった。市場には社会基盤が必要だというこうした認識は、アメリカの国内政策とも一致していた——戦後の三〇年間で国内の貧富の差は縮小した。一九六〇年代になると、アフリカ系アメリカ人にも投票権が与えられ、アメリカ政治の帝国主義的な色彩が薄められた。第二次世界大戦後にソ連とその東ヨーロッパの衛星国家群はアメリカの支援を拒絶したが、西ヨーロッパ諸国はアメリカの財政支援を受け入れ、法の支配と民主的な選挙でもって新たな実験に着手した。政策は国ごとにかなり違ってはいたが、おおむねこの数十年の間にヨーロッパは、のちの世代が当然のごとく享受することになる医療や社会保障の制度を構築した。西ヨーロッパと中央ヨーロッパでは、国家は帝国を頼みにせずに、統合によって救われることができたのだ。[*5]

　ヨーロッパの統合が始まったのは一九五一年、イリインが死んだのはそのわずか三年後だった。死後半世紀たって彼を復活させたロシアの思想家や指導者たちと同様に、イリインもヨーロッパの統合を真剣に受け止めたことなどなかった。最後まで政治のマニ教的な見方（霊的な光と物質的な闇の対立）を失わなかった——つまりロシア帝国とは救済を意味し、ロシア以外の体制はすべて悪魔主義《サタニズム》に転落する滑りやすい坂道のどこかにいるのだ。戦後ヨーロッパに目を向けたイリインには、スペインとポルトガルが右翼の独裁者に支配される海洋帝国に見えた。イリインは、フランシスコ・フランコとアントニオ・デ・オリヴェイラ・サラザールがファシストの伝統を守り継ぎ、ヨーロッパでファシストの規範《ノーム》を再建するものと信じていた。また戦後のイギリスとフランスのなかに立憲君主国や共和国ではなく帝国を見ていたし、帝国としての要素には永続性があると考えていた。[*6]

ヨーロッパ諸国が帝国であるならば、ロシアが帝国であってこの先もそうあるべきなのは自然なことだ、とイリインは書き記した。帝国は自然なありようであって、ファシストの帝国ならとりわけ成功するだろうし、ロシアなら完璧なファシストの帝国になれるだろう、と。

イリインの死からその名誉が回復されるまでの半世紀のあいだに、統合のヨーロッパが帝国のヨーロッパに取って代わった。ドイツが嚆矢《こうし》となった。戦争に敗れ、その後分割されたドイツは、隣国フランスの提案を受け入れて、ベルギー、オランダ、ルクセンブルク、イタリアとともに一九五一年に欧州石炭鉄鋼共同体（ＥＣＳＣ）を設立した。西ドイツの指導者たち、とりわけコンラート・アデナウアーは、国家主権と東西ドイツの統一にいたる道はヨーロッパの統合のなかにあると見ていた。他のヨーロッパの帝国主義国家も植民地独立戦争に敗北して植民地市場を失ったため、このプロジェクトは拡大した。巨大帝国だったイギリスですら、一九七三年に、デンマークやアイルランドとともにこの取り組みに参加した。ポルトガルとスペインは新たなタイプとなった――植民地を失い、権威主義体制を議会制民主主義に置き換え、それから、両国とも一九八六年にこのヨーロッパのプロジェクトに参加したのだ。帝国が崩壊したあとのヨーロッパは軟着陸を果たしつつあった。[*7]

一九八〇年代にもなると、ヨーロッパの大半で、統合を通じた民主政治が規範《ノーム》になっていた。

当時、欧州共同体（ＥＣ）と呼ばれていた組織の加盟国はすべて民主主義国であり、そのほとんどが東ヨーロッパの共産主義国よりも見るからに繁栄していた。一九七〇年代と八〇年代には、西と東のヨーロッパで生活水準に格差が広がり、通信手段が変化したためにその事実は隠しようもなくなった。ミハイル・ゴルバチョフがソ連経済を救うため国家の立て直しを図ろうとした頃、西ヨーロッパ諸国は経済協力を中心とした新たな政治的枠組みをつくろうとしていた。一九九二年、ソ連が消滅して数ヶ月後に欧州共同体は欧州連合（ＥＵ）へと形を変えた。このＥＵは、法律の整合を実行し、共通の高等裁判所（欧州諸共同体司法裁判所、現欧州連合司法裁判所）を受け入れ、域内で自由な貿易や移動を認めた。ＥＵはのちに加盟国の大半にとって、共通の国境と共通の通貨ユーロを有するひとまとまりの地域とまでなった。[*8]

またＥＵは、東ヨーロッパの共産主義国家の大半にとっても、形は違えど帝国崩壊後の確かな目標になっていた。一九三〇年代と四〇年代には、第一次世界大戦後に建国された東ヨーロッパ諸国が、ドイツ帝国かソヴィエト帝国のいずれか、もしくはその両方の餌食になった。一九八九年の革命後にソ連の支配から抜けだした東ヨーロッパ諸国で新たに選ばれた指導者たちは、ヨーロッパのプロジェクトに参加したいという願望を表明した。この「ヨーロッパへの回帰」は、一九一八年と一九四五年の教訓に対する反応だった——要するに、何かもっと大きな枠組みがなければ、民族国家は維持できないのだ。一九九三年、ＥＵはまずは東ヨーロッパ諸国と連合協定を結び、法的関係を始めることにした。一九九〇年代には、ＥＵに加盟するための三つの原則が定められた（最たるものが一九九三年に決定されたコペンハーゲン基準であったが）——競争に対処しうる市場経済、民主主義と人権、EUの法と規制とを施行する行政能力である。[*9]

二〇〇四年と二〇〇七年には、旧共産主義国七ヶ国（ポーランド、ハンガリー、ルーマニア、ブルガリア、チェコ共和国、スロバキア、スロベニア）ならびに旧ソ連共和国三ヶ国（リトアニア、ラトビア、エストニア）がEUに加盟した。二〇一三年にはクロアチアもEUに加わった。一九一八年のあと、そして一九四五年のあとにもうまく立ちゆかなかったこうした小規模な政治主体は、今回は主権を支えてくれるヨーロッパの秩序があったので持ちこたえることができた。二〇一三年の時点でEUを構成する国家には、第二次世界大戦後に崩壊した旧海洋帝国の本国もあれば、第一次世界大戦のあいだや大戦後に崩壊した大陸帝国の周辺部であった国々もあった。[*10]

EUが二〇一三年までに成し遂げられなかったのは、一九二二年にソ連が創建された当初の国境内にまで拡大することだった。二〇一三年には、西方の近隣諸国に二〇年遅れて、ウクライナがEUとの連合協定の交渉を行っていた。ゆくゆくはウクライナも、この最終関門を突破してEUへの加盟を実現できるかもしれない。ウクライナは、統合という新しいヨーロッパと、帝国という古いヨーロッパとのあいだの対称軸《アクシス》だった。ユーラシアの名において帝国を復活させようとしたロシアは、まずウクライナから手をつけることにした。

ヨーロッパ
1956年頃
SSR＝ソヴィエト社会主義共和国
RSFSR＝ロシア・ソヴィエト連邦社会主義共和国
フィンランド
ノルウェー
オスロ
スウェーデン
ヘルシンキ
ストックホルム
エストニア S.S.R.
ラトビア S.S.R.
リトアニア S.S.R.
バルト海
デンマーク
北　海
コペンハーゲン
ダブリン
アイルランド
イギリス
カリーニングラード (RSFSR)
オランダ
アムステルダム
ロンドン
ベルリン
ワルシャワ
ポーランド
ブリュッセル
ベルギー
ボン
東ドイツ
ライン川
プラハ
パリ
ルクセンブルク
チェコスロバキア
西ドイツ
フランス
ウィーン
ビスケイ湾
ベルン
スイス
オーストリア
ブダペスト
ハンガリー
ルーマニア
ベルグラード
ブカレ
ドナウ川
ユーゴスラビア
マドリッド
イタリア
ブルガリ
ローマ
ソフィア
スペイン
ティラナ
アルバニア
ギリシャ
地　中　海
アテネ
シチリア
マルタ(イギリス領)

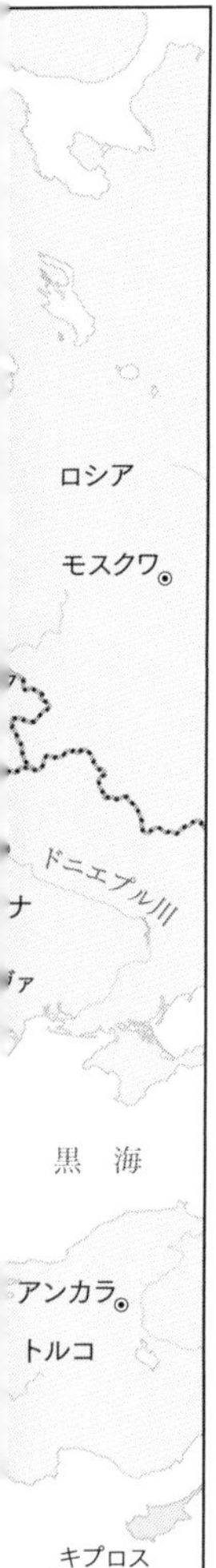


統合の政治は帝国の政治とは根本的に違っていた。ＥＵは大規模な経済的空間である点では帝国に似ていた。ただし、それを組織だったものにする原則が不平等ではなく平等である点で、帝国とは異なっていたのだ。

帝国は、自国の植民地とみなす地域で出会った政治主体を認めはしないので、そんなものは存在したためしがないと言い張り、その政治主体を破壊するか転覆させる。アフリカに進出したヨーロッパ諸国は、アフリカには政治単位が存在しないので国際法の適用は受けないのだと主張できた。西方に拡大していたアメリカは、先住民族国家と条約を結んでおいて、先住民族国家には主権がないという理屈によって条約を無視した。一九三九年にポーランドに侵攻したドイツは、ポーランド国家など存在しないと主張し、またこの国の真ん中でドイツ軍と遭遇したソヴィエトもまったく同じことを主張した。一九四〇年にリトアニア、ラトビア、エストニアを占領し併合したとき、モスクワはこれら近隣諸国の主権国家としての地位を否定し、これらの国で軍務についた経験は犯罪行為に値するとまで宣言した。一九四一年にソ連に侵攻したとき、ドイツは自分たちが国家に侵攻していることを否定し、ソ連の諸民族を植民地の臣民として扱った。[*11]

ヨーロッパ帝国主義の歴史を通して、ヨーロッパの列強は、ヨーロッパの同じ列強との交渉ごとには国際法が適用されるものと考えていた――ただし彼らが権力と富を蓄えた場である植民地

EU(2013年頃)
2013年(マーストリヒト条約発効の年(調印は1992年))
EEC創設国(1957年)
加盟(1986年-2000年)
加盟(1970年-1985年)
加盟(2001年-2013年)
ウクライナとの連合協定2017年発効
大西洋
北海
バルト海
地中海
ビスケイ湾
スウェーデン(1995年)
フィンランド(1995年)
ノルウェー
オスロ
ストックホルム
ヘルシンキ
エストニア(2004年)
ラトビア(2004年)
リトアニア(2004年)
デンマーク(1973年)
コペンハーゲン
カリーニングラード(ロシア領)
アイルランド(1973年)
連合王国(1973年)
ロンドン
オランダ(1957年)
ベルリン(1990年)
ワルシャワ
ポーランド(2004年)
ブリュッセル
ベルギー(1957年)
ドイツ(1957年)
ライン川
パリ
ルクセンブルク(1957年)
チェコ共和国(2004年)
スロバキア(2004年)
フランス(1957年)
スイス
オーストリア(1995年)
ハンガリー(2004年)
ルーマニア(2007年)
スロベニア(2004年)
クロアチア(2013年)
ボスニア
セルビア
ブカレスト
ドナウ川
ポルトガル(1986年)
リスボン
マドリッド
スペイン(1986年)
イタリア(1957年)
ローマ
コルシカ(フランス領)
サルジニア(イタリア領)
モンテネグロ
コソボ
マケドニア
アルバニア
ブルガリア(2007年)
ギリシャ(1981年)
アテネ
モロッコ
アルジェリア
チュニジア
マルタ(2004年)

の場合には違った。第二次世界大戦時には、ヨーロッパ諸国はお互いに植民地の原則を適用した。ヨーロッパ諸国はヨーロッパにおける植民地、さらには世界中の植民地を失ったので、戦後の統合は、ヨーロッパ諸国間の交渉には法が適用されるとの考えに立ち戻るものになった。EU内でのもろもろの条約は経済を変えるためのものだったが、その後では経済が政治を変えることになった。主権を認めることが、この一大プロジェクト全体の条件としてあった。ヨーロッパの統合が進むのは次のような前提に立ってのことだった——国境は固定されているものであり、国境の変更については一つの国が別の国に侵攻するのではなく、当事国の国内ないし国家間で進めなければならない。EU加盟各国は法治国家であるべきと見なされたし、加盟国間の統合は法によって支配されるものであった。[*12]

二〇一三年までにEUは、たとえ弱点はあっても威力絶大な存在になっていた。EUの経済規模はアメリカよりも中国よりも大きく、ロシアのおよそ八倍になっていた。EUは、民主的手続き、福祉国家、環境保護の面で、アメリカやロシア、中国の不平等に対する従来とは異なるモデル《オルタナティヴ》を提供した。EUには、政治腐敗の程度が世界で最も低いとみなされる国々の大半が含まれていた。統合軍や外交政策を策定するこれはという組織を欠いてはいたが、EUは内部の機能だけでなく外交においても法律と経済を拠り所にしていた。EUの暗黙の外交政策とは、ヨーロッパ市場への参入を求める指導者と社会に対し、法の支配と民主主義を受け入れるよう説得することだった。ヨーロッパの市場や価値観を求める非加盟国の国民は、自国政府にEUと交渉するよう圧力をかけ、交渉を拒む指導者を選挙で追放することになろう。この外交政策は一九八〇年代、九〇年代、そして二〇〇〇年代にはうまくいっているように思われた。

ＥＵの脆弱性は、ヨーロッパなりの「必然性の政治」……すなわち「賢い国という寓話」……にあった。西ヨーロッパの加盟国の国民は、自分たちの国は歴史から、とりわけヨーロッパでの戦争から平和が良いものだと学んだために、長きにわたり存続してきたし、賢い選択をしてきたのだと考えていた。ヨーロッパの帝国が植民地の放棄を余儀なくされ、統合のプロセスに加わるあいだ、この賢い国という寓話がその過程を円滑にしてくれた。おかげでヨーロッパの人々は、植民地独立戦争での敗北からも、植民地を失う過程で自らが犯した残虐行為からも、目を逸らすことができたのだ。

歴史のうえで民族国家の時代というものは存在しない。（フィンランドなどの例外はあるものの）一般に帝国は統合が始まる頃には終焉を迎えたし、その間に時間的隔たりはなかった。欠かせないケースとして、ドイツ、フランス、イギリス、イタリア、オランダ、スペイン、ポルトガルでは、各国が主権を有し、一国として栄えていたので、帝国と統合のあいだに瞬時のギャップもなかった。だが、このような国の国民が、自分たちの国には民族国家としての歴史があると迂闊《うかつ》にも信じていることもまた事実である——たいていは、ちょっと考察を加えればそのような歴史などなかったことに気づくのだが。とはいえ、そうした歴史を顧みる考察がなされることはあまりない。それはヨーロッパ中の歴史教育が国単位なためである。自国の帝国主義の過去についての真面目な教育も受けておらず、法則性を見つけるための比較衡量も欠いていることから、ヨーロッパの人々は偽りを甘んじて受け入れた。幼い頃に習った「賢い国という寓話」が、歴史の真の問題を忘れさせることで大人たちの心に安らぎを与えた。それだけでなく、この賢い国という寓話を唱えることで、ヨーロッパを選んだことを指導者や社会は自画自賛することができた。もっとも当時、帝国亡きあとに生き残るにはヨーロッパだけが頼みだったのだが[*13]。

二〇一〇年代に入るころには、東ヨーロッパ諸国の国民もまた、形は違えど同じ過ちを犯していた。一九八九年以降、反共産主義の反体制派のほとんどが「ヨーロッパへの回帰」の必要を感じていたが、二〇〇四年もしくは二〇〇七年にEUに実際に加盟したことであとはさっぱりと忘れてしまった。真の意味での民族国家が維持できないとわかった、第一次世界大戦後と第二次世界大戦後に訪れた危機は、国家が餌食となった類いのない瞬間としてとらえ直されていた。東ヨーロッパの若者たちは、一九三〇年代や四〇年代に自国が破滅した理由を顧みるよう教わることはなかった。自分たちをもっぱらドイツ帝国やソヴィエト帝国の無垢な犠牲者としか見ていない彼らは、東ヨーロッパの地に民族国家が確認できた、戦間期の束の間の時期を褒め称えた。この民族国家が悪意によってだけでなくその構造によっても消滅する運命にあったことは忘れていた――どのみちヨーロッパの秩序がなければ、生き残る見込みはほとんどなかったのだ。

ヨーロッパの人々のためにEUが共通の歴史教育を確立しようとしたことは一度もなかった。その結果として、「賢い国という寓話」のために、ヨーロッパに加わることを選んだ民族国家は離脱を選ぶことも自由にできそうだ、そう思うようになってしまった。想像上の過去に戻っていくこともできそうだったし、むしろそれが望ましくすら思えてきた。こうして「必然性の政治」が「永遠の政治」へとつながる機会を見いだしたのだ。

二〇一〇年代に入ると、EUに反対するナショナリストやファシストたちが、祖国の想像上の歴史に戻ることをヨーロッパの人々に約束したし、一方、彼らに相対《あいたい》する側も真の問題に気づくことはまずなかった。誰もが賢い国という寓話を受け入れていたので、EUは支持派からも反対派からも、国家にとって必要なものではなく、国家が選択するものだとみなされた。たとえば、イギリスではナイジェル・ファラージのイギリス独立党（UKIP）、フランスではマリーヌ・ルペンの国民戦線（FN、現国民連合RN）、オーストリアではハインツ＝クリスティアン・シュトラーヒェの自由党などどれも皆、永遠の政治のなかに心地よくおさまっている。EU加盟国の一つであるハンガリーの指導者たちは、二〇一〇年からEU内で右翼権威主義体制を築いている。二〇〇八年に起きた世界金融危機後には、別のEU加盟国であるギリシャが財政破綻に陥った。この国の有権者たちは極右ないしは極左に走った。ハンガリーとギリシャの指導者らは、中国やロシアからの投資を、将来のための選択肢の一つと見なしはじめている。

ヨーロッパとしての未来をあからさまに拒絶したロシアはまったくの別物だった。ヨーロッパの旧帝国のなかで、ロシアはEUを自らのための安全な着地点とみなさない最初の国であり、さらには他国の主権や繁栄や民主主義の可能性を断つべく統合を攻撃した最初の国でもあった。ロシアの攻撃が始まると、ヨーロッパの脆弱性が暴露され、ヨーロッパのポピュリストたちが人気を博し、ヨーロッパの未来に影が差しはじめた。ヨーロッパ史における大いなる問題がふたたび露わになったのだが、その原因はロシアにおいていくつかの可能性が閉ざされてしまったことにあった。[*14]

プーチン政権下のロシアでは、継承原理と法の支配が確立された安定した国家をつくることができなかった。それでもロシアは失敗を成功であるかのごとく見せる必要があったため、ヨーロッパが自国の模範でなく、自国をヨーロッパの模範のように見せかけねばならなかった。そのためには成功を、繁栄や自由といった観点からでなく、セクシュアリティと文化の観点から定義するほかなく、またＥＵ（およびアメリカ）を、彼らが何をしたかではなく彼らが象徴するだろう価値観を理由に脅威として定義するほかなくなった。二〇一二年に大統領に復帰すると、プーチンは唖然とするほどすみやかにこの作戦を実行した。

二〇一二年までは、ロシアの指導者らはヨーロッパの統合を好意的に語っていた。エリツィンは、何はともあれ口先では、ヨーロッパを模範として受け入れていた。プーチンもまた、ＥＵがロシアの国境に近づいたことを互いの協力の好機であると表現した。一九九九年にＮＡＴＯが東方に拡大したことを、プーチンは脅威とは呼ばなかった。それどころか自身が共通の安全保障上の問題とみなすものに協力して対処するよう、アメリカないしはＮＡＴＯを抱きこもうとした。二〇〇一年にアメリカがムスリムのテロリストに攻撃されると、プーチンはロシアと接する地域でＮＡＴＯ軍部隊に協力することを申し出た。プーチンは二〇〇四年のＥＵの拡大も脅威とは言わなかった。逆にその年、ウクライナが将来ＥＵに加盟することについて好意的に語っていた。二〇〇八年、プーチンはブカレストで開かれたＮＡＴＯの首脳会談に出席した。二〇〇九年、メドヴェージェフは、アメリカの航空機がアフガニスタンの部隊に物資を送るためにロシア上空を通過することを容認した。二〇一〇年、ロシアのNATO大使を務める過激なナショナリストのドミトリー・ロゴージンが、NATOがアフガニスタンから撤退することへの懸念を表明した。ロゴージンはNATOが闘争心に欠け、「降伏ムード」にあることに苦言を呈した。NATO軍部隊がロシア国境沿いにいることを望んでいたのだ。[*15]

二〇一一年にいたるまで、ロシアの外交政策の基本路線は、EUやアメリカを脅威として見るというものではなかった。むしろ、EUやアメリカがロシアと対等な立場で協力すべきだというものだった。二〇〇〇年代とは、ロシアが、厳密な意味で国家と呼べたかもしれないものをつくるチャンスを逸した一〇年間だった。ロシアは行政府の権限の民主的変革をやり遂げられなかった。一九九〇年代には対立するクランによる寡頭政治《オリガーキー》だったものが、泥棒政治《クレプトクラシー》に姿を変え、この国自体が唯一のオリガルヒのクランも同じになってしまった。プーチン政権下のロシアは、法を独占するのではなく、政治腐敗を独占した。たしかに二〇〇〇年代に、ロシアは天然ガスと石油を輸出したおかげで国民にある程度の安定をもたらした。だがそれは大多数のロシア国民に社会の進歩を約束するものではなかった。ビジネスを始めたロシア人は、いつ何時どんな違反行為をでっちあげられて逮捕されるかもしれなかったし、実際にそんなことは日常茶飯の出来事だったのだ[*16]〔訳者註：著者が強く推すピーター・ポマランチェフ著『プーチンのユートピア』の第2幕のエピグラフに「あなたは刑務所は他の人間の身にふりかかる何かよくないことだと思っている。そして目覚めると、なんてことだ、あなたは囚人になっている。」とあり、本文中にはビジネスをするうえでのそうした実例が詳述されている〕。

戦争と平和という次元になると、モスクワは、ヨーロッパがロシアを対等な相手とみなしにくくなる行動も取っていた。二〇〇七年四月、エストニアが大規模なサイバー攻撃に晒され、何週間も国家機能が麻痺した。この一件は当時、原因がわからず混乱を招いたが、あとになってロシアがヨーロッパとアメリカに仕掛けたサイバー戦争の最初の一斉攻撃だったことが判明した。二〇〇八年八月、ロシアは隣国ジョージアに侵攻し、ジョージアの大統領は自分のウェブサイトを制御できなくなり、ジョージアの報道機関がハッキングされ、この国のインターネット通信量《トラフィック》の大部分がブロックされた。ロシアがジョージアに侵攻したのは、この隣国がヨーロッパと統合するのを不可能にするためだったが、実際のところ自国にとってもその可能性を放棄するものになった。[*17]

二〇一〇年代になると、ロシア連邦の寡頭政治《オリガーキー》は、改革を不可能なだけでなく想像すらできないものにしてしまった。二〇一〇年一一月にプーチンはドイツの新聞に寄稿し、EUは「ロシアが変わることなど期待せずにロシアと統合すべきだ」と訴えて二兎を追おうとした。プーチンの理屈によれば、ロシア連邦がヨーロッパの原理に従うことはできないのだから、ヨーロッパの方がそうした原理をあきらめるべきだというわけだ。プーチンは、ヨーロッパ諸国の方がロシアのようになる「逆統合」を思い描くようになっていたが、それではEUの終焉を意味してしまうことになろう。[*18]

帝国のヨーロッパと統合のヨーロッパの顕著な違いは、法に対する姿勢にあった。この点について政治家プーチンは哲学者イリインの軌跡をたどった――当初の法への信頼が、愛国的なものとして無法状態を是認することの前に屈したのだ。革命前のロシアの青年としてイリインが大きな関心を寄せていたのは、法の精神だった。そして彼は、ロシア人は法の精神を吸収すべきだと信じていたが、その方法がわからなかったのだ。[*19]

それから一世紀経って、しごく退屈なEUがこの問題を解決していた。そのうんざりするほど面倒な加盟手続きには、法の精神を広めることも含まれていた。ヨーロッパの統合とは、法の支配という考えを、それがうまく機能している場所からそれほど機能していない場所に運ぶ手段だった。一九九〇年代に、EUと加盟希望国とのあいだで交わされた連合協定によって法的関係が始動し、そこにはさらに深い法的関係、すなわち完全加盟という暗黙の約束が含まれていた。将来EUに加盟できる見通しが立ったことで、法の支配のメリットが個々の市民に理解できるほど明確になった。

大人になったイリインは、ファシズムの恣意性（プロイズヴォール）の方を支持し、法の支配を拒絶した。ロシアが法治国家になりうるとの望みを捨てたイリインは、無法状態の意のプロイズヴォールを愛国的観点から美徳として掲げた。プーチンはイリインを自分にとっての権威として引用し、同じ道をたどった。そして二〇〇〇年にはじめて大統領に立候補すると、「法の独裁」の必要を訴えた。「法」と「独裁」という二つの発想は相反するもので、結局、そのうちの一つが剥がれ落ちた。二〇一二年に大統領に立候補したときには、プーチンはヨーロッパの一員としてのロシアという発想を捨てていたが、それは法の支配を重んじる外部からの誘因を無視することだった。その代わりに、プロイズヴォールがそれを補う愛国心として掲げられた。この発想が具体的なかたちになったものが、こんにちのロシア語でベスプレデールと呼ばれるもので、これは境界のないこと、制限のないこと、指導者は何をしてもかまわないということを意味する。この言葉自体、犯罪社会の隠語に由来するものだった。[*20]

この論理から言えば、プーチンは失敗した政治家ではなく国家の救世主だった。EUが統治の失敗と評しかねないことでも、ロシアの無垢が花開いたものとして経験されることになる。

プーチンは統合よりも帝国を選んだ。「EUがロシア側から提案したロシアとの統合を受け入れないなら、ロシアはヨーロッパに手を貸してユーラシア的になるように、もっとロシアに似るようにしてやろう」というのが、二〇一一年と一二年にプーチンが説明したところだった。プーチンが首相だった二〇一〇年一月一日、隣接する旧ソ連の独裁国であるベラルーシおよびカザフスタンとのあいだに「ユーラシア関税同盟」が設立された。二〇一一年の末から一二年初めにかけて、プーチンは大統領候補として、さらに野心的な「ユーラシア連合」という構想を提案した。これはEUに代わるものであり、EU加盟国を取りこむことでEUの消滅を後押しするものだ。プーチンはこのユーラシア構想を、世界にとって新たなイデオロギーと地政学の始まりになるものだと説明した。

二〇一一年一〇月三日付の『イズベスチヤ』紙で、プーチンはユーラシアの壮大な計画を発表した。ロシアは、EUの加盟候補国になれそうにないとわかった国々を団結させようとしたのだ

（さらに、将来的には、崩壊するＥＵから離脱する国々も加わることを匂わせた）。これは現在、そして将来の独裁を意味していた。二〇一二年一月二三日付の『ニェザヴィーシマヤ・ガゼータ』紙でプーチンはイリインを引用し、統合とはヨーロッパが思うような「共通の達成」を指しているのではなく、プーチンが「文明」と呼ぶものを指しているのだと主張した。プーチンの論理では、法の支配はもはや皆の願望などではなく、ロシア国外の西側文明の一つの側面でしかなくなった。プーチンの意味する統合とは、他国との共同作業ではなく、自国を称賛することだった——動的なもの（何を行うか）でなく静的なもの（どんな存在か）なのだ。ロシアをヨーロッパに似せる必要はどこにもなかった。ヨーロッパがロシアに似るべきなのだ。[*21]

言うまでもなく、ＥＵにとってロシアのようになることは破滅を意味していた。プーチンは二〇一二年二月二七日の『モスコフスキエ・ノーボスチ』紙に寄稿した三本目の論説で、まさしくその結論を引き出していた。「世界の政治地図におけるロシア特有の位置や、歴史や文明の発展におけるその役割」に鑑みると、ロシアがＥＵ加盟国になることなどありえない。したがってユーラシアは、その未来の加盟国をロシアに「統合する」ことになるだろう——しかもＥＵに付随している面倒な重荷を背負うことはないのだ。独裁者が権力の座から退く必要はないし、自由選挙などするまでもなく、またいかなる法も維持する必要はない。ユーラシアとは、他国がＥＵに加わることを阻止し、その国の社会にＥＵへの加盟が可能だと思わせないための妨害体制《スポイラー》だった。プーチンの説明によると、長い目で見ればユーラシアは、ＥＵよりいっそう大きな「ヨーロッパの連合」——なにせ「リスボンからウラジオストクまで」、大西洋岸から太平洋岸にまで広がる調和的な経済共同体をなす「空間」――の内部でEUを凌駕するものになる。プーチンの論法では、ユーラシアに参加しないことは、「この上なく広い意味で分離主義を推進すること」になるのだ[*22]。

二〇一一年から一二年にかけてプーチンは大統領候補として、ロシアを一般基準から解放し、自国の特殊性を他の国々にも広めることを約束した。ロシアを、他国が失った文明上の価値の汚されていない源泉として描くことができれば、この国の泥棒政治《クレプトクラシー》の改革といった問題も的外れなものになってしまうだろう。ロシアは他国を導くものとして称賛されこそすれ、変えるべきところなど何もない。プーチンの言行は一致していた。ヨーロッパへの統合を、実際にロシア国民にとって想像だにできないものにしていたからだ。プーチンが大統領の座に就いたやり口のせいで、ユーラシアへ舵を切ったのを元に戻すことはできなくなった。二〇一一年から一二年にかけて民主的な手続きを放棄したのは、EU加盟国となるための必要最低限の基準を嘲る行為だった。抗議者たちを暴力で通りから一掃し、しかも彼らをヨーロッパの工作員呼ばわりするのは、EUを敵と決めつけることであった[*23]。

ロシアにはまともな継承原理がなかったし、ロシアという国の未来もおぼつかないものだったが、そんなことは何一つ口に出せなかった。プーチンは国を支配することはできたが、改革することはできなかった。だからこそ外交政策が国内政策の代わりを務めるしかなく、外交も安全保障ではなく文化にまつわるものにするしかなかった。要するに、それはロシアの秩序について語りながらロシアの無秩序《カオス》を輸出し、統合の名のもとに分裂を拡散することにほかならなかった。

二〇一二年五月に大統領に就任すると、プーチンはEUを解体する手段としてユーラシア構想を掲げたが、その目的は、帝国同士で競い合って領土を獲得できるよう、世界秩序を単純化するためだった。プーチン体制の中心に渦巻くブラックホールは、塞ぐことはできずとも隣国を引きずりこむことはできた。大統領就任に際してプーチンは、ロシアが「ユーラシア全体のリーダーかつ中心的存在」になることを提案した。その年の一二月の議会演説では、プーチンは、迫り来る大惨事が、植民地の資源をめぐる新たな争いの時代の幕を開けるだろうと語った。そんなときに改革を提案したり進歩を思い描いたりするのは軽率としか言いようがない。この恒久的な非常時にあたって、ロシアは「広大なロシア空間」に生まれた天才たちを頼みとするのだ、そうプーチンは宣言した。*24

ナチスの法思想家カール・シュミットの概念である「広域圏《グロース・ラウム》」に触れたことよりも、この演説にはもっと意表を突く瞬間があった。プーチンは「パッシオナールノスチ」という奇妙な言葉を用いて、世界規模のカオスのなかで栄えるロシアの特殊な力を言い表した。プーチンによれば、この「パッシオナールノスチ」こそ、「誰が先頭に立つか、誰が片隅に取り残され、しかたなく独立を失うか」を決めるのだ。この語は、ロシア人の思想家レフ・グミリョフ（一九一二年―一九九二年）がこしらえたものだ。再発見される必要があったイリインとは違って、グミリョフはソ連の国民だった。彼の代表的な語「パッシオナールノスチ」は、他のどこでも気づかれなかったにせよ、ロシア人には聞き覚えのあるものだった。ロシア人なら誰もが知るとおり、グミリョフは現代のユーラシア思想を代表する人物だった。

プーチンが自身のユーラシア政策を発表するはるか前から、ユーラシア思想とは、ヨーロッパを支配し変革するというロシアの具体的な提案を表していた。この知的傾向として重要なものは一九二〇年代に生まれたもので、それ以前にロシアで起きていた「スラブ主義者」と「ヨーロッパ化主義者」との論争に呼応して誕生した。一九世紀のヨーロッパ化主義者たちは、歴史は単一のものであり、進歩への道はただ一つしかないと考えた。彼らにとってロシアの問題とはその後進性にあったので、ロシアを近代ヨーロッパの一国としての未来に押し上げるには、改革や革命が必要であると思われた。かたやスラブ主義者たちは、進歩などというものは幻想に違いなく、またロシアは特別な才能に恵まれているのだと信じていた。東方教会と民間の神秘主義とが西側ではなじみのない精神の深みを表出しているのだ、そう彼らは主張した。ロシアの歴史は、一〇〇〇年前のキエフでのキリスト教改宗から始まったのだと、スラブ主義者たちは都合良く考えていた。イリインは、初めはヨーロッパ化主義者で、最後はスラブ主義者として終わるという、きわめてよくあった道筋をたどった。[*25]

最初のユーラシア主義者たちは、イリインと同時代人で、一九二〇年代に追放されたロシア人学者たちだったが、スラブ主義的態度もヨーロッパ化主義的態度も拒絶していた。彼らは西側が退廃的であるという点ではスラブ主義者に同意したが、古代キエフとキリスト教との継続性というスラブ主義的な神話についてはこれを否定した。ユーラシア主義者たちは、ヴォロディーミル

（ヴァルデマー）の登場する古《いにしえ》のルーシと現代ロシアとのあいだに意味のあるつながりを見いださなかった。代わりに彼らは、一二四〇年代の初めにルーシの残党をいとも簡単に打ち負かしたモンゴル人に注目した。彼らの見方によれば、モンゴルによる統治という幸運な慣習のおかげで、ギリシャやローマの古典遺産、ルネサンス、宗教改革、啓蒙主義などといったヨーロッパの腐敗とは無縁の環境で、新たな都市モスクワを創ることができた。したがって現代ロシアの使命とは、ヨーロッパをモンゴルに変えることなのだ。[*26]

一九二〇年代のユーラシア主義者たちはまもなく散り散りになり、なかにはそれまでの見方を放棄する者もいた。だがソ連国内に一人の天才的な信奉者がいた。それがレフ・グミリョソだった。グミリョフは非凡な家庭に生まれ、ソ連において考えられるかぎり最も悲劇的かつ派手な人生を送った一人だった。レフの両親は、どちらも詩人のニコライ・グミリョフとアンナ・アフマートヴァだった。レフが九歳のとき、父親がチェカーに処刑された。母親はその後、現代ロシアで最も有名な詩の一つを書き上げたが、それには次のような一節が含まれた。「血の滴りを愛するロシアの大地よ」。このような両親を持ったおかげで、一九三〇年代のレフは大学の勉強になかなか没頭できずにいた。秘密警察の厳重な監視下に置かれ、仲間たちからは糾弾された。大粛清のさなかの一九三八年には、五年間の強制労働収容所《グラーグ》への投獄を宣告され、ノリリスクの収容所に送られた。これが母親に、あの有名な詩篇「レクイエム」を書くきっかけを与え、そのなかでアンナはレフを「私の息子、私の禍《わざわ》い」と呼んだ。一九四九年、グミリョフはふたたびグラーグ送りになったが、今度はカラガンダ近郊の収容所に一〇年間の収容を言い渡された。一九五三年にスターリンが亡くなると、グミリョフは釈放されたが、収容所での長年にわたる過酷な生活は彼にその爪痕を残した。グミリョフは、抑圧のなかに閃きの兆しを見出し、極限状況においてこそ人が生きるうえでの本質的な真実が明らかにされると信じた。[*27]

ソ連で研究者として一九六〇年代、七〇年代、さらに八〇年代まで執筆活動をしながら、グミリョフはユーラシアの伝統を蘇らせた。

モンゴルこそロシア人がロシア人たる所以《ゆえん》であり、西側の退廃からの避難所であるとの最初のユーラシア主義者たちの意見に、グミリョフは賛同した。そして、彼ら一九二〇年代の亡命学者たちと同じように、ユーラシアとは、太平洋岸から、西端の無意味で病んだヨーロッパ半島にまで伸びてゆく、誇るべきハートランドであると表現した。[*28]

　最初のユーラシア主義者たちは、ロシア帝

国の大学で専攻を研究していた本格的な学者たちだったが、グミリョフはソ連の典型的な独学者、複数分野の熱心なアマチュア学者だった。たとえばユーラシアとヨーロッパを分ける境界を定義するのに、グミリョフは気候に頼った。それでドイツを通る境界線を引くのに一月の平均気温を利用した。線の片側がユーラシア、反対側がヨーロッパというわけだ。偶然にも、グミリョフがこう主張したとき、東ドイツはソ連の支配下にあり、西ドイツは外れていた。

グミリョフが「ユーラシア主義」に貢献した点は、民族生成論、すなわち民族がどのように発生するかについての説明にあった。彼の理論は、天体物理学とヒト生物学についての独特な解釈から始まっていた。人間の社会性は宇宙線によって生まれるとグミリョフは主張した。なかには生命体として他の人間よりも多くの宇宙線エネルギーを吸収し、それを他者に伝える能力を持つ人間がいる。プーチンが二〇一二年の演説で触れた、この「パッシオナールノスチ」を持つ特別な指導者たちこそが、民族集団を創る者たちなのだ。したがって、グミリョフによれば、それぞれの民族の起源を遡れば、宇宙エネルギーの大放出にまで辿り着く。これが一〇〇〇年を超えて続くサイクルの始まりだった。西側諸国を活性化させた宇宙線ははるか昔に放たれたので、いまや西側は死んだも同然だ。一方、ロシア民族は、一三八〇年九月一五日（旧暦では八日。「クリコヴォの戦い」の日）に放出された宇宙線によって生まれたので、いまだ若く、生命力に満ち溢れていた。[*29]

またグミリョフはユーラシアの伝統に、反ユダヤ主義の一形態を付け加えた。それによってロシア人は、自らの失敗の責任をユダヤ人と西側とに同時に押しつけることができた。反ユダヤ主義につながる発想とは「キメラ」、裏切りの民族の発想だった。ロシアのような健康な国は、宇宙線からではなく他の集団から生命を吸いとるキメラのような集団に用心しなければならない、そうグミリョフは警告した。彼が指していたのはユダヤ人だった。グミリョフにとってルーシの歴史とは、ロシアが古《いにしえ》からのものであることを示すのではなく、ユダヤ人が永遠の脅威であることを示すものだった。彼は次のように主張した。中世のルーシではユダヤ人が奴隷を取引し、「軍事的・商業的にも、巨大でほしいままに勢力をふるっている組織」――アメリカ資本主義発展期の横暴を極めた「オクトパス」にも例えられる組織――としての地位を確立していた。このユダヤ人たちは、永遠の敵意を抱いてルーシを弱体化させ貶めようとする西側文明の手先だったのだ。ルーシはユダヤ人に血をもって貢ぐほかなかったのだ、とも付け加えた。こうしてグミリョフは、現代の反ユダヤ主義の基本となる三つの要素を提示した――冷酷な商人としてのユダヤ人、キリスト教徒の血を飲む者としてのユダヤ人、そして異質な文明の手先としてのユダヤ人の三つである。[*30]

グミリョフは、グラーグで長年にわたり苛酷な収容所生活を送らされたにもかかわらず、故国ロシアとして、その元凶のソ連と自らを重ね合わせるようになっていた。グミリョフは友情を育み、学生を指導したし、一九九二年に亡くなったあともなかなかの影響を与えていた。エリツィン、その後はプーチンの顧問となった経済学者のセルゲイ・グラジエフはグミリョフに言及し、その発想を利用した。グラジエフは「ユーラシア主義の思想に基づく」国家構想を伴う経済同盟を提唱した。グミリョフは、哲学者ユーリ・ボロダイとその息子アレクサンドル・ボロダイと親しい間柄だった。息子の方のボロダイは「武装したパッシオナールノスチ」、すなわち「ユーラシアの全領土」を解放する「力強い運動の触媒」となる人々を夢見ていた。[*31]

大統領になるとウラジーミル・プーチンは、ユーラシア連合構想でグミリョフを引き合いに出すだけでなく、セルゲイ・グラジエフをユーラシア統合担当顧問に任命することになる。そして、その後まもなくアレクサンドル・ボロダイが、ロシアによるウクライナ侵攻で重要な役割を果たすのである。

二〇一〇年代のロシアで「ユーラシア」について語ることは、二つの異なる思潮に言及することであり、それらの思潮には重なる点が二つあった。西側の腐敗、そしてユダヤ人の邪悪さである。二〇一〇年代のユーラシア主義とは、グミリョフの説いたロシアの伝統と、一九六二年生まれと若いロシア人ファシストのアレクサンドル・ドゥーギンを介したナチス思想を大雑把に混ぜ合わせたものだった。ドゥーギンは当初のユーラシア主義者たちの信者ではなかったし、グミリョフの学徒でもなかった。ドゥーギンが「ユーラシア」や「ユーラシア主義」という言葉を用いたのは、たんにナチスの思想をロシア風に聞こえるようにするためだった。グミリョフの半世紀後に生まれたドゥーギンは、一九七〇年代と八〇年代にはソヴィエトの反体制派の若者として、ギターを弾き、何百万もの人間を「オーブン」で焼き殺す歌を歌っていた。彼のライフワークはロシアにファシズムをもたらすことだった。[*32]

ソ連が終焉を迎えると、ドゥーギンは精神的な同志を見つけるために西ヨーロッパに旅立った。

ヨーロッパは統合されたとはいえ、そこには非主流の極右思想家が存在した。彼らは、ナチスの思想を継承し、民族の純血を謳いあげ、経済、政治、法における協力関係を何らかの国際的陰謀の一端であると非難していた。ドゥーギンの話し相手がそこにいたのだ。ドゥーギンが初めの頃に影響を受けたのは『ヒトラー――最後のアバタール』（一九八四年）の著者でチリ人外交官のミゲール・セラノ（一九一七年―二〇〇九年）で、セラノはアーリア人種の優位性はその地球外の起源に由来するとうそぶいた。グミリョフと同様にドゥーギンもまた、イリインの言うロシアの救世主を地球外に求め、発見した。指導者が出来事によって悪い方に染まることなく現れなければならないとしたら、歴史を超えたどこかからやって来るほかない。イリインはこの問題を、扇情的な神秘主義の証として、物語から現れた救世主を持ちだすことで解決していた。成熟していたグミリョフや青年ドゥーギンは、星空を見上げていたのだ（ちなみに、世代差を見ると、イリインは一八八三年生まれ、グミリョフは一九一二年生まれ、ドゥーギンは一九六二年生まれであった）。[*33]

一九九〇年代の初めにドゥーギンは、フランス人の陰謀理論家ジャン・パルヴュレスコと親しくなった。パルヴュレスコは海の民（大西洋主義者）と陸の民（ユーラシア主義者）との昔からの争いについて語ってきかせた。パルヴュレスコの考えでは、アメリカ人やイギリス人は海洋経済に従事することで、地に足の着いた真の人間の経験から切り離されたがために、ユダヤ人の抽象的な発想に屈してしまうのだ。新右翼《ヌーヴェルドロワット》として知られるフランスのネオファシスト運動の提唱者アラン・ド・ブノワは、アメリカが抽象的な（ユダヤ的な）文化の代表としてこうした陰謀の中心的役割を果たしているのだとドゥーギンに説明した。これはナチスの思想の焼き直しであり、ドゥーギンにもそれはよくわかっていた。当時ドゥーギンは、ヴォルフラム・ジーヴァスを連想させる「ジーヴァス」というペンネームで執筆していた。ジーヴァスは戦犯として一九四七年に死刑判決を受け翌四八年に処刑されたドイツのナチ党員で、殺害されたユダヤ人の骨を収集していたことで知られていた。[*34]

ヨーロッパでの交際のおかげで、ドゥーギンはナチスの思想を母国ロシアに持ち帰ることができた。一九九三年、ドゥーギンと、彼を「ファシズムの聖キリルとメトディオス兄弟」と呼んだエドワルド・リモノフは、「国家ボルシェヴィキ党」を設立した。党員たちは死を称えながら拳を振り上げた。一九九七年、ドゥーギンは「国境のない赤いファシズム」を呼びかけた。ドゥーギンが披露したのは、次のような月並みなファシストの見方だった。民主主義は空疎である。中流階級は悪である。ロシアは「運命の男」に統治されねばならない。アメリカは邪悪である。そしてロシアは無垢なのだ……。[*35]

ドゥーギンはイリインと同じく、カール・シュミットに影響を受けていた。このシュミットが、法も国家もないが、その代わりに領地拡大への文化的集団の主観的願望に根ざした、世界政治の観念をうちたてたのだ。シュミットは「国家の領土という空疎な概念」を否定し、国家とは「本質的には有機体」であると考えた。彼の見解では、ユーラシア大陸とは、誰であれそれを獲得できる者が支配すべき「広域圏《グロース・ラウム》」だった。シュミットは、イギリスやアメリカなどの海洋列強は、法の抽象的・ユダヤ的な概念の担い手なのだと主張した。そして、世界をいくつかの「広域圏《グロース・ラウム》」——ただし、「空間的に異質な強国」は除かれる——に分割する国際法の概念を体系化した。「空間的に異質な強国」で、彼は、アメリカがヨーロッパに影響を及ぼしてはならないと言いたかったのだ。ドゥーギンもこうした考えを受け継いでいたが、ただユダヤ人やアメリカや法によって脅かされる対象だけは変えていた——むろん、もはやナチス・ドイツではなく、代わりに現代ロシアとしたのだ。[*36]

ドゥーギンはイリインを、プーチン政権で「専門分野での機能」は果たしたが、それだけの二流哲学者に過ぎないと切り捨てた。にもかかわらず、ドゥーギンの著作の多くがイリインの下手な模倣のように読めてしまう。「西側はルシファーが堕天した場所だ」とドゥーギンはいつものように決めつけた。「西側は世界的な資本主義の「オクトパス」の中心なのだ」。さらに続けて、西側は「腐った文化的堕落と邪悪、詐欺と冷笑、暴力と偽善の温床《マトリックス》だ」。西側はあまりに退廃的でいつ崩壊してもおかしくないが、それでも絶えず脅威であり続けた。民主主義は西側にとって再生どころか、迫りくる大変動の兆候だった。二〇一二年にバラク・オバマがアメリカ大統領に再選されたことを、ドゥーギンは次のような言葉で表した。「オバマにアメリカを滅ぼさしめよ。正義に最終的な勝利をおさめさせよ。さすれば、粘土の足で立つこの奇怪な大国《コロッサス》、この新たなカルタゴ、しかりその忌むべき経済と政治の力を全世界に拡散し、全力で誰彼かまわず戦いを挑むアメリカは、さっさと退場しよう」。西側をこうして描写するのは観察によるものでなく、自明の理であるからだった。過去の事実が無意味なように、現在の事実にも意味がない。イリインと同じくドゥーギンにとっても、過去が重要だったのは、ドゥーギンが「原型《アーキタイプ》」と呼んだもの象徴《シンボル》の宝庫としてのみだった。過去はドゥーギンにとって、ロシア人が「霊的な源」と呼ぶもの、すなわち現在を改竄するために用いるイメージの源泉なのだ。[*37]

二一世紀初めに執筆活動をしていたドゥーギンは、帝国崩壊後の国々を救った、法を超越した共同体であるＥＵの成功を突きつけられた。ドゥーギンはその名前を自分からは決して口にしなかった。ＥＵについてコメントを求められると、ドゥーギンはそれが崩壊する運命にあると断言した。プーチンが、ウクライナをロシア文明の要素として組みこむことを前提としたユーラシア構想を唱えるよりだいぶ前に、ドゥーギンは、独立したウクライナ国家などロシアがユーラシアになる運命を阻む障壁であると定義していた。二〇〇五年、ドゥーギンは国の支援を受けて、ウクライナの解体とロシア化を訴える青年運動組織「ユーラシア青年連合」を設立した。二〇〇九年、ドゥーギンは「クリミアとウクライナ東部を求める戦い」を予見した。ドゥーギンから見ればウクライナの存在は、「ユーラシア全体にとって大いなる脅威」であり続けていた。[*38]

ロシア・ファシズムに合流する三つの思潮――イリインのキリスト教全体主義、グミリョフのユーラシア主義、ドゥーギンの「ユーラシア的」ナチズム――からの発想がプーチンの言説《ディスクール》に登場するのは、二〇一二年、彼が自国にもたらしてしまったジレンマからの出口を探していたときだ。オバマ政権がロシア連邦との関係の「リセット」を試みていたときに、ファシスト思想がロシアの公的な場で噴出してきた。このロシアの劇的な方向転換は、外国からのいかなる新たな敵対行為とも関係がなかった。西側の敵意と言っても、実際に西側当事者が行っていることを指すのではなく、こうと描かれた西側のイメージからくる曖昧なものに過ぎなかったのだ。

二〇一二年にファシストの思想家たちは、どうやら自分には彼らが必要だと考えたらしいロシアの大統領によって、この国の主流派に押しあげられた。イリインは、一つの国家が一人の哲学者に与えられるかぎりの完全な復権を得ていた。グミリョフは、プーチンの最も重要な演説で引用された。ドゥーギンは、ロシア最大のテレビ局に頻繁に登場するようになった。ユーラシア思想は、新たなシンクタンクであるイズボルスク・クラブの最大の関心事だった。メンバーには、ドゥーギンやグラジエフに加えて、プーチンのお気に入りの修道士で、ともにイリインを改葬したティホン・シュフクノフがいた。シュフクノフこそ、プーチンがルーシのヴォロディーミル（ヴァルデマー）の生まれ変わりであるとする、永遠のサイクルという考えの生みの親で、また二〇一二年にロシアでベストセラーになった書の著者でもあった。[39]

イズボルスク・クラブの創設者かつ主導者はファシストの小説家アレクサンドル・プロハーノフで、プーチンがイリインを引用した二〇一一年一二月のラジオ番組でプーチンの相手を務めていた。ドゥーギンと同じくプロハーノフも、ファシズム体制のなかでソ連を復権させるためにユーラシア構想を利用した。またドゥーギンと同じく、カール・シュミットの思想も繰り返し語っていた――プロハーノフに核となる信条があったとすれば、それは心温かく高潔な大陸の民と、空疎で観念的な海洋の民との果てしなき戦いだった。アドルフ・ヒトラーと同じように、プロハーノフも、自分の祖国を隷属させる思想を生みだした責任を世界中のユダヤ民族に押しつけた。プロハーノフは、ホロコーストもユダヤ民族のせいにした。ドゥーギンと同じように、プロハーノフも政治の作り話を公然と受け入れ、強烈なイメージをこしらえようとした。そのイメージで、人々が自分で考える暇のないうちに伝えたいことだけを伝えようとしたのだ。彼の豊かな創造性がうかがえる例は、バラク・オバマが大統領に選ばれたことに対するその反応だ。オバマがロシア人たちと会合を持ったことについて論じたプロハーノフは、こう愚痴をこぼした。「まるで、彼らはみなが黒い乳首を与えられたようなもので、欲情に駆られた哺乳類らしく舌なめずりして吸っていた……やはり私はこれに屈辱を覚えたよ」[*40]。

とめどなく世に出されるプロハーノフの出版物のなかで最もユーラシアに関係があるのは、イズボルスク・クラブが設立される直前の二〇一二年八月三一日にウクライナのキエフで応じたインタビューだった。その年の三月、ウクライナとEUは連合協定に仮調印し、ウクライナ政府は翌年の正式な協定締結に備えた行動計画に着手していた。ヨーロッパに対するプロハーノフの態度に面食らいながらインタビュアーが行った質問から、ユーラシアについての次のような基本的なテーマが明らかになった。事実よりも作り話の方が重要であること。ヨーロッパの成功は悪の兆しに違いないこと。世界的規模のユダヤ人の陰謀が存在するという信念。そして、確実にウクライナの運命はロシアの運命と重なるということ、だった。

EUの生活水準が高いことについて聞かれると、プロハーノフは次のように答えた。「ドニエプル川を泳いで渡って、太陽の下で立派なキノコが育っているのを見てごらんなさい!」スラブ民族の原始的体験を垣間見る方が、何億人もの人々のために何十年もかけてつくられた持続的な生活様式よりも重要というわけだ。プロハーノフの次の一手は、事実に基づいているなんぞというのは偽善にすぎないと口にすることだった。「ヨーロッパ人なんてのは、極悪で汚らわしいものを美しいと呼ぶことを覚えた、人間のくずどもだよ」。よそ目にはヨーロッパ人が何をしたり何を言ったりしても「その仮面の下の顔は見えないよ」。いずれにしても、ヨーロッパは死に瀕している。「白色人種は滅びつつある。同性婚がはびこり、少年相手の男色家たちが街を支配し、女には相手になる男がいないのさ」。しかもヨーロッパはロシアを抹殺しようとしている。「エイズに感染していなかった我々を、連中が計画的に感染させたのさ[*41]」。

このインタビューでプロハーノフは、根本的な問題はユダヤ人にあるのだと述べた。プロハーノフいわく、「反ユダヤ主義は、ユダヤ人のワシ鼻とかrの文字を正しく発音できないことの結果じゃないんだ。ユダヤ人が全世界を乗っ取り、その力を邪悪な目的で利用しているせいなんだ」。ロシア人ファシストの典型的なやり方で、プロハーノフはユダヤ民族を加害者集団とし、その他の人々は犠牲者として描くために、ホロコーストの象徴である焼却炉《オーブン》を持ちだした。「ユダヤ人が人類を統合したのは、今や破滅的状況にある自由秩序の焼却炉《オーブン》のなかに、人類を投げ入れるためだ」。ユダヤ人の国際的陰謀から唯一守ってくれるのは、ロシア人の救世主だった。ユーラシア主義とは、人類を救うためにロシアの救世主に与えられた使命なのだ。ユーラシア主義は「全世界を包含しなくてはならないんだよ[*42]」。

この壮大な救済計画は、ロシア、ウクライナ、ベラルーシが統合されるときに始まるだろうとプロハーノフは言う。「私がロシアについて語るときは、ウクライナとベラルーシに住む人々のことも考慮に入れているんだ」。ウクライナにはそれ以前に「素晴らしい救世主的な使命」があった。というのもキエフの運命とは、モスクワの前に頭《こうべ》を垂れ、それによってロシアによる世界征服を始めさせることだからだ。「最初の帝国がここに建国されたのだとしたら」と、一〇〇〇年前のルーシを指してプロハーノフが語る。「その未来の帝国についてはすでにプーチンが明らかにしている。それはユーラシア連合で、この帝国にウクライナは壮大な貢献ができるだろう」。最後にプロハーノフはこう尋ねた。「ユーラシアの中心にいられるのに、なぜロンドンの郊外に住みたいのかい?」〔訳者註:ロンドン郊外に逃げ出した多数のロシア人を指していったのだろう。ピーター・ポマランッェフ『プーチンのユートピア』の第3幕に詳述されている〕。プロハーノフの気がかりは、ウクライナの大統領ヴィクトル・ヤヌコーヴィチがこの任務を果たせないかもしれないことだった。ウクライナの政府は代えるほかないかもしれない、とプロハーノフは考えていた。[*43]

新しいロシア・ナショナリズムの知的中枢であるイズボルスク・クラブが、このインタビューの数日後、二〇一二年九月八日に設立された。そのマニフェストは、事実を言挙げするのはロシアを攻撃する西側の武器であるという、イリイン以来おなじみの主張で始まった。[*44]

またもやロシアは、リベラルな中道派がもたらす致命的な脅威に晒されている。それはロシア社会の内部から、かつまた国境の向こう側からの脅威である。「白い」ロマノフ帝国の拠点と価値観のすべてを破壊し、次いで「赤い」ソヴィエト帝国の基盤すべてを破壊したイデオロギーと情報の殺人「マシン」がいたる所で稼働している。この二つの帝国の崩壊は、広大なユーラシアの空間を、民族、信仰、文化が血の荒野で争うカオスに変えた。このリベラルの「マシン」は、人類学者や歴史学者、社会学者や「カオス理論」の専門家、経済学者や情報戦の達人たちの手を借りてつくられた。これは、統一されたユーラシア国家が建設される基本原理を破壊する。そして、この国が勝利し歴史においてその存在を拡大すべきであるという国民意識の不文律を押さえつける。これは、国の精神的基盤である東方教会を激しく攻撃する。これが国の安全保障機構の構築を阻み、いざ軍事衝突が生じたときにロシアを丸腰のままにしておく。これがロシアの主たる教派の調和《ハーモニー》に不和の種を蒔く。これのために、ロシアの歴史的時代区分には折り合いがつけられなくなる。これがロシアの指導者やすべての政府機関を悪魔のように見せ、一五九八年から一六一三年まで続いたロシアの破滅的な「動乱時代」を今にまで長引かせているのだ。

このマニフェストはヨーロッパやアメリカの特定の政策については触れていない。問題はヨーロッパやアメリカが何をするかではなく、EUとアメリカが存在すること自体なのだ。プロハーノフがすでに明らかにしたように、西側の当事者がロシアに好意的な政策を進めていたときですら、西側の敵意は当然のことと受け止められていた。マニフェストを著した者たちは、歴史を「永遠」――すなわち西側の裏切りとロシアの無垢が繰り返されるパターン――に置き換えた。[*45]

マニフェストによれば、以前の「ユーラシア帝国」は、過去のいかなる帝国よりも繁栄していたのだが、あるとき「ブラックホール」に突入し、そこから引き返せないかに思われた。けれどもその国は、別のかたちで、別の歴史的中心とともに再生し、またも勃興し栄えたすえに衰退し消滅した。この国家の死と、国家による死の超克という繰り返しは、ロシアの歴史に復活という特性を与え、それによってロシア文明は必ずやその死から蘇ることになる。最初の帝国はキエフやノヴゴロドの時代のそれであり、二つ目がモスクワのそれだ。三つ目の帝国はロマノフ朝で、四つ目がソ連だった。こんにちのロシア国家は、広大な領土を失ったとはいえ、いまだ帝国の徴《しるし》をとどめている。ユーラシア大陸の地政学的要因は、失われた領土を今一度力強く集めるにいたるのだ。これこそ、プーチンの始めた「ユーラシア構想」を正当化する論理である。

ロシア社会内部で影響力を強めたり大局を見通したりするためにロシア史を用いるならともかく、ユーラシア構想は、以前の流血から叙情的な統一を生みだすべく編み出された、詩的な言葉を並べ立てた。一九三〇年代の大粛清でロシア正教の無数の聖職者が殺されていたとしても、それはそれで仕方のないことだった。なんと言っても、一九四〇年代になると赤軍を祝福すべく彼らの魂は蘇ったのだから。

二つの歴史的時代を一つにまとめること、すなわち自由主義の脅威に直面した「赤軍」と「白軍」の戦略的同盟こそが、真の政治家が担うべき、壮大な世界観に基づく使命である。一九四五年のロシアの神秘的な勝利を思えば、こうした同盟もありうることなのだ。このとき、「赤い」体制は、教会が迫害された時期に殺されたすべての聖人の祈りに助けられ、「勝利した赤軍」の武器も聖なるものとされた。将来のロシアの勝利には、「赤軍」と「白軍」の統一が必要だ。V・V・プーチンが言うように、勝利には「赤い」人民委員と「白い」将校とが共存できる国をつくることが必要なのだ。

過去における極左と極右の両者を賛美することで、ロシアの現在の問題は無視された――その問題とは、軸となるもの、政治面での支柱が欠如していることであり、さらに国家を維持しながら権力が左から右、あるいは右から左へと移行しうる継承原理が存在しないことである。すべての政治活動が他国からのものという理由で排除されることから、意見の相違や対立的行為は、ロシアが純粋無垢なことが気にくわないヨーロッパやアメリカの悪質な陰謀の仕業でなければならなかった。

ロシアの救世主意識とは「地上の楽園」の教えに、理想的存在であることに、東方教会の神の裁きという夢に根ざしているが――そのすべてが、世界観の次元でのロシアの否定、ロシアの信念・文化・歴史規範に対する攻撃を引き起こすのだ。ロシアへの軍事侵攻とは、こうした不寛容さと根深い敵意が招いた結果である。したがって、ロシアの兵器を語ることは、ロシアにとっては神聖な話題なのだ。ロシアの兵器が守るのは、都市や領土、大地の無限の豊穣だけではない。それはロシアの宗教的、文化的な秩序のすべてを、ロシアの世俗と宗教にまたがるあらゆる神殿を守るのだ。

この文章は新たな兵器計画が進むなかで発表された。この計画によって、二〇一一年から一三年までのあいだにロシアの兵器調達の年間予算が倍増した。マニフェストの起草者たちは、全国民を恒久的に動員し、犠牲のみを約束する軍国主義の全体主義ロシアを夢みていた。

ロシアに必要なのは、性急な政治改革などではなく、兵器工場と祭壇なのだ。「赤い」帝国の崩壊後に歴史的瞬間が失われ、「リベラルな」西側と比べて戦略的に遅れをとったため、ロシアは飛躍的発展を遂げる必要に迫られている。そのためには、国の資源のすべてを主権の維持と国民の保護に向ける「動員計画」が必要である。

こうしてマニフェストとして勇ましく口火を切ったあとに、イズボルスク・クラブのメンバーたちがさらに記した文章が、クラブの立場をつまびらかにした。クラブのあるメンバーによれば、事実重視のリベラルな秩序をつくったのは「秘密裏に蠢く世界、その中核はシオニストの指導者らである」。他のメンバーたちの説明では、プーチンのユーラシア連合は「ロシアをユーラシア帝国として復活させるプロジェクト」だった。彼らはＥＵをロシアの存続に対する脅威として描いていたが、それはＥＵが法を施行し、繁栄を生みだしているからだった。したがってロシアの外交政策は、プロハーノフが恍惚のうちに願ったように、ＥＵが崩壊して「ヨーロッパのファシスト国家の群」になるまで、ＥＵ加盟国内の極右勢力を支援しなければならないというものだった。あるイズボルスク・クラブの専門家が記したように、「ウクライナはすべて我々のものなのだから、ゆくゆくは我々のもとにそっくり戻ってくるだろう」。ドゥーギンによれば、ロシアがウクライナの領土を併合することは、ユーラシア帝国というプロジェクトにおける「必須条件」だったのだ。[*46]

イズボルスク・クラブのユーラシア主義者たちにとっては、事実は敵であり、ウクライナは敵であり、いわんやウクライナに関する事実は究極の敵だった。イズボルスク・クラブの知的作業には、いかなる事実も忘却の彼方に追いやってしまう物語をこしらえることも含まれていた。実際イズボルスク・クラブの使命とは、事実に障壁を立てることだった。「イズボルスク」がシンクタンクの名前に選ばれたのは、クラブのウェブサイトにあるとおり、イズボルスクの街が、「リボニア人、ポーランド人、スウェーデン人」に抵抗したモスクワ大公国の要塞があった場所だからだ。そして今度の侵略者は、事実を前面に出す「リベラルのマシン」だった。[*47]

ロシアの戦略爆撃機で、アメリカへの原子爆弾投下用に作られたツポレフ（Tu－95）の一機が、クラブに敬意を表して「イズボルスク」と改名された。クレムリンによる支援を示すこのサインに気づかない者がいる場合に備えて、この爆撃機のコックピットに座って飛行するためプロハーノフが招待された。「イズボルスク」号を含めたTu－95は、この先何年もＥＵ加盟国の領空に定期的に接近し、そのたびにＥＵ諸国は航空防衛システムを発動させ、接近する爆撃機に張りついて追い払わねばならなくなる。この「イズボルスク」号は二〇一五年のシリアでの爆撃に使われ、ヨーロッパへと逃れてくる避難民を生みだすことになった。[*48]

プーチンの顧問を務め、グミリョフを愛読し、カール・シュミットを信奉し、イズボルスクのメンバーであるセルゲイ・グラジエフは、ユーラシア理論を実践に結びつけた。一九九三年に汚職のせいでエリツィン政権からお払い箱になったグラジエフに、よく似た見解を持つアメリカ人の陰謀論者リンドン・ラルーシュから救いの手が差し伸べられた。一九九九年、ラルーシュはグラジエフの小冊子『大量虐殺《ジェノサイド》――ロシアと新世界秩序』の英語訳を発表した。このなかでグラジエフは、一九九〇年代に（ユダヤ人の）ネオリベラルの陰謀団がロシアを意図的に破壊したのだと断定した。ロシア人ファシストのご多分に漏れず、グラジエフもホロコーストに関連する言葉（たとえば「ジェノサイド」）を使用し、ユダヤ人こそが真の加害者で、ロシア人こそが真の犠牲者なのだとほのめかした。一九九九年、グラジエフは共産主義者として議会に選出され、その後、二〇〇三年には急進的な国家主義政党「祖国《ロジーナ》」の結党に一役買った。これには端から見るよりも矛盾はなかった。ロシアの「管理された民主主義」において、「祖国《ロジーナ》」は共産党から票を奪って、その票をプーチンが信頼を置く一派に与えることになっていた。グラジエフは計画経済がロシアの国益に叶うものと考えており、彼に言わせればウクライナもそこに含まれていた。「我々にとって小ロシア＝ウクライナが歴史的に重要であることを忘れてはならない。我々はロシアとウクライナを分けて考えたことなど一度もないのだ[*49]」。

ロシアの外交政策は、グラジエフが記すには、「ユーラシア主義の思想から」生じたものだ。カール・シュミットに倣ってグラジエフは、国家など今さら時代遅れであると主張した。ユーラシア連合構想は、「根本的に異なる空間的概念に根ざしていた」。つまりは、超大国に支配される「広域圏《グロース・ラウム》」というカール・シュミットの概念だ。アメリカが干渉すべきでないのは、ユーラシアの広域圏に属していないからだとグラジエフは断言した。EUは国家主権の牙城であったがために崩壊せねばならず、その加盟国の国民には、彼らが切望するファシストの全体主義が授けられなければならない。「ヨーロッパの人間たちは目的を見失ってしまった」とグラジェフは記している」「彼らはモザイクのなかに、つまりなんのつながりもなくばらばらになった世界に生きている。。だが幸いにもロシアの力で、彼らを、グラジエフが「現実」とみなすものに戻すことができるであろう。[*50]

グラジエフはEU内で生きる人々の意向については論じなかった。二〇一二年の平均余命が世界一一一位で、警察が信用できず、賄賂とゆすりが日常茶飯事、刑務所が中流階級にご縁のある場所であるのがロシアという国なのに、いったいヨーロッパの人々はロシアの体制の奥深さを身をもって知る必要があったのだろうか。富の分配という点では、ロシアは世界一不平等な国だった——比して、EUの富はロシアよりもはるかに大きく、そしてはるかに公平に国民に分配されていた。グラジエフは論点を繁栄から価値観、すなわちプーチンが「文明」と呼ぶものにすり変えることで、自らのご主人様がロシアの泥棒政治《クレプトクラシー》を維持するのを手助けしていた。

二〇一三年を皮切りに、ユーラシアという原理が、ロシア連邦の外交政策の指針となった。ウラジーミル・プーチン大統領の特別な承認を得て、二月一八日にセルゲイ・ラヴロフ外相の名前で発表されたその年の公式の「外交政策構想」には、毎年毎年変更されない常用文のなかに、イリインやユーラシア主義者やそれに連なるファシストの思考に合致する一連の変更も含まれていた。

「外交政策構想」においては、未来とは渦巻くカオスと資源の強奪だとするプーチンの見方が繰り返された。国家が弱体化すると、広域圏がふたたび現れる。そのような世界では「地球を覆う大混乱」とは無縁の「オアシス」など存在しえず、よってEUの命運は尽きた。法は文明の対決に道を譲るだろう。「現代史ではじめて、国際競争に文明という次元が求められている」。ロシアは国民の幸福ではなく、その国境の向こうの漠然とした「同胞」の安全に責任があった。ユーラシアは、ソ連の旧共和国だけでなく現在のEU加盟国にも門戸が開かれた「統一のモデル」だった。そして協力の根拠となるのは「共通の文化や文明の遺産を保存し拡大すること」だった。[*51]

この外交政策構想が、ユーラシアを以てEUに取って代わらせる作業がすぐにも始まると明言した二〇一三年には、ウクライナは連合協定の条件についてEUと交渉している最中だった。この外交政策構想によれば、ウクライナがEUとの交渉を望むのであれば、モスクワを仲介者として受け入れねばならなかった。ユーラシアのなかでは、ロシアが支配するのは当然のことだった。長期的にはユーラシアがEUを凌駕し、それが「大西洋岸から太平洋岸まで広がる統一された人道主義的広域圏の創造」に繋がるのだ。のちにラヴロフはイリインを出典として引用し、この野望を繰り返し語った。[*52]

EUは合意に基づく組織なので、感情を高揚させる型のキャンペーンには脆かった。民主主義国家で構成されていたので、EUからの離脱を唱える政党によって弱体化されるおそれもあった。EUはそれまで大きな反対を経験してこなかったので、インターネット上の議論が外部から敵意をもって改竄されているのではと疑うことなど、ヨーロッパの人々には思いもつかなかった。だがEUを崩壊させるロシアの政策は、そういった類いの方法をいくつか採用していた——すなわち、ヨーロッパの指導者や政党を募って、ヨーロッパ分裂についてのロシアの関心を代弁させる。インターネットやテレビを通して公の会話に侵入してEUへの不信感を植えつける。過激なナショナリストやファシストの人材を集めてユーラシアについて喧伝させる。あらゆる種類の分離主義を支持する、などである。

プーチンは、進んでロシアの国益を守ろうというヨーロッパの政治家たちと親交を深め、彼らを支援した。その一人がゲアハルト・シュレーダー元ドイツ首相で、彼はロシアの国営天然ガス会社「ガスプロム」に雇われていた。二人目は、二〇一三年にチェコ共和国の大統領に選ばれたミロシュ・ゼマンで、その選挙資金の一部はロシアの石油会社「ルクオイル」が提供していた。また二〇一八年に再選された際には出所不明な選挙資金の提供を受けている。三人目のシルヴィオ・ベルルスコーニは、二〇一一年にイタリアの首相を辞任する前にも後にもプーチンと一緒に休暇を過ごしている。そして二〇一三年八月に脱税で有罪判決を受けたため、二〇一九年まで公職に就けなくなった。プーチンは、ベルルスコーニの真の問題は異性愛者への迫害にあるとほのめかし、こう述べた。「彼が同性愛者だったら、誰も彼に指一本触れようとはしなかっただろう」。ここでプーチンは、彼の思うユーラシア文明の基本原理の一つ――不平等の話になったら、話題を性的指向にすり替える――を明言していた。二〇一八年にベルルスコーニは政界への復帰に着手した。[*53]

ロシアは、チェコ共和国、スロバキア、ハンガリー、ポーランドなどの旧共産主義の東ヨーロッパのEU加盟国内で、EUに加盟している価値に疑問を生じさせるべくインターネットのフォーラムサイトに資金を提供し企画を立てた。これらのサイトは、さまざまなテーマに関するニュースを提供すると称していたが、いかなる場合もEUが退廃的もしくは危険だとほのめかしていた。かたや西ヨーロッパのさらに巨大なメディア市場では、英語、スペイン語、ドイツ語、フランス語での国際放送を行うテレビ局「RT」(旧称「ロシア・トゥデイ」)の方が重要だった。RTは、イギリス独立党(UKIP)のナイジェル・ファラージやフランスの国民戦線のマリーヌ・ルペンなど、EUに敵対するヨーロッパの政治家たちのメディアでの拠点になっていた。[*54]

ファラージとルペンは、ヨーロッパの人々が「移民などいない」それぞれの「民族国家」に住んでいた過去に戻ることを呼びかけた――二重の意味で現実には存在しなかった過去だ。彼らは「永遠の政治」を唱える政治家たちで、国民に一九三〇年代を黄金時代として捉え直すよう唆《そその》かした。イギリスもフランスもともに海洋帝国だったが、植民地が独立すると、ヨーロッパの統合計画に加わった。近代史においてどちらの国も、世界と隔絶した民族国家になったことはなかった。「賢い国という寓話」のせいで、両国民の大半は自国の歴史を理解していなかったので、EUの加盟にまつわる議論に潜む危険に気づかなかった。イギリスやフランスは民族国家としての近代史を持たないため、EUからの離脱は、ナショナリズムが約束するような気の置けないホームカミングなどではなく、未知の世界に足を踏み入れることになるのだ。それは、ヨーロッパ統合の埒外にあるヨーロッパ帝国の残存国家として、ロシアの仲間入りをすることを意味する。したがってファラージとルペンは、歴史を抹殺すべきものと考えるロシアにとっては、うってつけのパートナーだったのだ。*55

二〇一三年、同性間の性行為への異常な拘《こだわ》りが、「永遠の政治」を唱えるロシアとフランスの政治家たちを集結させた。その年の五月、フランス議会は同性カップルの権利を拡大した。するとマリーヌ・ルペンと国民戦線は、彼らがソドミーの世界的陰謀とみなすものに抵抗すべく、ロシア人の活動家たちと行動をともにした。六月にはルペンがロシアを訪問し、「文明」を守るロシアの新たなキャンペーンに熱烈な参加ぶりを見せた。彼女は、ゲイの権利とは無垢の国家に対するネオリベラルの世界的陰謀の先陣を切っているのだとするロシアの主張を、率先して唱えた。ルペンに言わせれば、「同性愛はグローバリゼーションの一端であり」、ロシアとフランスは協力して「商業化というウイルスに感染した新たな世界帝国」に抵抗しなければならない。とりわけこの部分の言い回しは、ロシア人のナショナリストたちが広く信じていること――ロシア人は無垢であるためエイズに感染するはずもなく、したがってロシアにエイズが存在するのは細菌戦の結果である――へのエールだった。ロシア人が「EUがロシアに仕掛けた新たな冷戦」の犠牲者であることに、ルペンは喜んで同意した。外交政策における彼女のアドバイザー、エイメリック・ショープラードは、ロシア人の聴衆の前で、国民戦線が権力を握ったあかつきにはEUを破壊すると約束した。[*56]

その同じときに、ロシアの新たなジェンダー・ポリティクスを擁護するために、頼りになる数人のアメリカ人にも誘いがかかった。RTはアメリカとロシアの関係について、白人至上主義の指導者リチャード・スペンサーにインタビューを行った。たまたま、スペンサーはドゥーギンの翻訳者であるニナ・クープリアノワと結婚していた。スペンサーはプーチンを称賛し、ロシアが「世界で唯一の白人国家」だと信じていたので、オバマ政権がロシアの反ソドミー運動をめぐって「冷戦」を開始すると、すかさずオバマ政権を非難したのも驚くことではなかった。それから三年後にスペンサーは、ナチスのスローガンを少し変えて「トランプ万歳《ハイル・トランプ》、白人万歳《ハイル・アワ・ピープル》、勝利万歳《ハイル・ビクトリー》」と信奉者に叫ばせることになる。[*57]

ちなみにその夏、ロシアが公式に異性愛者を保護する役割を引き受けると宣言した微妙なときに、二番目に人目を引いたプーチンを支持するアメリカ人は、ドナルド・トランプという名前だった。トランプは、バラク・オバマがアメリカ生まれでないとの嘘を吹聴することで自国の大統領の合法性を否定する長期的な作戦の只中にあった。ロシアのテレビ局「RT」はこの話をもっともらしく見せようと努力していた。それでも、トランプは、他国の大統領のご機嫌取りに熱心だった。二〇一三年六月一八日にトランプは、プーチンが「わしの新しい親友になってくれるかな？」とツイートした。[*58]

グローバルな異性愛主義にトランプが役に立ったことと言えば、それはミス・コンテストをモスクワ郊外に招《よ》び寄せたこと、というよりは、ロシア人がそうするのを眺めていたことだ。トランプは表向きは主催者ということになっていたが、実際は、ロシアの同業者を監督するためとして二〇〇〇万ドルがトランプに支払われていた。これが、それ以降長きにわたり築かれてきたロシア人とトランプとの関係のパターンだった。トランプに報酬が支払われたのは、金と権力についてよく知るロシア人が、トランプの名前を借りるためだった。そのほんの数週間前の二〇一三年四月に、ＦＢＩは、トランプ・タワーで二つの賭博場を開いていた容疑で二九人を逮捕した。捜査官によれば、賭博場を仕切っていたのはロシア人のアリムジャン・トフタフノフで、この男はトランプの部屋《コンドー》のすぐ真下の部屋で資金洗浄《マネーロンダリング》を行ってもいた。ＦＢＩが捜索していたとき、トフタフノフはミス・ユニバースの会場でトランプから数席離れて座っていた（トランプ・タワーの家宅捜査を許可した連邦検事はプリート・ブハララだった。トランプは大統領になるや即座にブハララを解任した）[*59]。

ミス・コンテストをロシアに招《よ》んださいのトランプのパートナーが、ロシアの不動産開発業者アラス・アガラロフだった。義父がソヴィエト時代のアゼルバイジャンでＫＧＢの議長を務めていたアガラロフは、他のオリガルヒたちとのコネ作りのエキスパートであるオリガルヒだった。ショッピングモールやゲーテッドコミュニティ、そしてのちにプーチンが二〇一八年にワールドカップを開催できるようサッカースタジアムを二つ作った。ミス・ユニバース大会の開催を仕切ったのはこの男だった。大会が開催された会場は彼の所有する建物だったし、彼の妻が審査員を務め、息子が歌を歌った。トランプが言うには、大会のあいだ「重要な人間全員に会ったよ」。ともあれ、アガラロフ家とトランプの関係は続いた。トランプは、アガラロフの息子でポップスターのエミンの誕生日にビデオメッセージを送った。トランプが大統領に立候補すると決めたとき、アガラロフ家は支援を申し出た。トランプの選挙陣営と著名なロシア人とが接触した数多くの例のなかに、二〇一六年六月にトランプ・タワーで持たれた会合があった。ロシア連邦の主任検察官から指示を受けたロシア人弁護士が、その場でヒラリー・クリントンに関する資料をトランプ陣営に提供した。アガラロフのファミリーがコンタクトを取り、双方を呼び集めた。クリントン陣営に対抗するのに他国の政権から協力を得られそうだと知ったドナルド・トランプ・ジュニアは、「そいつは素晴らしい」と答えた。[*60]

この素晴らしい関係は二〇一三年の夏に始まった。アガラロフはミス・ユニバース大会が開催される直前にプーチンから名誉勲章を授与された。プーチンが「新しい親友」になってくれないかなとトランプが思っていたその日、ルペンがロシア議会を見学していた。ルペンとトランプは、その先何年も互いの大統領への野望を支援し合うことになる。二〇一三年にこの二人がモスクワを訪問したのは、表面的には同性愛と異性愛に関する用向きと言えたが、政治的にも財政的にもロシアへの借りを増やすことになった。二〇一三年の終わりから一四年の初めにかけて、マリーヌ・ルペンとその父親で国民戦線の創始者ジャン＝マリー・ルペンが、国民戦線はロシアから資金提供を受けたと発表した。ロシアと国民戦線とのあいだで行われた金銭面での取引を仲立ちしたのはエイメリック・ショープラードで、彼はロシアの銀行からジャン＝マリー・ルペンへの融資を手配した報酬として、自身も四〇万ユーロの融資を受けていた。[*61]

国民戦線はクレムリンの反ソドミー運動に喜んで参加したが、フランス国内で深刻なのは何より移民とイスラム教の問題だった。そこでロシア側関係者たちはムスリムによるテロへの恐怖を拡散することで、フランスの有権者を国民戦線に引きつけようとした。二〇一五年四月、ロシアのハッカーたちがフランスのテレビ局の電波を乗っ取り、イスラム過激派組織ＩＳＩＳであるかのごとく装ってフランスの有権者を脅す目的のメッセージを流した。その年の一一月に、死者一三〇名、負傷者三六八名を出した本物のテロがパリで起きたとき、ファシストの作家アレクサンドル・プロハーノフは、テロがヨーロッパをファシズムとロシアに駆り立てるだろうと予測した。[*62]

マリーヌ・ルペンは二〇一七年のフランス大統領選で、彼女の後援者であるプーチンを褒め称えた。その年の四月に行われた大統領選の第一回投票をマリーヌ・ルペンは二位で終え、フランスの伝統ある政党の候補者全員が彼女の後塵を拝した。決選投票ではエマニュエル・マクロンが彼女の対立候補となったが、ロシアのプロパガンダはマクロンを「ゲイのロビー団体」が推すゲイ候補者だとほのめかした。決選投票でのルペンの得票率は三四パーセントだった。マクロンに負けはしたが、フランスの戦後において、ルペンほど善戦した極右候補はいなかった。[*63]

国民戦線を支援することは、すなわちＥＵを攻撃することだった。フランスはドイツに次いで最重要のＥＵ加盟国であり、ルペンは最強のＥＵ批判者だった。二〇一三年には、ロシアにとって、ナイジェル・ファラージと彼の「ブレグジット」（イギリスのEU離脱）を支援するよりも国民戦線に資金提供した方が、はるかにEUの未来を変えられそうに見えた。ファラージもまたルペン、スペンサー、トランプと同様に、プーチンがユーラシアに血道をあげるときにはプーチンを支持した。二〇一三年七月八日、ファラージはRTで「ヨーロッパの統合計画は現に死にかけている」と主張した。[*64]

イギリスについてロシアの外交政策で最優先とされたのは、実のところはスコットランドの分離だった。スコットランド国民党（SNP）は、住民投票で独立に賛成票を投じるようスコットランド人に呼びかけた。二〇一四年九月一八日の投票日までの数週間に、ロシアのメディアは、スコットランドがイギリスに残留した場合、医療サービスもサッカー・チームも失うだろうとの間違った情報を流した。スコットランドの有権者の過半数がイギリス残留を選んだあと、住民投票の有効性に疑問を投げかけるような動画がインターネットにいくつも投稿された。その一つは、ロシアの選挙で実際に行われた不正行為を、スコットランドで行われたようにみせかけたものだった。こうした動画が、その後、ロシアにある複数のツイッターアカウントによって拡散された。さらにロシアの官僚の一人など、選挙結果について「まったくの改竄だ」と明言した。実際の違反行為が何も報告されていないにもかかわらず、スコットランドの有権者のおよそ三分の一が、何らかの不正が行われたという印象を持ってしまった。スコットランドがイギリスから独立していれば、ロシアの勝利ということになったことだろう。だがイギリスの住民が、自分の住んでいる国の体制を疑うようなことになれば、それもまたロシアの勝利だった。二〇一五年五月のイギリスの総選挙で保守党が勝利したあとも、RTは自社のウェブサイトに、イギリスの選挙制度は八百長だという意見記事を掲載した。[*65]

イギリスの保守党は、そうした選挙のあとでも単独での組閣には成功したが、EU加盟を続けるかどうかという問題で党内が分裂してしまった。デヴィッド・キャメロン首相は、党内対立を終わらせるため、その件について法的拘束力のない国民投票を行うことに同意した。モスクワにとっては、このニュースはすこぶる良い知らせではあったが、寝耳に水のことでもなかった。ロシアはかねてから、その可能性に向けて準備を進めていたからだ。二〇一二年にロシアの情報機関は「ロシアの保守の盟友」（「コンサーヴァティヴ・フレンズ・オブ・ロシア」）という名の隠れ蓑団体をイギリスに設立していた。その創立メンバーの一人でイギリス人ロビイストのマシュー・エリオットは、ブレグジットを推進する公的な団体の「離脱に投票しよう」（「ヴォート・リーヴ」）の代表に就いていた。ブレグジットを基盤とするイギリス独立党（UKIP）の党首ナイジェル・ファラージは、RTに頻繁に出演し、プーチンへの賛美を口にした。彼の上級スタッフの一人は、プーチンを批判していたリトアニア大統領に向けてのロシアの組織的中傷に関与していた。[*66]

RTをはじめとするロシアの主要テレビ局のすべてが、投票日である二〇一六年六月二三日までの数週間というもの、ブレグジットの投票を後押ししていた。当時は注目されなかったが、おそらくはインターネットでの説得作戦の方が影響力は大きかっただろう。ロシアのインターネット上の荒《トロール》らし、イギリス人有権者との意見交換の場に参加する生《なま》の人間たち、そしてロシアのツイッター上のボット――標的を定めてメッセージを何百万回も自動投稿するコンピュータプログラム――が、ブレグジット・キャンペーンに大々的に関与していた。ブレグジットについて投稿した四一九のツイッターアカウントが、ロシアの「インターネット・リサーチ・エージェンシー」のものと特定された――のちにそのアカウントが一つ残らずすべてドナルド・トランプの大統領選挙戦に利するような投稿をすることになる。ブレグジットに関するツイッター上の議論のうち、およそ三分の一がボットによって生みだされたものだった――さらに政治的話題をツイートするボットの九〇パーセント以上が、イギリスから発信されたものではなかった。当時、離脱と残留のどちらを選ぶか思案していたイギリス人は、自分たちが読んでいる情報がボットによって拡散されたものであることも、そのボットがイギリスの弱体化を図るロシアの外交政策の一環であることもいっさい知らなかった。投票の結果は、離脱が五二パーセント、残留が四八パーセントという僅差だった。[*67]

この結果について、今回はロシアから疑問の声は挙がらなかった。おそらく投票結果がモスクワの望みどおりのものだったからだろう。ブレグジットはロシアの外交政策の勝利であり、モスクワの指示によるサイバー戦争が現実を変えられることの証になった。

ロシアの政治家たちはかねがねイギリスに対し、ブレグジットを強く促してきた。二〇一五年には、ロシア連邦議会下院の国際問題委員会のコンスタンチン・コサチョフ委員長が、EUが「完全無欠かつ不死身である」というのは「神話」にすぎないとイギリス人に諭していた。国民投票後にウラジーミル・プーチンは、イギリスは他の国々に搾取されていたのだと、EUの分裂に賛同する慰めの言葉をかけた。だが実際には、EUから手厚い助成を受けている地区の多くが離脱に賛成票を投じていた。プーチンは破綻につながった誤解や偏見をそれとなく後押ししてみせた。「経済的に弱い社会を養ったり助成してやったり、他の国々を、それこそどこの国民であろうと関係なく残らず支えてやったり……そんなことを望む奴がいるかね。明々白々なことだろうよ」。モスクワは、「賢い国という寓話」を逆手にとった。実際のイギリスは、他国を支援する決定を下したことなど一度もない国であり、ヨーロッパの統合によって国家《ステートフッド》としての体面を救われた、崩壊しかかった帝国でしかなかった。ロシアで最も重要なテレビ局「チャンネル1」は、「イギリスは昔からそうしてきたのだから単独でやっていけるはずだ」という神話をあらためて語ることでイギリス人を慰めた。いわく、「この国には拘束力を持つ同盟も約束も何一つ持たないことが重要なのだ」。自分たちには民族国家としての歴史があったと間違って思いこんでいるイギリス人(おもにイングランド人)は、ロシアが待ち構えている奈落に自ら落ちる方へと票を投じてしまった。[*68]

EUに反対するオーストリア人へのロシアの支援は、これみよがしに行われた。イギリスやフランスと同じく、オーストリアも統合のプロセスに参加した旧ヨーロッパ帝国の宗主国だった。オーストリアはハプスブルク君主制の中心だったが、その後一九二〇年代から三〇年代には破綻した民族国家となり、それに次ぐ七年間はナチス・ドイツの一部になった。オーストリア自由党(FPÖ)の指導者のなかには、家族またはイデオロギー(もしくはその両方)によってナチス時代とつながりのある者もいた。モスクワで勉強し、ロシア語を話すヨハン・グデヌスもその一人だった。[*69]

二〇一六年のオーストリア大統領選挙戦のさなかに、オーストリア自由党（ＦＰÖ）はロシアのプーチンの政党と協力協定について交渉していた。これはあきらかに自党の候補ノルベルト・ホーファーが勝つことを想定して行われたものだった。ホーファーはあと少しで勝利するところだった。四月に行われた第一回投票では彼が勝利を収めた。五月の第二回投票では僅差で負けたが、選挙手続きに違反があったとの非難を受けて再投票が行われた。二〇一六年一二月の再投票でも、ホーファーは敗北した。とはいえ全体の四六パーセントの票を獲得し、これは自由党の候補にとってオーストリアの国政レベルでの選挙で得た過去最大の得票数だった。[*70]

フランスの大統領選挙と同じく、ロシアの推す候補が勝利することはなかったが、それでもロシアがＥＵ撲滅キャンペーンを始めたときの期待をはるかに上回る成果を挙げた。二〇一六年一二月、オーストリア自由党（ＦＰÖ）の指導者らは、プーチンの政党と交渉していた協力協定に署名するためモスクワに飛んだ。二〇一七年一〇月に行われたオーストリア議会選挙で自由党は二六パーセントの票を獲得し、その年の一二月には連立政権に参加した。モスクワとの協力関係を隠しもしない極右政党が、ＥＵ加盟国の政権の一翼を担うことになったのだ。[*71]

統合か帝国か？　ロシアの新たなユーラシア帝国主義がＥＵを破壊することになるのだろうか？　それともヨーロッパの統合が、一九二二年のソ連の当初の領土だったところにまで手を伸ばせるのか？　それが二〇一三年のヨーロッパの問題だった。その年、モスクワが粘り強くＥＵ

を崩壊させようとしているなか、キエフはついにEUとの連合協定に調印しようとしていた。貿易に関する協定はウクライナでは好評だった——オリガルヒはEU市場への参入を望んでいたし、中小企業の所有者はそのオリガルヒに対抗すべく法の支配を望んでいたし、学生や若者はヨーロッパの一員としての未来を望んでいた。ヴィクトル・ヤヌコーヴィチ大統領はなるべく見て見ぬ振りをしたがったが、それでも選択を迫られていた。仮にウクライナがEUとの連合協定に調印したら、プーチンのユーラシアには参加できなくなるだろう、というわけだった。[*72]

ユーラシア主義者たち自身は明確な立場を取っていた。ドゥーギンは長いことウクライナを破壊するよう急かしてきた。二〇一三年七月にプロハーノフは、ヤヌコーヴィチを排除する必要があることを示唆した。その年の九月にグラジエフは、ウクライナがユーラシアに参加しない場合は、ロシアがウクライナ領土に侵攻する可能性があると述べた。一一月になるとヤヌコーヴィチは誰をも失望させた。合意に達していた連合協定に調印もしなければ、ウクライナをユーラシアに参加させることもしなかった。二〇一四年二月、ロシアはウクライナに侵攻した。ロシアの永遠の政治がヨーロッパの必然性の政治を取りこもうとしていた。ヨーロッパはどうすればよいかわからなかった——というのも、EUはこれまで抵抗されたことも、まして戦いを挑まれたこともなかったからだ。統合への攻撃が、EUのなかの脆弱な国家への攻撃にもなることを理解している者はまずいなかった。モスクワはEUに反対するキャンペーンを続けており、とりわけそれはモスクワが自分の言いなりになると思うウクライナの領土に狙いを定めたものだった。[*73]

ヨーロッパの人々はウクライナでの紛争に潜む危険を理解していなかったため、結局はウクライナの人々よりもロシアの攻撃に対してすきが多かった。かたやウクライナの人々は自国の脆さをわかっていたので、多くのウクライナ市民が、ＥＵ加盟が法と繁栄を伴う未来にとっての前提条件であることを容易に理解した。またＥＵへの加盟がウクライナの国家建設への一段階になることを承知していたので、ロシアによる介入は愛国的な革命の誘因になることもわかっていた。他のヨーロッパ諸国はこうしたつながりをすっかり忘れていたので、ウクライナにロシアが仕掛けた戦争で生じた政治問題を、文化の違いとしか受けとめなかった。ウクライナの問題はこの国がヨーロッパの本流からいかに離れているかを示しているのだとする催眠術的なロシアのプロパガンダに、ヨーロッパの人々はまんまと騙されてしまったのだ。

ロシアの永遠の政治は、ヨーロッパの必然性の政治の中心にたやすく盲点を見つけることができた。ロシアは、第二次世界大戦の教訓を学んでいないウクライナは賢い国ではないのだと言うだけでよかったのだ（ここでも「賢い国の寓話」が利用されたわけだ）――ロシアはさらに二〇一四年と一五年にも同じ話を繰り返すことになるのだが。したり顔で頷いて何もしなかったヨーロッパは、ヨーロッパの歴史の間違った理解に拍車をかけ、それぞれの国家の主権を危険に晒していた。

必然性の政治か永遠の政治かという二者択一から逃れる唯一の道は、歴史にあった――歴史を理解すること、もしくは歴史をつくることである。ウクライナの人々は、自分たちの状況をありのままに見て、何か新しいことを始める必要があったのだ。

# 第4章　新しさか永遠か（二〇一四年）

何かを始めることは、それが歴史的な出来事になる以前に、そもそも人間のもつ至高の能力である。政治について言えば、それは人間の自由に等しい。

——一九五一年、ハンナ・アーレント

ロシアの「永遠の政治」は一〇〇〇年の時代をさかのぼって、ようやく神話めいた無垢の時間《とき》を見つけた。ウラジーミル・プーチンは、キエフのヴォロディーミル（ヴァルデマー）が受洗して千年王国を成立させたとすることで、ロシアとウクライナは単一の民族になっているのだと主張した。二〇一三年七月、キエフを訪れたプーチンは魂の声を聞き、神のもたらす地政学についてこう述べた。「我々が霊的に一つに結ばれたのは、今から一〇二五年前にルーシの聖公が洗礼を受けたときからだ。以来、両民族の身には数多《あまた》のことが起きたが、我らの霊的な結束は固く、いかなる権威によるいかなる措置にも従うことはない。政府という権威にも、言わせてもらうなら教会という権威にもだ。なぜなら、いかなる既存の権威が人々を支配しようが、神よりも強い権威を持つものなどありえないからだ——しかり、何ものもその権威を凌ぐことはない。これこそが我が民《たみ》の魂を結びつける最も強固な礎なのだ」[*1]。

とはいえプーチンは、二〇一三年九月に開かれた大統領主催による外交関連の有識者会議ヴァルダイで、宗教とは縁遠い言葉で自らの洞察について説明した。「一種の有機体」としてロシアの国家《ステートフッド》のありようを説明したイリインに倣ったのだが、それによればウクライナとは、ロシアという無垢な身体の切り離せない一部だった。「我々には共通の伝統、共通の性向、共通の歴史、共通の文化がある」とプーチンは言う。「我々はすこぶる似た言語を持っている。その点で、繰り返し言わせてもらうが、我々は一つの民族なのだ」。その二ヶ月後にはEUとウクライナの連合協定が調印されることになっていた。ロシアはそれを阻止しようとしていたのだが、それはロシアの霊的な影響の及ぶ域内——プーチンが昨今呼ぶところの「ロシア世界」——では、新しいことなど何一つ起こりえないとの理由からだった。けれどプーチンがロシアの永遠の政治を国境の向こうにも押しつけようとしたことは、思わぬ結果を招くことになる。それに対抗してウクライナの人々が、新たな種類の政治を生みだしたのだ[*2]。

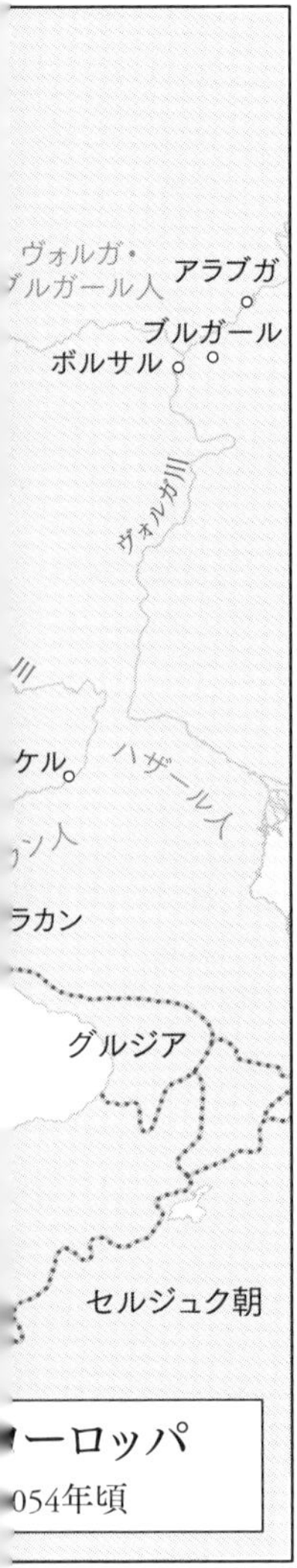

フィン族
ノルウェー
ラドガ
スウェーデン
エスト人
ゴロジシェ
北海
クルト人
デンマーク
バルト海
リトアニア人
オボトリート人
ヴェレティ人
ポメラニア人
プロシャ人
キエフ・ルーシ
ザクセン
アーヘン
ポーランド
キエフ
プラハ
クラコウ
ドニエプル川
ボヘミア
神聖
モラヴィア
ローマ
ウィーン
ペチェネグ人
帝国
リヨン
ハンガリー
パンノニア
ヴェネツィア
クロアチア
ヘルソン
ドナウ川
教皇領
セルビア
ブルガリア
黒海
スポレート
ドゥクリャ
ローマ
ノルマン人
コンスタンチノープル
サラセン人
ビザンチン帝国
サラセン人
シチリア
カイルワーン
地中海
ズイール朝

国家とは、故《ふる》きを温《たず》ねて新しきを知るふりをする存在だが、肝心なのは、どんなふうにそれをするかだ。ロシアの指導者たちがしてきたように、国内では現体制《ステータスクオ》を強化し、国外では帝国主義を正当化する目的で、お決まりの文句を呪文のごとく繰り返すこともできる。「ルーシ」とは「ロシア」であって、九八〇年代のヴォロディーミル（ヴァルデマー）は、二〇一〇年代のロシア連邦におけるウラジーミル・プーチンなのだ」と断言することは、歴史的思考や政治的判断の手引きとなる何世紀分もの資料を、ごっそり抜きとってしまうこととなる。[*3]

あるいは、キエフのヴォロディーミル（ヴァルデマー）の洗礼以降の一〇〇〇年に、永遠の物語ではなく一つの歴史を見てとることもできる。歴史的に考えたからといって、国家の神話が別の神話にすげかえられ、ルーシを継承するのはロシアではなくウクライナであるとか、ヴォロディーミルもしくはヴァルデマーはロシア人ではなくウクライナ人なのだと主張することにはならない。そう言い張ったところで、ロシアの永遠の政治をたんにウクライナ版の永遠の政治に差し替えるにすぎない。歴史的に考えるというのは、今のロシアがいかにして生まれたかを探るのと同じように、今のウクライナがいかにして生まれたかを探っていくことだ。歴史的に考えるというのは、体制の限界、いまだ不確定な領域、そして自由への可能性を探っていくことである。[*4]

こんにちのウクライナが生まれた背景は、中世から近代初期の時代に見てとれる。ヴォロディーミル（ヴァルデマー）が率いたルーシは、その諸侯たちが一二四〇年代の初めにモンゴルに敗北するかなり前から、すでに分裂状態にあった。モンゴルの侵攻を受けたのち、ルーシの領土の大半は一三世紀から一四世紀にリトアニア大公国に吸収された。その後、キリスト教徒であるルーシの諸侯たちは、異教の国リトアニアで力を持つことになる。[*5]

リトアニア大公国は、ルーシで使われていた政治にまつわる言葉を、自国の法律や裁判に取り入れた。ヤギェウォ朝の始まった一三八六年以降、リトアニアの大公たちは、ポーランドもおおむね支配下に置いていた。

古《いにしえ》のルーシの領土の一部をさす「ウクライナ」という発想は、リトアニアとポーランドの政治的関係が変化した一五六九年以降に生まれた。この年、ポーランド王国とリトアニア大公国は、制度的国家合同としてコモンウェルスを形成した。その交渉のさいに、こんにちのウクライナの国土の大半が、新たなコモンウェルスのなかでリトアニア領からポーランド領に移った。それがきっかけで起きた衝突が、ウクライナという政治的発想を生みだすことになる。

一五六九年以降、こんにちのウクライナにあたる土地では、ルーシの伝統的な東方教会が西方教会の脅威に晒されたが、後者は実り多い変化を遂げている最中だった。ポーランドのカトリックやプロテスタントの思想家たちは、印刷物の助けを借りて、ルーシの地に君臨する東方教会の支配に挑戦状を突きつけた。ルーシの正教会派の諸侯のなかには、プロテスタントやカトリックに改宗し、互いに意思疎通をはかるのにポーランド語を使いはじめる者もいた。ポーランドのやり方に倣って、または東方に移ってきたポーランド貴族を直接模《も》して、こうした地元の有力者たちは、肥沃なウクライナの草原《ステップ》を大規模なプランテーションに変えはじめた。それは労働力を搾取する目的で、地元民を農奴として土地に縛りつけることを意味した。ウクライナの小作農たちは農奴の身分から逃れようとして、結局は別のかたちで囚われの身となることもままあった。こんにちのウクライナの最南部では、農民が隣接地域のムスリムたちに奴隷として売られることもあったのだ。タタール人と呼ばれるこのムスリムは、宗主国であるオスマン帝国の支配下に置かれていた。[*6]

農奴とともにコサックたちも避難した。コサックは、ステップの東南端で、襲って盗みを働いたり、狩猟や漁撈《ぎょろう》をして暮らしていた自由の民だった。彼らはともにポーランドとオスマン帝国のはざまにある無人の土地に逃げこんだ。そしてドニエプル川（ウクライナ語でドニプロ川）の中央に浮かぶ島に「シーチ」と呼ばれる要塞を築いたが、ここはこんにちこの川の名のつく都市（ドニプロペトローウシク。二〇一六年にドニプロに改称）からほど近い場所にあった〔訳者註：都市名はソ連時代はドニエプロペトロフスク、ウクライナ独立後は改称まではドニプロペトローウシクとしたが、わが国では、ドニエプロペトロフスクの方がなじみが深い。本書の本文・地図・原註において、地名（ときには人名も）については、時代、領有する主体、アイデンティティ等々によって呼称を変えるべきであろうが、一般的な使われ方として定着している場合には一貫してそれを使うこともある。また、例えを出せば、川の場合、流れている地域によって呼称が変わることもありうるが、原著の地図の作成においてもそうした事情は無視されている。いずれにせよ、一六一頁の一〇五四年頃の地図から始まってこの川の名が記入されているどの地図においても、本文中と同じくドニエプル川としてある（ちなみに、一〇五四年は東西教会分裂を指す方の「大シスマ」の年である）。好ましいものではあるが、「原音主義」には限界があることはむろんである。なお、原著における「英語への翻字（transliteration）」の原則については、原註の冒頭に明記されているのでご覧いただきたい〕。戦時には、何千人ものコサックがポーランド軍の傭兵として戦った。コサックが歩兵となり、ポーランド貴族が騎兵隊となって戦うときには、ポーランド軍はめったに負けなかった。一七世紀の初め、ポーランド＝リトアニア共和国はヨーロッパ最大の国家となり、短期間ではあったが、モスクワまでも手中におさめた。これはいわば貴族からなる共和国で、貴族は誰もが議会の議員を務めていた。もちろん実際は一部の貴族が他の貴族よりも力を持っていたし、共和国内で最も有力な市民のなかには、ウクライナの裕福な有力者もいた。コサックたちはできれば貴族に列せられるか、せめても共和国内での確かな法的権利だけでも欲しがったが、その願いはかなわなかった。[*7]

一六四八年、こうした緊張から蜂起が発生した。当時、ポーランド＝リトアニア共和国はオスマン帝国との戦争にまさに突入しようとしていた。ところがオスマン帝国との戦いに備えていたコサックのなかに、ボフダン・フメリニツキーという一人の指導者が現れて、ポーランド化した地主たちに反旗を翻すよう呼びかけた。味方が必要だとわかっていたフメリニツキーは、タタール人に声をかけ、地元ウクライナのキリスト教徒を奴隷にしてかまわないと持ちかけた。ところがタタール人に見限られ、新たな味方が必要になったとき、フメリニツキーに見つけることができたのは、モスクワだけだった。この同盟にはあらかじめ定められていたところなど何もなかった。コサックとモスクワ大公国は、どちらも自分たちがルーシの継承者だと考えていたが、両者は共通の言語も持たず、意思疎通には通訳が必要だった。反逆児とはいえフメリニツキーは、ルネサンス、宗教改革、反宗教改革の申し子で、ウクライナ語、ポーランド語、ラテン語を操れた（ただしロシア語はできなかった）。コサックたちは当事者双方を縛る法的契約には慣れっこだった。彼らはこの契約を一時的な決めごとと見ていたが、かたやモスクワは、これをロシア皇帝《ツァーリ》への恒久的な服従ととらえていた。一六五四年、モスクワ大公国がポーランド＝リトアニア共和国に侵攻した。そして一六六七年、こんにちのウクライナの領土である土地はドニエプル川に沿って分割され、コサックの要塞はモスクワ大公国の手に渡った。当初キエフの立場は不確かなものだったが、これもまたモスクワ大公国に割譲された。[*8]

アジアで長らく経験を積んだモスクワ大公国は、ここにきて西方に目を向けた。キエフという都市はおよそ八〇〇年にわたって、モスクワと政治的なつながりを持たずに存続してきた。ヨーロッパの大都市として、中世を、ルネサンス、バロック時代、宗教革命と反宗教革命を経験してきたのだ。モスクワ大公国に加わると、キエフのアカデミーは、一七二一年以降ロシア帝国として知られるようになるこの国の、主要な高等教育機関になった。キエフで教育を受けた者が、モスクワや、のちにはサンクトペテルブルクにおいて知的専門職階級に多用された。コサックはロシア帝国陸軍に吸収された。女帝エカテリーナはコサックの愛人を囲い、クリミア半島を征服するためにコサックを送りこんだ。一八世紀末になると、ロシア帝国はプロイセンとハプスブルク君主制の手を借りてポーランド＝リトアニア共和国を分割し、これを消滅させた。かくして古《いにしえ》か

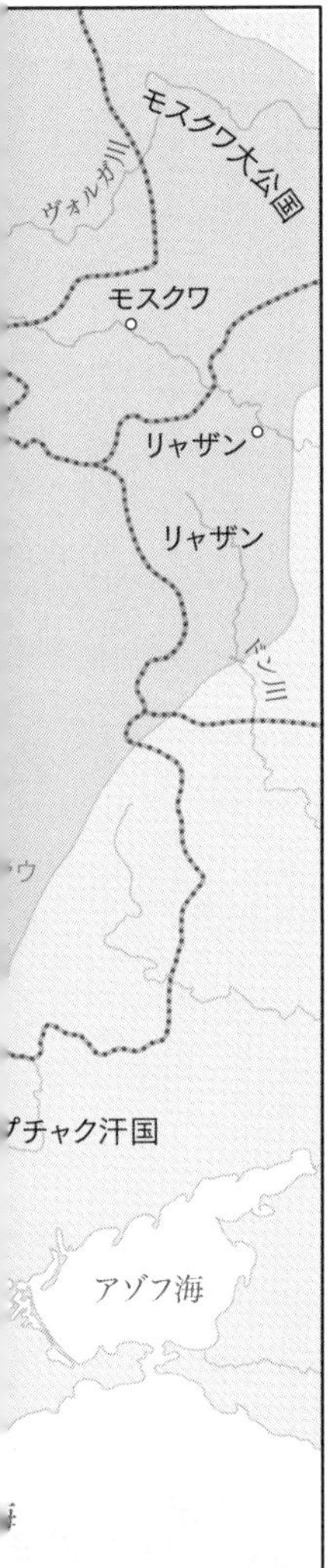

ポーランド＝リトアニア共和国
1386年頃
1054年時のキエフ・ルーシの範図
カルマル連合
バルト海
リヴォニア
騎士団領
リガ
ノヴゴロド
サモギチア
ドゥヴィナ川
ビテブスク
ダンツィヒ
ドイツ
騎士団領
ヴィルナ
ポロック
ミンスク
ヴィスワ川
ポズナン
ワルシャワ
大ポーランド
ヴィエルコポルスカ地方
ポーランド
ブレスト
ヴロツワフ
ボヘミア領
モラヴィア
小ポーランド
マウォポルスカ地方
リトアニア
ヴォルイーニ
クラコウ
リヴィウ
ガリツィア
キエフ
ウィーン
ポジーリャ
ドニエストル川
ブダ
ハンガリー
モルダヴィア
ワラキア
ドナウ川

らのルーシの領土は、ほぼすべてが新生ロシア帝国の一部になった。[9]

一九世紀に入ると、ロシア帝国の統一をきっかけに、ウクライナの愛国的感情が呼び覚まされた。最初にハリコフ（ウクライナ語でハルキウ）にあるロシアの帝国大学が、地元の小作農や彼らの文化を理想とするロマン主義派の拠点になった。一九世紀半ばのキエフでは、由緒ある貴族出身者のなかに、ロシアやポーランドの権力者側よりも、ウクライナ語を話す農民の側に共鳴する者がちらほら出てきていた。ロシアの支配層は、当初こうした傾向のなかに「南ロシア」や「小ロシア」の文化への殊勝な関心を見てとった。ところが一八五三年から五六年のクリミア戦争で敗北を喫し、さらに一八六三年から六四年にかけてポーランドで蜂起があると、ロシア帝国はウクライナの文化を政治的脅威とみなすようになり、ウクライナ語の出版物を発行禁止にした。リトアニア大公国の法令は、ルーシの古代法が反映されているものだったが、その効力を失った。さらにモスクワは、キエフに由緒ある東方教会の中心地たることを期待した。一五九六年に設立され、東方教会の典礼を守りながらも西方教会のヒエラルキーに従ってきた合同教会《ユニエイト》は廃止された。[10]

ロシア帝国の外にいまだ残るルーシの領土は、ガリツィアだった。一七七二年以降に三度にわたりポーランド＝リトアニア共和国は分割され最終的には消滅したが、ガリツィアはハプスブルク家の支配者の手に渡った領土に含まれた。ハプスブルクの帝国領として、ガリツィアはルーシの文化をいくらか維持していたが、その一つが合同教会《ユニエイト》だった。ハプスブルク君主制はこれを新

スウェーデン
リヴォニア
リガ
トヴェリ
ヴォルガ川
クールラント
バルト海
ドゥヴィナ川
モ
ビテブスク
グダニスク
プロシャ公国
ヴィルナ
スモレンスク
リトアニア
ミンスク
モスク
ヴィスワ川
ポズナン
ポーランド＝リトアニア共和国
大ポーランド
ヴィエルコポルスカ地方
ワルシャワ
ヴロツワフ
チェルニーヒウ
ヴォルイーニ
小ポーランド
マウォポルスカ地方
クラコウ
キエフ
ハ
ハプスブルク朝
リヴィウ
ウクライナ
ガリツィア
ドニエプル川
ウィーン
ドニエストル川
ブク川
ザポリージャ
コサック
ハンガリー
トランシルバニア
モルドバ
クリミア・タタール
アゾフ
バフチサライ
ワラキア
ドナウ川
オスマン帝国
黒 海
イスタンブール
黒海の競合国
1569年頃

たに「ギリシャ・カトリック教会」と命名し、その聖職者たちをウィーンで教育した。彼らの子や孫たちは、のちにウクライナで民族運動家や新聞の編集者になり、議員に立候補した。ロシア帝国がウクライナの文化を規制しはじめると、ウクライナの著述家や活動家はガリツィアに移った。オーストリア゠ハンガリー二重帝国の成立した一八六七年以降、ハプスブルク君主制の下にはリベラルな憲法と報道の自由があり、こうした政治的移住者はウクライナに関する活動を自由に続けることができた。オーストリアには民主的な選挙制度があったため、この君主国全土で政党政治が国政の基本になった。ロシア帝国から逃れてきた者たちは、ウクライナの政治と歴史を、皇帝の権力云々でなく、継承される文化や言語の領分と見ていた。一方、当の小農たちはというと、人口の大半を占めるウクライナ語の話者が関心を寄せるのは、もっぱら土地の所有についてであった。[*11]

一九一七年一一月にボルシェヴィキ革命が起きると、ウクライナでも独立を宣言する政府が現れた。ところが東ヨーロッパの他の諸民族とは違って、ウクライナの民は国を築くことができなかった。第一次世界大戦に勝利した列強は、ウクライナの要求をいっさい認めなかったのだ。キエフは、赤軍、その敵であるロシアの白軍、ウクライナ軍、ポーランド軍と、入れ替わり立ち替わりの占拠を経験した。それも、退去した軍がまた戻ってくることがしばしばあった。窮地に陥ったウクライナ当局は、新たに独立したポーランドと同盟を組み、ポーランドとウクライナの合同軍は一九二〇年五月にキエフを奪還した。赤軍が反撃してくると、ウクライナ兵たちはポーランド軍とともに戦ってワルシャワにまで進軍した。ところが一九二一年にリガでポーランドとボルシェヴィキ・ロシアが平和条約に調印すると、ウクライナの活動家が自分たちのものだと思っていた土地は分割されることになった——ロシア帝国内にあった土地は、ほぼすべて新興のソ連の手に渡り、ガリツィアと、もう一つの西方の地ヴォルィーニはポーランドの手に渡った。これは例外どころか、いかにもありがちなことだった。ウクライナの民族国家は数ヶ月のあいだだけ生き存《なが》らえ、その西方の隣国群は数年のあいだ生き存《なが》らえたが、そこから学べる教訓は同じで、このウクライナがまさに好例というに過ぎなかった——要するに民族国家は前途多難であったし、たいていの場合は持ちこたえられなかったのだ。[*12]

ウクライナの歴史を見れば、近代ヨーロッパ史における最大の問いがはっきりと見えてくる——帝国が終わった先に何があるのだろうか？　くだんの「賢い国という寓話」によれば、ヨーロッパの民族国家群は戦争から教訓を得て統合に乗りだした。だがこの神話を理屈の通るものにするには、民族国家を、それがまだ存在しなかった時代にさかのぼって想像しなければならない。要は二〇世紀半ばのヨーロッパで起きた基本的な事柄——ヨーロッパ諸国がヨーロッパのなかに自ら帝国を築こうとしたこと——をなかったことにする必要がある。何より重大なのは、一九四一年にドイツがウクライナの植民地化を試みて失敗したことである。ウクライナの肥沃な黒い大地《ブラックアース》は、二〇世紀のヨーロッパにおける二つの主要な新帝国主義構想の中心にあった。ソヴィエト、次にナチス・ドイツの構想である。この点においてもウクライナの歴史は典型中の典型であって、それゆえ避けられないものだった。ヨーロッパ中でこれほど植民地的な関心を引いた場所はほかにない。こうしたことから明らかになる法則がある。ヨーロッパの歴史とは、植民地化と脱植民地化を軸に展開されるのだ[*13]。

ソヴィエトの大規模な計画が「自己植民地化」であることを、ヨシフ・スターリンはよくわかっていた。ソ連は海外に領土を持たないので、その後背地を利用するほかない。そのためウクライナは、一九二八年から三三年の第一次五ヵ年計画において、その豊かな自然の恵みをソ連の政策決定者に差しだすことになった。国家が農業統制を敷いたことで、ソヴィエト・ウクライナでは三〇〇万から四〇〇万人もの住民が餓死させられた。かたやアドルフ・ヒトラーもウクライナのことを、ドイツを世界の列強の仲間入りをさせてくれる肥沃な領土と見た。その黒い大地を手に入れることこそ、ヒトラーの戦争目的だった。一九四一年に今度はドイツによる占領が始まると、ソヴィエト・ウクライナではさらに三〇〇万人を超える住民が殺害されたが、そのうち一六〇万人はユダヤ人で、彼らはドイツ人や地元の警察官や民兵に殺されたのだった。こうした犠牲者に加えてソヴィエト・ウクライナでは、さらに三〇〇万人もの住民が赤軍兵士として戦って命を落とした。二つの国が競って同じウクライナの土地を植民地化した結果、一〇年のうちに総じておよそ一〇〇〇万人もの人々が殺害された[*14]。

一九四五年に赤軍がドイツ国防軍を打ち破ると、ソヴィエト・ウクライナの国境は西方に拡大し、ポーランドから奪った地域、さらにさほど広くはないがチェコスロバキアやルーマニアから奪った土地も含まれることになった。一九五四年には、クリミア半島がソ連のロシア・ソヴィエト連邦社会主義共和国から分離され、ウクライナ・ソヴィエト社会主義共和国に吸収された。これが二つのソヴィエト共和国間で行われた一連の国境調整の最後となった。クリミアはウクライナと地続き――ロシアから見れば飛び地――なので、この半島をウクライナの給水網や電力網につなげることが肝要だった。この機に乗じてソヴィエト指導部は、ウクライナとロシアはもともと一つになる運命にあったのだと説明した。一九五四年という年は、ポーランド＝リトアニア共和国に対抗してコサックとモスクワ大公国を統合した協定が結ばれてちょうど三〇〇年に当たるので、ソ連の工場では「三〇〇年」とロゴの入ったタバコやナイトガウンがつくられた。これはソ連の永遠の政治の初期における例である――要は現在成し遂げたことや、未来に確約できることでなく、たんにきりのいい数字で過去を懐古することで、支配を正当化するのだ。[*15]

ソヴィエト・ウクライナはソ連のなかでソヴィエト・ロシアの次に人口の多い共和国だった。第二次世界大戦前はポーランドの一部だったソヴィエト・ウクライナ西部では、ウクライナのナショナリストたちがソ連の支配下に入ることに反発した。一九四〇年代後半から五〇年代前半にかけての度重なる強制移送で、彼らやその家族が数十万人という単位で、「グラーグ」と呼ばれるソ連の強制労働収容所に送られた。たとえば一九四七年一〇月のほんの数日間に、七万六一九二人のウクライナ人がコードネーム「西方作戦」によってグラーグに移送された。一九五三年にスターリンが亡くなると、生き延びた者たちの大半は、後継者のニキータ・フルシチョフによって解放された。一九六〇年代から七〇年代にかけて、この世界最大の国家ソ連を統治するのに、ウクライナのコミュニストたちはロシアの同志と力を合わせた。冷戦時には、ウクライナ南東部がソ連の軍事的要衝になった。ドニエプロペトロフスク（ウクライナ語ではドニプロペトローウシク）ではロケットが製造されたが、ここはかつてのコサックの要塞（シーチ）にほど近い場所だった。[*16]

ソヴィエトのそれまでの政策はたしかにウクライナ人の生命を脅かすものだったが、ウクライナが国家であることをソヴィエト指導部が否定したことは一度もなかった。ソヴィエトの考える統治とは、その支配下で諸国家に存分に潜在能力を発揮させ、いざコミュニズムが完成したあかつきにはこれを解体する、というものだった。ソ連が誕生して最初の二、三〇年のうちは、ウクライナという国が存在することは、ヨーゼフ・ロート（ガリツィア生まれのオーストリアのユダヤ人作家、一八九四年―一九三九年）によるジャーナリズム作品から国際連盟の統計にいたるまで、しごく当然のこととみなされた。ウクライナにとって一九三二年から三三年に起きた飢饉も戦争だったが、それというのもこのとき村の社会的結束が崩壊し、軌を一にしてこの国のナショナリストの活動家たちが血塗られた粛清の犠牲になったからだ。それでも、ウクライナには社会主義のなかで国家としての未来がある、という漠とした思いは消えなかった。ソ連の政策がこの建前を公然と反故にしたのは、一九七〇年代、ブレジネフの統治下だけだった。ブレジネフが唱える「大祖国戦争」という神話のなかで、ロシアとウクライナはファシズムと戦う兵士として一つにされたのだ。「社会主義の真の実現」のためのユートピアを放棄したとき、ブレジネフはロシア以外の諸国には発展の余地がないことを匂わした。彼は、ロシア語をソ連のエリート層のコミュニケーション言語にするよう命じたし、ウクライナにまつわる諸事はブレジネフの配下の者が取り仕切った。学校でもロシア（語）化が強制され、大学もあとに続いた。一九七〇年代にソヴィエト政権に反対するウクライナの人々は、投獄や精神病院送りを覚悟で、ウクライナ文化を守るべく抵抗した。[*17]

たしかにウクライナの大勢のコミュニストたちは、ソヴィエトの計画に全身全霊を献げて参加し、ロシアのコミュニストたちがソ連のアジア地域を統治するのを手伝った。ところが一九八五年に共産党中央委員会書記長に就任以降、ゴルバチョフが共産党を蚊帳の外に置こうとしたことで、こうした者たちは疎んじられ、一方で情報公開《グラスノスチ》というゴルバチョフの政策は、勇気を出して不満を吐きだすようソヴィエト市民の背中を押した。ところが、一九八六年四月二六日にチェルノブイリで原子力発電所事故が発生したが、その直後にゴルバチョフが沈黙していたことから、多くのウクライナ人の信頼を失った。ソヴィエト・ウクライナでは、何百万人もの住民が高い線量の放射線に不必要に晒された。命を脅かす雲の下でメーデーのパレードを行うようゴルバチョフが指示を出したのは、とりわけ許しがたいことだった。一九八六年に起きたこの無意味な被曝が引き金となって、ウクライナの人々は一九三三年に起きた無意味な集団飢餓のことについても口にし始めた。[*18]

一九九一年の夏、失敗に終わったがゴルバチョフに対するクーデターが起きた結果、ボリス・エリツィンがソ連からロシアを独立させる道が開いた。ウクライナのコミュニストも、その反対者も、ウクライナがあとに続くことに揃って賛成した。国民投票の結果、ソヴィエト・ウクライナの住民の九二パーセントが独立に賛成の票を投じたし、ウクライナで賛成票が過半数に達しなかった地域は一つもなかった。

一九九〇年代は新生ロシアと同様に新生ウクライナでも、ソヴィエトの資産の接収と巧妙な裁定取引《アービトラージ》が目についた。ロシアと違ってウクライナでは、オリガルヒという新たな階層はいくつもの息の長いクランを築いたが、どれもいっときに何年にもわたり国を支配するまでには至らなかった。また、ロシアとは違ってウクライナでは、民主的な選挙によって権力が交代した。とはいえロシアとウクライナのどちらも、二〇〇八年の世界的な財政危機に先立つ比較的景気のよい時期に、せっかくの経済を改革する好機を逸していた。そしてロシアと違ってウクライナでは、EUこそ、社会の発展と富の平等な分配を阻む政治腐敗への特効薬になると思われた。ともあれEUへの加盟を、ウクライナの指導部はうわべだけでも提唱し続けた。二〇一〇年にウクライナの大統領になったヴィクトル・ヤヌコーヴィチは、ヨーロッパの仲間入りを果たす構想を喧伝したが、一方で彼はそんな未来など望めないような政策も推し進めていた。[*19]

ヤヌコーヴィチの経歴を見れば、ウクライナにおける寡頭政治《オリガーキー》の複数性と、ロシアにおける泥棒政治《クレプトクラシー》の中央集権性の違いがよくわかる。二〇〇四年にヤヌコーヴィチは大統領にはじめて立候補した。ところが彼を後押しする引退まぎわの大統領レオニード・クチマによって、最終的な票集計がヤヌコーヴィチに有利になるよう操作されていた。ロシアの外交方針もまた、彼の立候補を応援し、その勝利を宣言するというものだった。「マイダン」と呼ばれるキエフの「独立広場」〔「ユーロマイダン」とも呼ばれる。マイダンは元々は普通名詞で広場を指す〕で三週間にわたり抗議運動が続いたのち、ウクライナの最高裁判所が判決を下し、新たな選挙が行われた結果、ヤヌコーヴィチはついに敗北を受け入れた。これはウクライナの歴史における重要な瞬間だった。継承原理としての民主主義が確認されたのだ。法の支配が政治の上層部で機能するかぎり、いつかはそれが人々の日々の暮らしにも浸透することが期待できた（この抗議運動やそれに伴う政治の動きを「オレンジ革命」と呼ぶが、著者の『赤い大公』の最終章「ORANGEヨーロッパの革命」に詳述されている）。

選挙に負けたあと、ヤヌコーヴィチは自身のイメージアップをはかろうと、アメリカの政治コンサルタントであるポール・マナフォートを雇い入れた。マナフォートはニューヨークのトランプ・タワーに居を構えていたが、ウクライナでかなり長い時間を過ごすことになった。マナフォートの指導宜しきを得て、ヤヌコーヴィチは髪型を整え、見栄えのよいスーツを着て、話をするときにはなるべく両手を使うようにした。マナフォートは、アメリカで共和党がニクソン以来使ってきた「南部戦略」のウクライナ版をヤヌコーヴィチが実践するのに手を貸した――要は文化の違いを強調し、政治を動的なもの（何を行うか）でなく静的なもの（どんな存在か）にしてしまうのだ。アメリカの場合、白人がほぼすべての富を保有する多数派であったにせよ、「南部戦略」とは白人たちが抱える不満に訴えかけることだった。そしてウクライナの場合、ロシア語はこの国の政治と経済における主要言語で、この国の資源を牛耳る者たちの第一言語でもあったのだが、戦略としては、ロシア語話者が抱える困難を大げさに言いふらすことだった。とはいえ、マナフォートの次の顧客になるドナルド・トランプと同様に、ヤヌコーヴィチもまたこうした文化的不安をかき立てる戦略で政権の座に就いたが、それだけでなく（毒をもって毒を制すというか）オリガルヒであるこそ大統領だからこそ寡頭政治《オリガーキー》から民衆を守ることができるのでは、という有権者の期待も（トランプの場合と同じく）そこには込められていた。[*20]

二〇一〇年の大統領選に勝利すると、ヤヌコーヴィチはもっぱら個人的な富の追求に勤《いそ》しんだ。オリガルヒのクランの間のローテーションを許さず、半永久的な泥棒政治《クレプトクラシー》のエリート層を生みだすことで、ロシアの慣習をそっくり輸入しているかに見えた。歯医者である彼の息子はウクライナで指折りの金持ちになった。ヤヌコーヴィチは——たとえば、自分の犯罪記録をどこかに紛失してくれた判事を、ウクライナ共和国最高裁判所の首席判事に任命したりして——ウクライナ政府の部門間でのチェックアンドバランス機能を弱体化した。さらにヤヌコーヴィチは、民主主義をロシア流に遂行しようとした。二人いた大物の宿敵のうちの一人を刑務所に送りこみ、残った一人については大統領に立候補する資格を剥奪する法律を通した。こうして二期目の対立候補には、自ら厳選した国家主義者のライバル候補だけが残った。ヤヌコーヴィチが勝つのは決まりきっていたし、勝利したあかつきには、自分がウクライナを国家主義から救ったのだとヨーロッパやアメリカに吹聴することもできた。[*21]

新生ウクライナ国家は途方もない問題を抱えていたが、何よりも目につくのはその政治腐敗だった。それでもヤヌコーヴィチが署名すると公約で誓ったとおり、EUとの連合協定が調印されれば、ウクライナ国内で法の支配を支える道具になってくれるだろう。EUの歴史上の役目は、まさしく帝国亡きあとのヨーロッパの救済にあった。ヤヌコーヴィチにはわかっていなかったとしても、多くのウクライナ市民にはそれがわかっていた。連合協定が結ばれる見込みだけが、彼らにとってヤヌコーヴィチ政権を耐えうるものにしていたのだ。だからこそ二〇一三年の一一月二一日に、ヤヌコーヴィチがウクライナは連合協定に署名しないと突如宣言するや、その存在はウクライナ市民にとって耐えがたいものになった。ヤヌコーヴィチがこの決断を下したのはプーチンと話をしたあとのことだ。それまでほとんどのウクライナ人が気にもとめてこなかったロシアの永遠の政治が、ここにきて突如、彼らの目の前に現れたのだ。[*22]

寡頭政治《オリガーキー》と不平等を目に見えるものにしたのは、調査報道を専門とするジャーナリストたちだった。現代という時代を記録する者として、彼らこそが永遠の政治に最初に反応した。二一世紀の寡頭政治国家となったウクライナで、報道記者たちは同胞の市民に自己防衛のチャンスを与えたのだ。ムスタファ・ナイエムもそうした調査報道ジャーナリストの一人だった。一一月二一日に、彼は思った。もうたくさんだ、と。そしてフェイスブックで、友人たちに外に出て抗議しようと呼びかけた。「いいね！　を押したって意味がない」。そう書いた。生身の人間たちが通りに出ていくことが必要なのだ。それで彼ら彼女らはそのとおりにした。最初は学生や若者たちだった。何千人もがキエフから、のちには国中からやってきた。彼ら彼女らこそ、未来が凍結してしまうと最も多くを失う市民たちだった。

独立広場《マイダン》に着くと、人々はそこにとどまった。そうすることで、彼らは新たなものを生みだす作業に加わっていた――それは「ネイション」だった。

ウクライナの政治制度にどんな欠陥があるにせよ、一九九一年の独立以来、ウクライナの人々は、政治的紛争とは暴力を伴わずに解決できるのが当然だと思っていた。だから、二〇〇〇年に、よく知られていた調査報道記者のゲオルギー・ゴンガゼが殺害されるという例外が生じると抗議が起きた。二〇世紀にどこよりも暴力を見てきたこの国にとって、二一世紀に平和な市民社会を享受できることは、誇るべき功績だった。定期的に選挙が実施され、戦争もないことと並んで、平和な集会を持つ権利も、自分たちの国はとにもかくにもロシアとは違うのだとみなす点だった。だからこそ、一一月三〇日に広場で抗議する人々が警察機動隊《ベルクト》に襲撃されたときには度肝を抜かれた。「自分たちの子どもたち」が殴られたというニュースは、キエフ中に伝わった。「血の最初の滴り」がこぼれたことが、人々を行動に駆り立てた。[*23]

ウクライナの市民は、暴力を振るわれた学生たちを助けるためにキエフに駆けつけた。その一人セルヒー・ニホヤンは、ウクライナ南東部のドンバス地方から来た、ロシア語を話す民族的にはアルメニア人だった〔ドンバス地方に公的な境界線が引かれたことはない。こんにち一般的に用いられるのは、ドネツク州とルハンシク州を指す場合である〕。労働者である彼は、「ウクライナの学生や市民たち」との連帯を表明した。学生たちがヨーロッパから取り残される恐怖を抱いたことが、未来を守るためのこうした行動の最初の引き金となったのだが、他の人々の引き金になったのは「独立したウクライナで育った一つの世代」を失う恐怖を彼らが抱いたことだった。学生たちを守るために広場にやってきた年長世代には「アフガン」もいた――アフガニスタンに侵攻した赤軍の退役軍人たちだ。二〇一三年一二月の抗議運動は、ヨーロッパとの関係よりも、ウクライナの政治のまっとうなあり方、「良識」や「尊厳」といった問題にまつわるものだった。[*24]

二〇一三年一二月一〇日、マイダンから抗議者を一掃すべく、ふたたび警察機動隊《ベルクト》が派遣された。今度もまたこの知らせが伝わると、キエフのあらゆる職業や階層の人々が棍棒の前にその身を晒すことを決意した。ある若いビジネスウーマンは、友人たちが「その晩に死ぬかもしれないと思い、髭を剃って清潔な服に着替えていました」と振り返る。ある中年の文学史家は、出版社のオーナーと医師の高齢者夫妻とともに勇を鼓して前に進んだ。「友人たちは、六〇歳をゆうに超える年寄りと、やはり同じくらい年配の妻の夫婦でした――隣にいるわたしはずいぶんと若くて強くて健康に見えたでしょう――わたしは五三歳の女ですし、もちろんこの歳《とし》では、武装した男たちにどうみても太刀打ちできそうにありませんが。友人たちはどちらもユダヤ人で、わたしはポーランド系の市民ですが、わたしたちはウクライナの愛国者として一緒に歩きました。この抗議運動が今つぶされたら、自分たちの生きている意味がなくなると思って。まあなんとかマイダンまでたどりつきましたが、簡単ではありませんでした。友人で医師のレーナは、この世の誰よりも穏やかな人で、身長は一メートル五〇センチしかありません――わたしは彼女を警察機動隊《ベルクト》から遠ざけておかなくてはなりませんでした。彼女のことだから、きっと面と向かって彼らのことやこの状況について、歯に衣《きぬ》着せず思ったことを言うでしょうから」。一二月一〇日、警察機動隊《ベルクト》は群衆を追い払うことができなかった。[*25]

二〇一四年一月一六日、ヤヌコーヴィチは抗議運動を過去にさかのぼって犯罪とし、自らの武力行使を合法化した。議会の公式記録には、抗議者たちが「独裁国家の法」と呼んだたくさんの法律が綴られた。これらの法令によって表現の自由と集会の自由が厳しく制限され、明確な定義のないまま「過激主義《エクストリミズム》」が禁止され、海外から資金を受けるＮＧＯには「外国代理人」としての登録が必要になった。これらの法案は、ロシアとつながりのある議員たちが提出したもので、いかにもロシアの法律のコピーだった。公聴会も開かれなければ、議会で審議もされず、まともなかたちでの投票もなされなかった。電子計数ではなく挙手での採決という不適切な方法が採用され、しかも挙手の数も過半数に満たなかった。それでもこれらの法律は正式に発効された。抗議者たちは、今後逮捕されれば犯罪者として扱われることを理解した。[*26]

その六日後に、二人の抗議者が射殺された。たとえば、アメリカやロシアといったはるかに暴力的な社会から見れば、この二人の死をウクライナ人がいかに重く受けとめたかは理解しがたいだろう。それでも、それから四週間続いた狙撃手による大量殺戮によって、この最初の二人の死も影が薄くなってしまった。その五週間後にロシアによるウクライナ侵攻が始まると、さらに多くの血が流れたため、この殺戮のそもそもの始まりすら思いだせなくなりそうだった。とはいえ、実際の当事者たる市民にとっては、尊厳の耐えがたい侵害だと思える瞬間が幾度もあった。一月の最後の週になると、マイダンでの抗議を以前は支持していなかったウクライナの市民が、国中から大挙して集まってきた。ヤヌコーヴィチがその手を血に染めたとわかったからには、これ以上この男を政権の座にとどまらせることなど、多くのウクライナ人にとってもはや考えられないことになっていた。[*27]

抗議者たちは、今この瞬間にも、自分たちなりの政治機構を備えた社会が歪められていると感じていた。ヨーロッパの一員としての未来を守るべく始まったデモは、現在のウクライナが獲得していたわずかな前進を守ることに変わっていた。二月までには、マイダンはユーラシア主義に反対する決死の抵抗になった。それまでロシアの永遠の政治のことなど、ほとんどのウクライナ人は考えたこともなかった。とはいえ抗議者たちは、自分たちに差し出されたものなど望んではいなかった――いろいろありえたかもしれないなかでも、よりによって未来のない生活を押しつけようとする暴力なんぞまっぴらだったのだ。

二月に入っても、ヤヌコーヴィチはまだ大統領の座にとどまっていたし、ワシントンとモスクワには、この政権を維持したいという思惑があった。おそらくロシアの情報機関が録音し、二月四日にリークされた米国務次官補とキエフ駐在アメリカ大使との通話記録によって、アメリカの方針はヤヌコーヴィチの下で新たな政府をつくるのを支援することである、と露呈した。この計画はマイダンの要求に沿うどころか、まったくかけ離れたものだった。少なくとも、二〇一四年の一月二二日に最初の犠牲者が出たあとも命がけでマイダンにとどまることを選んだ人々にとって、ヤヌコーヴィチの政権はすでに終わっていた。ある調査によれば、ヤヌコーヴィチが現職にとどまるとの妥協案を受け入れると答えたのは、抗議者のわずか一パーセントだった。二月一八日には、議会で討論が始まり、なんらかの妥協案が見つかる希望が見えた。ところがその翌日に流血沙汰の衝突が発生し、ヤヌコーヴィチ政権が存続する見込みはいよいよ薄くなった。[*28]

冷たい石畳の上に身を預けた一〇〇万を超える人々のなしとげた二〇一三年一一月から翌年の二月にかけてのマイダンでの歴史的経験は、その鎮圧に幾度も失敗した側の歴史的経験と同じものではないのだ。ウクライナ国内の抗議者にとって流血沙汰は思いもよらないものだったが、血が流れたことでアメリカとヨーロッパ諸国ははじめてこの国に目をとめたし、かたやモスクワにとっては、さらなる血を流すべくロシア軍を派遣する口実になった。よって、外部から眺めればどうであったかという視点でウクライナについて振り返りたいという強い誘惑にかられるのも無理からぬところだ。銃弾の火花《アーク》のあとには、一連の物語《ストーリーアーク》が続いたというわけである。

けれどもマイダンに参加した人々にすれば、そもそも自分たちが抗議したのは、いまだ可能だと思われたこと、つまり自分たちの国の良識ある未来を守るためだった。彼らにとって暴力が問題なのは、それが、ここから先は耐えられないという一線だったからだ。暴力は突発的に発生し数分で終わることもあれば、数時間にわたって続くこともあった。それでも人々はマイダンに数分や数時間どころか、何日も、何週も、何ヶ月もとどまった。その間《かん》彼らの不屈の精神は新たな時間の感覚、新たな政治のかたちを見せてくれた。マイダンにとどまった人々にそれができた理由は、自分たちを組織化する新たな方法を見つけたことに尽きる。

マイダンは四つのかたちの政治を生みだした――シビル・ソサエティ、供与の経済、自発的な福祉国家、そしてマイダンの友情だった。

キエフは二つの言語が使用される首都だが、これはヨーロッパでも珍しく、ロシアやアメリカではまずありえない。ヨーロッパやロシア、アメリカでは、二言語を日常的に用いることが政治的な成熟をあらわすと考えることはほぼなかったし、それどころか二つの言語を話すなら、ウクライナは二つの集団に分けて、国も二つに分割すべきだとすら思われていた。「民族的にウクライナ人」はそれらしく行動する一つの集団でなければならないし、「民族的にロシア人」はまた別の集団でなければならないはずだ――これでは「民族的にアメリカ人」なら共和党に投票する、と言っているのと同じようなものだ。つまるところ、民族性によって人々を定義する政治であって、未来の政治どころか永遠の不満に人々を誘《いざな》うものだ。ウクライナでは、言語は線《ライン》というより連続体《スペクトラム》だ。あるいは線だとしても、人々を分断する線でなく、人々の内《うち》を走る線である。

マイダンに集まった市民は普段どおり、ウクライナ語やロシア語を都合に応じて使いわけながら言葉を交わした。革命のきっかけをつくったジャーナリストは、どこにカメラを置くかをロシア語で伝え、カメラの前で話すときにはウクライナ語を使った。彼の有名なフェイスブックの投稿（「いいね！　を押したって意味がない」）はロシア語だった。マイダンでは誰がどの言語を話すかはどうでもよかった。抗議者の一人、イヴァン・スレンコはロシア語でこう書いたことを覚えている。「マイダンの群衆は言葉の問題には寛容だった。このことについてどんな議論も聞こえてこなかった」。ある調査によれば、マイダンに集まった人々の五九パーセントが自分はウクライナ語話者だと答え、一六パーセントがロシア語話者と、二五パーセントがバイリンガルだと答えた。人々はその場の状況に応じて言葉を切り替えた。マイダンにしつらえたステージではウクライナ語で話をする。これは、ウクライナ語が政治で使う言語だからだ。けれどステージを降りて群衆のなかに戻ると、ロシア語で友だちに話しかけることもある。これが政治によって国民とされた、それも誕生からあまり経っていない国家の民の日常的な振る舞い方だった。[*29]

この国の政治とは、法の支配に係わるものだった——まずEUとの連合協定によって政治腐敗を減らしたいという願い、そして国家が次々と暴力を重ねるなかで法の支配が抹殺されるのを阻止しようという断固たる決意である。いくつかの調査によれば、抗議者のほとんどが、自分たちの最大の目標は「法の支配を守ること」だと答えた。この政治理論は明快だった——この国がヨーロッパに近づくにはシビル・ソサエティが必要だし、この国が政治腐敗を遠ざけるにはヨーロッパが必要なのだ。いったん暴力が始まると、この政治理論はより詩的なかたちでも表現された。哲学者のヴォロディーミル・イェルモレンコはこう書いた。「ヨーロッパとはトンネルの先の光でもあるのだ。そんな光がいつ必要となるのかって？　それは、あたり一面真っ暗闇のときだ」。[*30]

さしあたりシビル・ソサエティは、真っ暗闇の中を進むほかなかった。そのためにウクライナの人々は、政党とは関係のない水平なネットワークをこしらえた。抗議者の一人、イーホル・ビフンがこう振り返る。「メンバーはつねに入れ替わった。ヒエラルキーなどというものもとくになかった」。二〇一三年一二月から翌年二月にかけてのマイダンでの政治的・社会的行動は、意志《ウィル》と技術《スキル》に基づく一時的な連帯から生まれた。基本的な考えは、自由には責任が伴うというものだ。こうして教育（図書館や学校）、治安（サモオブロナ、つまり自衛団）、対外交渉（マイダン評議会）、暴力の犠牲者ならびに行方不明の家族や恋人を探す人々への支援（ユーロマイダンSOS）、対プロパガンダ（インフォレジスト）といった活動が組織された。抗議者のアンドリイ・ボンダールが覚えているように、こうした自己組織化は機能不全に陥ったウクライナ国家に突きつけられた挑戦状だった。「マイダンでは、信じられないような自己組織化や連帯を見せるウクライナのシビル・ソサエティが花盛りだ。このシビル・ソサエティは、内部的にはイデオロギーや言語、文化、宗教、階層の違いがあるが、半面いくつかの基本的な感情によって一つにまとまっている。我々にはあなたたちの許可など必要ない！　あなたたちに何かを頼むこともない！　あなたたちを恐れてなどいない！　自分たちで何もかもやるつもりなんだ、ってね」[*31]。

マイダンの経済は供与の経済だった。「最初の数日のうちにキエフの人々は並外れた気前よさを披露したわ」とナターリヤ・ステリマフは振り返る。「二日間ボランティアの人たちとフリヴニャ通貨で寄付を集めたのですが、キエフに住むごく普通の人たちから四万ドル相当のお金が集まりました」。彼女は一人の高齢の年金受給者が一ヶ月分の支給額の半分を寄付するのを止められなかったと振り返る。現金での寄付のほかに、人々は食料や衣服、薪、医薬品、有刺鉄線、ヘルメットなどを持ち寄った。この場に来たら誰もが驚くだろう。一見混沌としているものの奥深くに秩序が見出せるし、当初は並外れた厚意に見えたものが、じつは自然発生的な福祉国家だと気づくからだ。ポーランドの政治活動家スワボミル・シェラコフスキーは胸をうたれた。「マイダンを歩いただけで、食料や衣類、寝る場所や医療が差しだされるのですよ」[*32]。

二〇一四年の初めに抗議運動に参加した者の大半、すなわちこの場に集まった何十万もの人々の八八パーセントほどが、キエフの外から来ていた。政党に所属する者はわずか三パーセント、NGOに所属する者も三パーセントに過ぎなかった。当時の調査によれば、ほぼすべての参加者、八六パーセントほどが自らの判断でここに来た人たちで、一人で、もしくは家族や友だちと連れ立ってやってきた。彼らは、アート・キュレーターのワシル・シェレパニンが「身体的政治参加」と呼ぶものに連なっていた。モニターから目を離して、リアルな世界で集団のなかに身を置くことだ[*33]〔この文は、『暴政』の「13「リアル」な世界で政治を実践しよう」に対応している〕。

危険が増すなか辛抱強く抗議を続けることで、「マイダンの友」という発想が生まれた。共通の試練があるために信頼し合う相手のことだ。歴史家のヤロスラフ・フリツァークは、新たな知り合いができる過程の一つをこう説明した。「マイダンではあなたはいわば画素《ピクセル》で、画素とはつねに集団のなかで機能するものです。集団はたいてい自然発生的に生まれました。ほら、あなたやあなたの友人は、あなたやあなたの友人の知っている誰かと出会います。そして、あなたが出会った人もまた一人で歩いてきたわけではありません——彼もしくは彼女もまた自分の友人を連れてきた。こうしてあなたがたは一緒に歩きだすのです。ある晩、わたしはどう見てもプロパガンダで言われていたような「傭兵」とは到底思えぬ一行と歩いていました——なにせ、友だちの哲学者と知人のビジネスマンです。ビジネスマンは悲しげな目をした小柄な男性と一緒でした。悲しげなピエロのように見えました。ところがなんと彼は、小児ガンに苦しむ子どもたちのための慈善団体を組織した本職のピエロだったのです[*34]」。

マイダンに個々にやって来たウクライナの市民は、ここで新たな組織に加わった。彼らは身体的政治参加を実践し、自らの身を危険に晒していた。哲学者のイェルモレンコが述べたように、「我々が取り組んでいる革命では、人々が自らの身を供するのです」。人々はこのことをしばしば一種の個人的な変化として説明した。他の選択とはちょっと違った選択をしたんですよ、と。フリツァークをはじめとする人々は、フランスの哲学者アルベール・カミュと、彼が反乱とは服従よりも死を選ぶ瞬間だと語ったことを思いだしていた。マイダンに貼られたポスターには、アメリカ建国の父とされるベンジャミン・フランクリンが一七五五年に書いた手紙の引用があった。「束の間のささやかな安全を求めて基本的自由を放棄する者は、自由も安全も手にするに値しない」[*35]。

マイダンではウクライナの法律家の一団が、「マイダンの弁護士」と書いた看板を掲げて連日待機していた。国家権力に殴打されるか虐待された者は、その悪事を告発し、裁判に訴えることができた。マイダンに集まった法律家も、その他の人々も、ロシアの政治哲学における半永久的な問題――すなわち独裁体制下でいかに法の精神を生みだすかといった問題――についてとくに考えていたわけではない。それでも未来の法のために自ら行動を起こすことで、彼らはイリインがとりつかれていたまさにその問題に取り組んでいたのだ[*36]。

今から一〇〇年前にロシア帝国が衰退しつつあった時期、イリインはロシアが法の支配のもとに置かれることを願ったが、どうすれば法の精神が大衆に届くかがわからなかった。ボルシェヴィキ革命ののち、彼は極左による非合法には極右による非合法で対抗せねばならないことを受け入れた。イリインの法の考えをプーチンがロシアに援用しているまさにそのとき、ウクライナの人々は権威主義の短絡的なやり方に抵抗できることを示しつつあった。ウクライナの人々は他者と協力することで、そしてその身を危険に晒すことで、自分たちが法をいかに大切に思っているかを知らしめたのだ。

ウクライナがヨーロッパや連帯を持ちだすことでイリインの抱えていた法の難題を解けるのなら、ロシアにも同じことができるはずではないか。それこそロシアの指導部が自国の民《たみ》に受け入れさせるにはいかない考えだった。そこで、モスクワでの抗議運動から二年たった今、ロシアの指導部はキエフにも同じ戦術を用いることにした――永遠の文明という意識を呼び覚《さ》まさせるために、抗議運動など同性愛者のやることだと喧伝し、それから、どうせ変化など起こせやしないと暴力を使って教えてやるのだ。

二〇一一年の終わりに、ロシアで人々が不正な選挙に抗議すると、ロシアの指導部は抗議者たちを同性愛と結びつけた。二〇一三年の終わりに、ウクライナでマイダンに直面すると、今度もクレムリンの男たちは同じ手を使った。ロシア連邦で二年にわたってゲイ撲滅プロパガンダが続いたのち、イデオローグや芸能人は自信を持った。まず前提としてEUは同性愛的なものである。よってヨーロッパにウクライナが近づくことも、またしかりなのだ。イズボルスク・クラブは、EUは「LGBTのロビー団体からの圧力に呻き声をあげている」とうそぶいた。[*37]

二〇一三年の一一月から一二月にかけて、マイダンの抗議運動を報じたロシアのメディアは、同性愛者のセックスという無関係なテーマをことあるごとに取りあげた。連合協定を支持するウクライナの学生たちが抗議を開始した初日に、これを報じたロシアのメディアは、ウクライナの政治にハンサムな男性やゲイのセックスを結びつけて読者の気を引こうとした。まずウクライナの一政党を率いるヘビー級ボクサー、ヴィタリ・クリチコのソーシャルメディアのページがハッキングされ、ゲイに関連する内容の記事が挿入された。それから、これがニュース記事として大手テレビ局NTVを通じて何百万人ものロシア人に届けられたのだ。ロシアの人々は、隣国の一つで親ヨーロッパの抗議運動が起きていると気づく前に、タブーとされるセックスについてしばし考えるよう誘導された。[*38]

学生たちがマイダンで抗議運動を始めた直後、ロシアのテレビ局NTVはウクライナにおける「同性愛的な独裁政治（homodictatorship）」について警告を発した。『オドナー・ローディナ』に寄稿したヴィクトル・シェスタコフはこう主張した。「二つの妖怪がマイダンにはとりついている。同性愛という妖怪だ。ウクライナで誰よりも熱心にEUとの統合を呼びかけるのは、この国の性的倒錯者たちであることは、すでにかなり前から知られている[*39]」。

ロシアのテレビ界を牽引するドミトリー・キセリョフも、このテーマが大のお気に入りだった。二〇一三年一二月、キセリョフは「ロシア・セヴォードニャ」（「ロシアの今日」）と呼ばれる新たなメディア複合企業の責任者に任命された。この企業の目的は、ロシア国営メディアにニュースそのものを追うのはやめさせ、かわりに新たなもの、要は便利な作り話を報道させることだった。キセリョフは新しい部下たちへの挨拶として「客観性とは神話にすぎない」と語り、新たな編集方針を「ロシアへの愛」に決定した。[*40]

二〇一三年一二月一日、世界の報道機関は、その前の晩にウクライナの警察機動隊《ベルクト》が学生たちを殴打したことを報じた。ウクライナの学生たちが教会のなかで身を寄せ合い、傷の手当をするあいだ、キセリョフは彼らの抗議運動を、地政学的に、それも性的な観点から説明する手を思いついた。そして、その夜の報道番組『ヴェスティ・ニデーリ』(『今週のニュース』)で一八世紀初頭の大北方戦争を視聴者に思いださせ、EUとはロシアに楯突く新たな同盟なのだと説明した。そのさいにキセリョフは、スウェーデンやポーランド、リトアニアなどの敵国の兵士たちは性的倒錯者だったとうそぶいた。ところが実際には、大北方戦争ではポーランドとリトアニアはロシアの敵国ですらなかった。自国の歴史を誤って解釈するのは、永遠の政治には欠かせないことなのだ。[*41]

また別の機会にキセリョフは、クリチコのヌード写真を載せた一〇年前の雑誌を発見して喜びをあらわにした。キセリョフは、テレビのセットでカメラが彼にズームインすると、ウクライナ警察が身につける黒の暴徒鎮圧用装備を撫でさすってみせた。また『セヴォードニャ』紙は、クリチコとウクライナのゲイの著述家が並んだ写真を掲載したことを、息を弾ませて自賛した。ウクライナの側から見れば、これは二人の活動家が記者会見の場で同席しているのにすぎなかった。ところがロシアの報道機関にすれば、一人の性的指向ともう一人の男性美は格好のネタになった。[*42]

ヨーロッパへの統合を、ロシアの政治家たちは――ウクライナとEUとの連合協定には含まれていないが――同性間のパートナーシップの合法化と読み解き、よって同性愛が拡散することだと説明した。一二月四日にドイツの外相がキエフを訪れると、『コムソモリスカヤ・プラウダ』紙はこの会談を報じた記事に、「マイダンの火にゲイが薪をくべる」との見出しをつけた。[*43]

二〇一一年から二〇一二年にかけて自国ロシア内の抗議運動を鎮圧したさいに、プーチン政権は政治をその行動によってではなく、その無垢さでとらえ直すことにしていた。よって、「過去の経験から学ぶことで未来の可能性について何を知りうるか」を現在の改革者どもに聞いてやる必要はない。代わりに、ロシア人には、自分たちは無垢なのだと繰り返し伝えるニュースに慣れさせればよい……そう見なされた。ロシアの文明における一つの永遠の真理とは、どうやら性的不安であるらしかった。イリインの言うとおりにロシアがこの世界の理不尽な悪意に脅かされる無垢な有機体であるならば、ロシアが振るう暴力とは、侵入してくる敵に対する正当防衛ということになる。イリインにとってと同じくプーチンにとっても、ウクライナはロシア国家という有機体の一部だった。ユーラシアを実現させるためには、ウクライナの内政をロシアの内政にもっと近づける必要が生じてくることになる。

二〇一三年の一一月にヤヌコーヴィチがＥＵとの連合協定に署名しないと宣言すると、ロシア政府はこれを勝利として褒め称えた。とはいえヤヌコーヴィチはユーラシアに加わることに同意していたわけではない。ユーラシア参加は、ウクライナの人々によって、この宣言どころでない激しい憎しみを生む一手となることだろう。二〇一三年の一二月から翌年の一月にかけて、クレムリンは、ヤヌコーヴィチが抗議運動を鎮圧するのに手を貸し、そうすることで彼がＥＵからユーラシアへ完全に切り替えられるようにしようとした。ヤヌコーヴィチの言い分によれば、ヨーロッパとロシアはどちらもウクライナを欲しがっていて、どちらも自分に見返りを渡す必要があった。ＥＵは断ったが、プーチンはヤヌコーヴィチにすぐにでも金を出す用意があった。[*44]

二〇一三年一二月一七日、プーチンは債権を購入し一五〇億ドルを一括払いするとヤヌコーヴィチに申し出たし、天然ガスの値段も引き下げた。ただしこの援助はどうやら条件付きのようだった。この申し出とともに、ロシアはキエフの街中《まちなか》から抗議者を一掃するよう要求してきた。その時点ですでにウクライナの警察機動隊《ベルクト》は、一一月三〇日と一二月一〇日の二度にわたってこの任務に失敗していた。さらに指導者と思われる者たちを拉致し、殴打していた。だがどれも功を奏さず、結局はロシアが助っ人として乗りだすことになった。抗議運動を鎮圧するロシアのスペシャリストである、ロシア連邦保安庁（ＦＳＢ）の将校と内務省の教官からなる一行二七人がキエフに到着した。年が明けた一月九日には、ウクライナ駐在ロシア大使がヤヌコーヴィチに対し、次のマイダンの鎮圧作戦が終わったのちにウクライナの警察機動隊《ベルクト》にはロシアの市民権が授与されると伝えてきた。これはすこぶる重要な約束だった。警官たちは、自らの行為がどんな結果を招くかを心配せずにすむからだ。反対派が最終的に勝利しても、ともかく身の安全は保証されるのだ。[*45]

二〇一四年の一月に、モスクワはおそらくこう計算していた。暴力をもっと上手に使えば抗議運動を鎮圧でき、ヤヌコーヴィチを傀儡に変えられるだろう。だがウクライナ国民が自らの愛国心からマイダンに来ていたことは、ロシアの計算になかった。二〇一四年一月一六日にヤヌコーヴィチ政権が、抗議者たちが「独裁国家の法」と呼んだロシア流の法律を導入すると、これは大規模な暴力が振るわれる事態の出来《しゅったい》を示唆するものだった。けれど、このロシア流の法律は、ロシアでと同じ結果をウクライナにもたらすことはなかった。ウクライナの抗議者たちは、それらの法律を他国から押し付けられた鼻持ちならないものと見なした。一月二二日に抗議者二人が殺害されると、マイダンのデモはかつてないほどの規模に拡大した。遠隔操作された反革命は失敗に終わった。モスクワは、ヤヌコーヴィチが反対派を鎮圧するのに手を貸すことでは、ウクライナをユーラシアに引き入れることができなかった。戦略を変えるときが来たのだ。二〇一四年の二月初めになると、どうやらモスクワは、ヤヌコーヴィチとウクライナを操ってユーラシアに取りこむ計画を断念した様子だった。むしろヤヌコーヴィチには、ウクライナ中をカオスに陥れる作戦の犠牲になってもらおうではないか。

　この新たな方針の舵をとるのは、イーゴリ・ギルキンというロシア軍参謀本部情報総局（ＧＲＵ）の大佐で、コンスタンチン・マロフェーエフに雇われている男だった。ロシアでは「正教会のオリガルヒ」として知られるマロフェーエフは、反ソドミーの活動家で、ロシアの歯に衣着せぬ帝国主義者だった。彼の見解では、「ウクライナはロシアの一部である。ウクライナ人がロシア人でないとは考えられん」。ロシアはヨーロッパからウクライナを救い出さねばならなかった。さもなければウクライナの市民は「昔ながらのウクライナ社会にソドミーを規範《ノーム》として広めざるをえなかったことだろう」。これはまったくもって事実無根の話だった。マロフェーエフはロシアの方針が何をめざしているのかをはっきりさせた――しかり、ヨーロッパを文明の敵に仕立て、同性愛を戦争に見立て、ウクライナをその戦場にしてしまうのだ。[*46]

マロフェーエフに雇われたギルキンは非正規戦の経験を積んでいた。ユーゴスラビア紛争ではロシアの義勇兵としてセルビア側で戦い、ボスニアの市街や、国連が「安全地帯」と宣言していたが実は民族浄化《エスニック・クレンジング》や集団レイプの発生地域で戦闘に従事した。さらにロシアによるトランスニストリアやチェチェンでの戦争にも参加し、ファシストのアレクサンドル・プロハーノフが編集するメディアのために、こうした経験を文章に認《したた》めた。二〇一四年一月二二日から二月四日にかけて、ギルキンはキエフに滞在し、そののちに、ウクライナに侵攻してこれを分割するようにクレムリンに進言したと思われる。[*47]

二〇一四年の二月初めにロシアの大統領府内で回覧された文書は、どう見てもギルキンの報告に基づくもので、これはロシアの政策転換を予測させるものだった。それは次のような前提で始まっていた。「ヤヌコーヴィチ政権はすっかり破綻している。ここにきて、この政権の外交、金融、プロパガンダをロシアが支援することにはなんの意味もない」。ロシアのウクライナへの関心は、ウクライナ南東部の軍産複合体、そしてこの国全体の「天然ガス輸送システムを牛耳ること」にある。よってロシアの主な目標は「ウクライナ国家の崩壊」であるべきだ。ここに提案された戦術とは、暴力によってヤヌコーヴィチとその反対派のどちらの信用も失墜させ、そのすきにウクライナ南部に侵攻し、ウクライナ国家を政情不安に陥らせることだった。この回覧文書は、ロシアによるこうした介入の隠れ蓑にするためのプロパガンダ作戦を三つ挙げていた――抑圧されている少数派のロシア系ウクライナ人のためと称してウクライナに対し連邦国家になるよう要求する、ロシアによる侵攻に反対する者はファシストだと断定する、この侵攻は西側があおったために起きた内戦だと説明する、の三つである。[*48]

二〇一四年二月一三日付の政策文書でシンクタンクのイズボルスク・クラブは、このクレムリンの機密文書の内容を繰り返した――マイダン革命はロシア国民を刺激し行動に駆り立てかねないことから、これを許すわけにはいかない。ヤヌコーヴィチはすでに終わっている。したがってロシアはウクライナに侵攻し、取れるだけのものを取るべきだ、というものだった。つまりは、大統領府の回覧文書の方針も、イズボルスクの政策文書の方針も、ロシアがウクライナの国土の一部を掌握し、それからこの国が崩壊するのを待つ、というものだった。さらにイズボルスク・クラブは、ロシアの各テレビ局が、「ファシストによるクーデターが起きている」といった周到な作り話を事前に用意し、ウクライナへの介入を正当化することも提案した。いざ戦争が始まれば、これがロシアのプロパガンダの基本路線になるのだ。[*49]

イズボルスク・クラブがこうした大筋の考えを喧伝していたその日、プーチンお抱えの天才的プロパガンディストであるウラジスラフ・スルコフが、ウクライナ南部のクリミアに到着した。その翌日、スルコフはクリミアからキエフに飛んだ。外相のラヴロフはあえてその日、二月一四日を選んで、ロシアの文明とは、西側の堕落からその身を守る無垢の文明であるとの考えをはっきり示した。『コメルサント』紙でラヴロフはイリインの考え――「社会とは生命を持った有機体」であり、快楽主義のヨーロッパによる「伝統的価値の否定」からこれを守ってやらねばならない――を繰り返した。ラヴロフの説明によれば、ヨーロッパの法の発想のせいで苦悶しその時点までには死の淵にあったウクライナ人は、いわばヨーロッパの性的策略の餌食なのだ。ウクライナに侵攻し政府を転覆させようと、今まさにロシア軍が動員されているにもかかわらず、ラヴロフの説明によれば、ロシアもまた犠牲者なのだった。彼は、真の侵略者とは、「自国内だけでなく近隣諸国にまで、狂信的に執拗に増殖してゆく」国際的なゲイのロビイストたちだ、と述べた。二月一五日にスルコフはキエフを去った。二月一六日には、ウクライナの警察機動隊《ベルクト》に実包が配られた。二月一八日に議員たちが合法的な落としどころを探って議論するあいだ、ウクライナの人々は待っていた。ところがマイダンにいた抗議者たちは、突如、命を脅かす大規模な暴力の不意打ちをくらった。[*50]

ここにきて、ようやくヨーロッパのしかるべき存在が動きだした。この抗議運動は当初から親ヨーロッパ的なものだったが、これまでEUやその加盟国、あるいは何にせよ西側のしかるべき存在からたいした支援を受けられなかった。暴力が始まるまで、ヨーロッパの世論はマイダンにほとんど注目していなかった。政治家たちが、暴力を回避するよう当たり障りのない呼びかけを双方にしただけだった。だがいったん暴力が始まると、外交官たちが公式に懸念を表明した。それでも彼らの発言はマイダンでは笑い草になった。自らの命を危険に晒す人々は、自分たちが孤立無援だと悟ったのだ。暴力が激しさを増すうちに、嘲笑は悲しみに変わった。マイダンで抗議するウクライナの人々は、架空の「ロシア合衆国」(「ユナイテッド・ステーツ・オブ・ロシア」)の旗を掲げ、アメリカ、ロシア両大国は無関心や敵意を共有しているとの思いをぶちまけた。[*51]

最も目立つイニシアチブを発揮したのは、ヨーロッパの一人の外交官だった。ポーランドの外相ラドスワフ・シコルスキが、キエフにやって来てヤヌコーヴィチとの二月二〇日の会談に参加するようフランスとドイツの外交官仲間を説得したのだ。ロシアの外交官一人が会談に加わった。一日がかりの長くて困難な交渉のすえ、ヤヌコーヴィチは任期終了前の二〇一四年末で辞任することに同意した。この外交的解決が感動的なものに見えたとしても、じつのところ署名する前にその意味は失われていた。ロシア当局はとうにヤヌコーヴィチを見限って、早くもロシアの侵攻部隊を移動させていたのだ。同意書に署名がなされたことで、ロシアは他の者たちがその条件を満たしていないと非を鳴らすことができた。とはいえ、その四日後にロシアがウクライナに侵攻したことで、署名時と状況は一変してしまったのだが。[*52]

ヤヌコーヴィチが大統領を続けることをウクライナの抗議者たちが許すには、時すでに遅かった。二月二〇日、大統領は辞職せねばならないのかという疑問が仮に朝のうちにはあったとしても、その日が終わるころには霧散していた。二月二〇日、キエフにはウラジスラフ・スルコフ率いる別のロシアの代表団も来ていたが、そこにはFSBのセルゲイ・ベセダ将軍の姿もあった。このロシア人たちは交渉しに来たのではなかった。交渉をほかの者がしているあいだ、マイダン周辺に隠れていた狙撃兵たちが発砲し、およそ一〇〇人の人々を殺害した。その大半は抗議者だったが、ウクライナの警察機動隊《ベルクト》の隊員も数人含まれていた。この銃撃におけるウクライナ政府の関与は（あったとしても）不明だった。[*53]

この大量殺戮が起きたあと、ヤヌコーヴィチは、これまで自分を支援してくれた議員にも、自分を守ってくれていた警察にも見捨てられた。豪奢な住まいから逃げだすときに、ヤヌコーヴィチは大量の文書を置いていった――そこには多額の現金を顧問のポール・マナフォートに支払った記録も残されており、この男はそれから二年後に、ドナルド・トランプの選挙対策本部長としてふたたび表舞台に現れることになる。[*54]

狙撃手による大量虐殺とヤヌコーヴィチの逃亡を契機に、ロシアの最初のユーラシア計画が第二の計画に切り替わった。どのみち、ヤヌコーヴィチはもはや使えないとロシアの指導部は判断していた。モスクワで予想されていた彼の血に染まった転落は大混乱を引き起こしたが、とはいえこの混乱は第二の計画の作戦――ウクライナ全体の崩壊を目的とした軍事介入――の隠れ蓑に利用できた。二月二〇日の狙撃手による大量虐殺から二月二四日のロシアによるウクライナ侵攻までの数日間に、クリミアでのウクライナ側による残虐行為や、緊急に援助を必要とするこの半島からの避難民についての、衝撃的ではあるが、どれも作り話の報道が流れた。ロシア軍の情報機関はインターネット上に架空の人物をこしらえ、こうした記事を拡散させた。「インターネット・リサーチ・エイジェンシー」と呼ばれる、サンクトペテルブルクにあるインターネットの荒らし《トロール》集団が、ウクライナ国内の世論も国際世論も混乱させるべく動いていた。これは今やロシアの外交政策の専売特許になっていた――本物の戦争につきものとなったサイバー攻撃だ。[*55]

ヤヌコーヴィチがロシアに姿を現したころには、すでにロシアによるウクライナ侵攻が進んでいた。最初はウクライナ南部のクリミア半島から始まったが、ロシアは協定に従ってここに海軍基地を置いていた。セヴァストポリだけでも、常時約二〇〇〇人の海軍歩兵部隊が駐屯していた。先の一二月以降、部隊はロシア連邦から来た兵士によって増強されていた。ロシアの第二七七七七、第七三六一二、第七四二六八、第五四六〇七部隊を含めて、二万二〇〇〇人の兵士がロシアから送られてきた。一月にギルキンはクリミアを訪問し、さらに二月には友人のアレクサンドル・ボロダイを連れてきた。ユーラシア主義者のボロダイは、グミリョフを崇拝し、プロハーノフが編集するメディアに寄稿し、マロフェーエフの広報マネジャーを務めていた。[*56]

二〇一四年二月二四日を皮切りに、およそ一万人からなるロシアの特殊部隊が、記章を外した制服姿でクリミア半島を北に向かった。基地を出発した瞬間に、兵士たちはウクライナへの非合法の侵攻に手を染めていた。キエフは、指揮系統が定まらず、さらなる暴力を回避することだけに気をとられていたすきを突かれた。ウクライナの暫定当局はクリミア半島にいるウクライナ軍に対し、抵抗しないよう命令した。二月二六日の夜までに、ロシア軍はシンフェロポリ市街にある地方議会議事堂を掌握し、ロシア国旗を掲揚した。ギルキンは、本人によれば、シンフェロポリ空港を奪取する並行作戦を指揮していた。二月二七日、プーチンのユーラシア統合担当顧問セルゲイ・グラジエフが、新政府を組織するようクリミアに電話をかけた。セルゲイ・アクショーノフという地元のロシア人マフィアがクリミアの首相に指名され、ボロダイは彼のメディア担当顧問になった。二月二八日、ロシア連邦議会はウクライナの領土をロシア連邦に組みこむことを承認した。その日、アメリカ大統領は「ウクライナ国内でロシア連邦のとった軍事行動の報告に接して深く憂慮している」と述べた。この危機についてバラク・オバマが発表した、これが最初の公式声明だった。*57

ロシアの侵攻を祝う派手なイベントが、「夜の狼《ナチヌイエ・ボルキ》」によって披露された。これはプーチン政権の準軍事組織ならびにプロパガンダ部隊であるロシアのバイカー集団だった〔このバイカー集団については『プーチンのユートピア』の「第3幕　さまざまな精神錯乱《ディリリアム》」に詳しい〕。二月二八日、ロシア連邦議会が併合を可決したその日に、夜の狼はクリミアに派遣された。ここ何年もバイカーたちはクリミアで集会を開いており、二〇一二年にはプーチン自らも参加していた（プーチン本人は自動二輪に乗れないので三輪バイクをあてがわれた）。ここにきてついに夜の狼は、ロシアが見せることにしたその素顔をあらわした。その数ヶ月前に、メンバーの一人が彼らの世界観をこう説明していた。「日常の下っかわで聖戦が行われているのに気づくようにしなけりゃね。民主主義は堕落した国家さ。「左」と「右」を分けるのは、対立を招くことだ。神の王国には天上と地上しかない。すべては一つだ。だからこそ、ロシアの魂は神聖なんだよ。あらゆるものを一体化できる。一つの聖像《イコン》の中にスターリンと神がいるようにね」。これこそ、イリインの哲学、スルコフの地政学、プーチンの言う文明を簡潔に述べたものだった。*58

夜の狼は、性的不安を地政学に翻訳し、またその逆もするうえでのお手軽な方法を発見した。この黒革ずくめの男性限定クラブは、当然ながら同性愛には強硬な態度をとり、これをヨーロッパ、アメリカからの攻撃だと決めつけた。その一年後にロシアによる侵攻を祝ったさいに、最高指導者のアレクサンドル・ザルドスタノフは、クリミア中で自分たちが披露した誇り高きパレードをこう振り返った。「はじめてのことだったが、俺たちが、世界にはびこる悪魔主義《サタニズム》に、ますます野蛮となる西ヨーロッパに、すべての霊性を否定する消費主義の殺到に、伝統的な価値の破壊に、あらゆる類いの同性愛に、そしてあのアメリカの民主主義に、抵抗する力を見せつけてやったのだ」。ザルドスタノフに言わせれば、ウクライナとの戦争のスローガンは「同性愛者《ファゴット》に死を」でなければならなかった。民主主義をゲイの悪魔《サタン》と結びつけるのは、法と改革を、自分たちとは縁もなければ考えもつかないものにする一つの手段だった。[*59]

いざウクライナに侵攻すると、ロシアの指導部は、この隣国が主権国家ではないとの立場をとった。これはまさに帝国としての物言いだった。三月四日にプーチンは、ウクライナの問題は権力の交代を招いた一連の民主的選挙にあると説明した。こうした実用的な選挙は、アメリカから吹きこまれた異物であるし、ウクライナのこの状況は、一九一七年のボルシェヴィキ革命のさなかのロシアの状況と似ている、と。ロシアは時をさかのぼり、この過去の過ちを修正できるだろう。「理屈から言えば」と三月八日にアレクサンドル・ドゥーギンは語った。「過去二三年のあいだ歴史に存在していたウクライナは消え去ったのだ」。その二三年のあいだというもの国境や国家の主権を尊重する必要にあれほどこだわっていたロシアの国際弁護士たちが、ここにきて侵攻や併合は、ウクライナ国家の消滅によって――言い換えればロシアによる侵攻が招いたカオスによって――正当化されると主張し始めた。ドゥーギンの頭のなかでは、ウクライナという国を破壊するためのこの戦争は、ＥＵを相手にした戦いだった。「我々はヨーロッパを乗っとって、これを破壊せねばならない」というわけだった。[*60]

三月一六日、クリミアに住むウクライナの市民のなかには、ロシアの占領者たちが住民投票と称する茶番にのった者もいた。投票に先立ち広く発信されたプロパガンダは、おしなべて同じ趣旨のものだった。これはロシアとナチズムのいずれかを選ぶことだ、とポスターでは訴えていた。投票者は、外国のメディアにもウクライナ国内のメディアにもアクセスできなかった。投票用紙には選択肢が二つあったが、どちらもロシアによるクリミア併合を肯定するものだった。最初の選択肢は、ロシアによるクリミア併合に賛成する、というもの。そしてもう一つは、クリミア当局の自治を復権させるというものだったが、この当局とはロシアによって任命されたばかりのものので、ロシアによる併合を要請している代物だった。ロシア大統領府の内部情報によれば、投票率はおよそ三〇パーセントで、票は二つの選択肢で割れていた。とはいえ、公式に発表された結果によると、投票率はおよそ九〇パーセントで、ほぼすべての投票者が、併合に直結する方を選択した。セヴァストポリでの公式発表による投票数は、一二三パーセントだった。正規の資格を有する監視員はいなかったものの、モスクワはヨーロッパの極右政治家数人を招いて公式の結果を承認させた。国民戦線はクリミアにエイメリック・ショープラードをよこし、マリーヌ・ルペンも自らこの結果を承認した。ロシア大統領府の面々は、「フランスへの感謝」を忘れぬようにと釘を刺された。[*61]

モスクワで開かれた壮大な式典の場で、プーチンは、自身がクリミアの人々の「願い」と呼ぶものを受け入れ、ロシア連邦の国境を拡大した。とはいえこれは国際法で合意されている原則にも、国連憲章にも、独立したウクライナという国と独立したロシアという国のあいだに結ばれたあらゆる条約にも、そして当然ながらロシアがその国境の保護についてこれまでウクライナに与えた数多の確約にも反していた。その一つは一九九四年のブタペスト覚書だった。このなかでロシア連邦は（イギリスやアメリカとともに）、ウクライナがあらゆる核兵器の放棄に同意した場合、その国境を保障すると約束していた。このおそらく史上最大の核軍縮条約とされるものによって、ウクライナはおよそ一三〇〇基の大陸間弾道ミサイルを手放した。完全な核軍縮を行った国に侵攻したことで、ロシアは世界に向けて、核兵器は持ち続けるべしという教訓を与えたのだ。*62

三月から四月にかけてロシアのメディアは、大統領府とイズボルスク・クラブが二月に論議したプロパガンダのテーマを、広く流布した――ウクライナの「連邦化」への期待が一気に高まっているが、その理由は、クリミアが「自発的」に分離したことによりキエフが他の地域にも同じ行動の自由を認めざるをえなくなったからだ、というのだ。ただしロシアの外相は、「連邦化」とはウクライナを分割するためのロシアからの特別な提案であって、ロシアそのものに適用できる一般原則ではないと述べるのを忘れなかった。三月一七日にロシアの外相は、「ウクライナ国家の深刻な危機」に鑑みるに、ロシアがウクライナを「多民族国家」とみなし、この国に「新たな連邦憲法」を提案するのは当然のことだ、と宣言した。この「連邦化」という言葉は、四月にロシアのテレビで一四一二回も出てきた。とはいえ国全体がお祭りムード《ユーフォリア》に包まれるなか、ロシアの指導部は早くも「連邦化」のリスクを察知していた。ロシア国家の名称は「ロシア連邦」であって、たしかにいくつもの単位に分かれてはいるが、その法的な意味合いは限られており、実質は大統領が指名した者に支配されていた。それから三ヶ月のうちに、「連邦化」という言葉はロシアの公的な場でほぼ聞かれなくなった。*63

ウラジーミル・プーチンはクリミアの併合を、神秘的な自己変容、永遠につながる喜ばしい前進だと褒め称えた。クリミアはロシアの一部になるべきだとプーチンは説明したが、その理由は、古《いにしえ》のルーシの指導者でプーチンがウラジーミルと呼ぶところのヴォロディーミル（ヴァルデマー）が、一〇〇〇年前にこの地で洗礼を受けたからだ。自分と同名の人物によるその行為を、プーチンは「ロシア、ウクライナ、ベラルーシの諸民族を束ねる文化、文明、そして人間の価値観の礎となるものをあらかじめ定めた」時を超えるスーパーヒーローの偉業だと振り返った（「ロシア、ウクライナ、ベラルーシの諸民族」とは、一〇〇〇年前にはなかった発想だったが）。現代の出来事が千年王国の神話によって「あらかじめ定められて」いるならば、過去の知識はいっさい役に立たないし、人間のどんな選択にも意味がないことになる。ウラジーミルはヴォロディーミルで、ロシアはルーシ、そして政治は少数の富める者にとっての永遠の快楽だ——よって、何を言おうが何をしようが、しょせん無駄なのだ。[*64]

ロシア連邦議会議員のタチアナ・サエンコは、イリインを引き合いに出し、クリミアの併合はロシアの「復活と再生」を意味するのだと主張した。彼女に言わせれば、西側諸国がロシアのウクライナ侵攻に反対するのは、「二重の基準《ダブルスタンダード》」に理由があった。これはロシアではよく言われることだが、法とは一般原則ではなく、ロシア以外の諸民族に見られる文化的遺物にすぎなかった。西側諸国はかならずしもあらゆる法律に、その文言《もんごん》どおり従っているわけではない。したがって法には正当性などないのだ、ということになる。ロシアも法に違反することがあるかもしれないが、そもそもロシアは法の支配を受け入れていないから、それは偽善には当たらない。偽善を行なっていないのだから、ロシアは無垢である。基準など何もなければ、と理屈は続くが、二重の基準など存在しないことになる。ウクライナへの侵攻のようにロシアの無垢が表れているときに、ヨーロッパやアメリカが国際法を持ちだすのなら、彼らは精神的な脅しをかけていることになる。よって、彼らが国際法に言及するのは、かえって西側の非道ぶりを明らかにするだけで片腹痛い話だ。[*65]

これぞイリインの言う永遠の政治だった——時間を前に進めるかわりに過去に繰り返し戻っていくのだ。また、法の意味するところとはロシアの指導者が意味するものであるし、ロシアは神のつくった不出来な世界を暴力をもって修復しているのだ。そしてプーチンは、時間の進みを修正すべく歴史をひとっ飛びして現れた救世主だった。プーチンは四月一七日に自らこの話題を持ちだし、ロシアのウクライナ侵攻は、西側の恒久的な攻撃からの精神的な自己防衛なのだと弁明した。「ロシアとウクライナを引き裂き、本質的に一つの国家であるものをあの手この手で切り離そうとする意図は、何世紀にもわたって国際的な政治問題であり続けている」。マロフェーエフから見れば、ロシアによる侵攻は永遠の悪《イーブル》との戦いだった。「現場で戦う者にとってこの戦争は、まるで悪魔《サタン》のスローガンを掲げ、反キリスト教を旗標《はたじるし》に戦う大群を相手にする戦争のようだ」。いったいこの世にソドミーとの戦いほど永遠のものがあるだろうか。[*66]

クリミアの陥落に勢いづいたロシア指導部は、ウクライナの南部や東部でも同じ筋書きを追うことにした。三月一日、グラジエフはウクライナの南部と南東部の州庁所在都市にいる仲間に電話をかけて、クーデターの計画に手を貸すよう要請した。このプーチンのユーラシア統合担当顧問は、クリミアでの筋書きをウクライナの他の地域でも実行に移すよう命令した――群衆が「州庁舎に怒濤の如く押し寄せ」、新たな議会に無理やり独立を宣言させたうえでロシアに救助を求めさせるのだ。ハルキウでは実際に地元住民と（バスでロシアから運ばれた）ロシアの市民が大挙して州庁舎に押し入ったが、その前に間違ってオペラ劇場に押しかけていた。この連中は、劇場を守ろうとしたウクライナの市民たちを殴打し辱めた。ウクライナの著述家セルヒー・ジャダンは、ひざまずくのを拒否して頭蓋骨を割られた。[*67]

四月になるとプーチンは、二月の大統領府の回覧文書がまとめたとおりのロシアの政策目標を、公式に復唱してみせた。よって、それはあいもかわらずロシアの利益のためにウクライナを「分裂させること」だった。ウクライナの多くの国家機関や企業が突如サイバー攻撃を受け、ＥＵの最重要組織も同じ被害にあった。ウクライナ南東部のドネツクで、五月一日にパベル・グーバレフという名のロシア人のネオナチが、自らを「人民の知事」であると宣言したが、それは「ウクライナなんてものはかつて一度も存在したことがない」という理屈からだった。四月には、クリミアに派遣されていたマロフェーエフの手下の二人組、イーゴリ・ギルキンとアレクサンドル・ボロダイがウクライナに戻ってきた。ボロダイは、自らをウクライナ南東部に新しくできた架空の人民共和国の首相だと名乗った。その根拠も似たようなもので、「ウクライナなんてものはもはやどこにも存在しない」からだった。その友人のギルキンは自らを陸軍大臣だと宣言し、ドンバス地方に侵攻して軍事基地を築くようロシアに要請した。[*68]

ロシアによるドンバスへの介入は「ロシアの春」と呼ばれた。たしかにこれは、ロシアのファシズムにとっては春の季節だった。二〇一四年三月七日、アレクサンドル・ドゥーギンは「(アメリカから)解き放たれたいという解放のイデオロギーがロシアからヨーロッパへと拡大したこと」を喜んだ。「この解放のイデオロギーこそが、完全なるユーラシアニズム——リスボンからウラジオストクまでのヨーロッパ——が目標とするものだ」。このファシストは、ファシストの連邦がついに見えてきたと豪語した。それから数日後にドゥーギンは、歴史はすでに破滅を迎えたと宣言した。「モダニティそのものがつねに間違っていたのであって、今や我々はその終末期にいるのだ。モダニティと自分たちの運命を同意と思っていた者や、無意識にそう感じていた者にとっては、これが終止符となるのだ」。来たるべき闘争とは、「開かれた社会やその受益者からの真の解放」を意味するだろう。ドゥーギンによれば、ユダヤ系アメリカ人の外交官は「薄汚いブタ」だし、ユダヤ系ウクライナ人の政治家は「墓場荒し《グール》」や「ろくでなし」だった。ウクライナの大混乱は「モサド」の仕業だった。同じ調子でアレクサンドル・プロハーノフも、三月二四日にロシアのテレビでエヴェリーナ・ザカムスカヤを相手に、ロシアによるウクライナ侵攻は——そしてホロコーストまでも——ウクライナのユダヤ人に非があると発言した。[*69]

これは新種のファシズムであり、いわば「スキゾファシズム」とでも呼べるものだ。本物のファシストが自らの敵を「ファシスト」と呼び、ホロコーストの責任はユダヤ人にあるとし、第二次世界大戦をさらなる暴力の論拠とみなす。これはロシアの永遠の政治において当然次に来る段階だった――そこではロシアは無垢であり、よってロシア人がファシストであるはずはなかった。第二次世界大戦のあいだ、ソヴィエトのプロパガンダは敵を「ファシスト」と断定した。ソヴィエトのイデオロギーによれば、ファシズムは資本主義から生まれたものだ。ナチス・ドイツと戦うあいだ、ロシア人はソヴィエトの勝利を、資本主義が消滅して全人類が同胞《はらから》になるという、ずっと大きな歴史的変化の一端に過ぎないとみなすことができた。ところが戦争が終わると、スターリンが祝った国家の勝利は、ソ連の勝利というよりもロシアの勝利になった。かくして、敵の「ファシスト」とはどうやら資本主義者ではなくよそ者《アウトサイダー》のことであり、対立は半永久的に続くものとなった。一九七〇年代になると、スターリンのいわば嫡子のブレジネフが、ソヴィエト（およびロシア）の歴史で重要なのは、第二次世界大戦での赤軍の勝利だと主張した。それによってブレジネフは「ファシズム」という言葉の意味を決定的に変えてしまった。それはもはや超克すべき資本主義の一段階ではなくなった。というのも、変化をもたらすことが、歴史にはもはや期待されないからだ。「ファシズム」は西側からの永遠の脅威を意味し、第二次世界大戦はその一例というわけだった。[*70]

したがって、一九七〇年代に教育を受けたロシア人は、二〇一〇年代の指導層やプロパガンディストを含めて、「ファシスト」とは「反ロシア主義者」を意味するのだと教わった。ロシア語でロシア人の誰かがファシストになれるなどと言えば、文法的な間違いをおかしたも同然だった。こんにちのロシア語の会話では、ファシストでない者がロシアのファシストを「ファシスト」と呼ぶよりも、ロシアの本物のファシストがファシストでない者を「ファシスト」と呼ぶ方が簡単なのである。そういうわけで、ドゥーギンのようなファシストが、自らの敵を「ファシスト」と非難しながら、ファシズムの勝利を――それも自らファシストの言い回しを用いて――祝うことができたのだ。自分たちの国を守ろうとするウクライナ人は、「暫定軍事政権《ジャンタ》の傭兵にのしあがったウクライナのファシストのブタ野郎」だった。同様にプロハーノフのようなファシストも、ファシズムを、ロシアの純潔《ヴァージニティ》を脅かすために西側から侵入してきた物質として形容した。六月にプロハーノフは、ファシズムとは「ユーラシアの黄金の女神」を脅かす「黒い精子」だと記した。人種的不安や性的不安をあおるその碑銘のような表現こそ、いかにもファシストらしい文言だった。グラジエフもまたスキゾファシストのしきたりに倣った。ナチスの地政学を支持しながらも、ロシアの敵を「ファシスト」と呼ぶための手本を示したのだ。二〇一四年の九月にイズボルスク・クラブに文章を寄せた際に、グラジエフはウクライナを「科学で解き明かされたファシズムのあらゆる兆候を持つファシスト国家」と呼んだ。[*71]

スキゾファシズムは、二〇一四年の「ロシアの春」に表面に出てきた数多《あまた》の矛盾の一つだった。ロシアのプロパガンダによればウクライナはナショナリストであふれているが、そもそもこれはネイションではないはずだった。ウクライナは抑圧的な国家だというが、そもそもウクライナ国家など存在しないはずだった。ロシア人はウクライナ語を話すよう強制されたというが、そもそもそんな言語は存在しないはずだった。グラジエフは西側を引き合いに出すことで、こうした矛盾を克服した。アメリカは多額の債務を抱えているため第三次世界大戦が起きるのを望んでいる、とグラジエフは断言した。グラジエフが電話を何本かかければ、ウクライナは崩壊するはずだった。ところが、そうならなかったとき、彼は慌てなかった。この政府がアメリカの手先、すなわち「アメリカがキエフに敷いたナチスの暫定軍事政権《ジャンタ》」だとわかっただけのことだった。グラジエフは、彼がアメリカの占領地と称したものを倒すために、次のように言いきった。「その後ろ盾となるものを根こそぎ倒すしかない。それはアメリカの支配層のエリート、ヨーロッパの官僚ども、ウクライナのナチスである。最初のものがいちばん重要で、あとの二つは二の次だ」。このプーチンのユーラシア統合担当顧問に言わせれば、ユーラシアの実現には、アメリカの政治が破滅する必要があった。ウクライナとヨーロッパをめぐる戦いは、ワシントンで雌雄が決せられるのだ、そうグラジエフは考えていた。*72

顧問のグラジエフと同じく、プーチンもロシアの侵攻に抵抗するウクライナ人をファシスト呼ばわりした。隣国に侵攻することでロシアが招いた大混乱について、プーチンは三月一八日にこう言い放った。「このクーデターを実行したのは、ナショナリストやネオナチ、ロシア嫌いや反ユダヤ主義者たちだ。こんにちまでこの連中がずっと旗振り役を務めているのだ」。この主張には例のスキゾファシストの響きがあった。二〇一四年のロシアの外交政策は、一九三〇年代のより悪名をとどろかせた一時期と、いくらか似ているどころの話ではなかった。法律や国境、国家を、無垢や正義、偉大な空間などといったものに置き換えるのは、まさしくファシストの地政学だった。ウクライナ侵攻を正当化するために持ちだされたラヴロフ外相の「外交政策構想」では、「自国の文化に属すると認めた者は誰であれ、国家がそれを守るために介入してよい」との原則を繰り返し唱えていた。これは一九三八年から三九年にかけてヒトラーがオーストリアを併合し、チェコスロバキアを分割し、ポーランドに侵攻したさいに用いた論拠であり、またスターリンが一九三九年にポーランドに侵攻し、一九四〇年にエストニア、ラトヴィア、リトアニアを併合したさいに用いた論拠でもあった。[*73]

二〇一四年三月一四日にドネックで一人のウクライナ人が複数のロシア人によって殺害されると、この事件はロシアがこの隣の主権国家に介入するのを正当化するものだと、ラヴロフは宣言した。「ロシアはウクライナに在住するロシアの同胞《はらから》とロシア国民の生命に対する責任を自覚し、この者たちを守る権利を保持する」。四月一七日にプーチンも同じことを口にした。「肝心なのは、ウクライナ南部の民族ロシア人とロシア語話者の合法的な権利と利益をいかに保証するかである」。ウクライナの市民である方が、ロシアの市民であるよりも表現の権利をより大きく享受していることへの言及はなかった。その後でプーチンは、ロシアの「同胞《はらから》」を守るため手元にある「あらゆる武器」を用いると誓った。[*74]

プーチンの呼ぶところの「ロシア世界」におけるこの「同胞《はらから》」という言葉によって、ウクライナの市民は、他国の支配者が意のままにできる人質にされてしまった。個人が、はるか遠くの他国の首都で決められた架空の共同体のなかに消えてしまうのだ。ロシア文明とか「ロシア世界」といった言い回しのなかで、ウクライナの市民は自らの個性を失い集合体に吸収されてしまうが、その集合体のロシアによって定義された文化が、ロシアのウクライナ侵攻を正当化するという構図だった。こうして個人は、永遠のなかに姿を消してしまうのだ。

アメリカ連合国の国旗

ノヴォロシアの旗

ファシズムに対抗するはずの戦いにおいて、ロシアの盟友にはファシストがたくさんいた。アメリカの白人至上主義者であるリチャード・スペンサー、マシュー・ハインバック、デヴィッド・デュークは、プーチンを祝福し、その戦いを擁護したし、ロシアの方もそのお返しに、南軍旗と似た旗をウクライナ南東部の占領地のエンブレムにした。ヨーロッパの極右もロシアの戦いに拍手を送った。ポーランドのファシストであるコンラト・レンカスは、プーチンのユーラシア構想はおおむね承認したし、とりわけロシアによるウクライナ侵攻は支持した。二〇一三年九月にレンカスは、ロシアのウクライナ侵攻を見越して、ポーランドでもロシアの支援を受けた政府を率いることを夢想した。ロベルト・ルシニヤはかつてポーランドでコミュニストの秘密警察に協力した経歴を持つが、ポーランド右翼の大物アントニ・マチェレウィチを財政的に支援していた。さらに、レンカスとともにルシニヤは、ウクライナはユダヤ人に支配されているといったロシアのプロパガンダを拡散しようとした。[*75]

　ドゥーギンがモスクワに招待したハンガリーのファシスト政党「ヨッビク　より良いハンガリーのための政党」の党首は、ユーラシア構想を褒め称えた。ブルガリアのファシスト政党の党首はモスクワで選挙活動を開始した。ギリシャのネオナチ政党「黄金の夜明け」は、ロシアが「国際的な高利貸しのカラスども」からウクライナを守っていると褒め称えたが、これはユダヤ人による国際的な陰謀を指していた。イタリアの「国民戦線」は、プーチンのとった「有力なゲイのロビー団体に反対する勇気ある態度」を称賛した。アメリカで指折りの白人至上主義者リチャード・スペンサーは、ブタペストでヨーロッパ極右の会合を開こうとした（が失敗した）。招待された客のなかにはドゥーギンや、ロシアのウクライナ侵攻をロシアのメディアで擁護したドイツのネオナチ、マヌエル・オクセンライターが含まれていた。[*76]

　フランスの極右活動家が数十人、ロシア側で戦うためにウクライナにやってきた。彼らはロシア軍による選別を経て戦地に送られた。ドイツの市民およそ一〇〇人もロシア軍やロシアの準軍事組織とともに戦うべくやってきた。ほかにも多くのヨーロッパ諸国の市民が同じ行動をとった。ロシアがウクライナで始めた戦争は、テロ行為の演習場になった。二〇一六年の秋、一人のセルビア人ナショナリストが、モンテネグロで軍事クーデターを企図した容疑で逮捕された。この男はウクライナでロシア側について戦った経験があり、ロシアのナショナリストからこの陰謀に勧誘されたと話した。二〇一七年の一月、ロシアでこの国の準軍事組織から訓練を受けたスウェーデンのナチが、イェーテボリの難民センターを爆破した。[*77]

　クレムリンに近い機関や個人が、二〇一四年にロシアにとってのファシストの盟友たちを組織化した。この年の四月、政党「祖国《ロジーナ》」の一会派が「世界国家保守運動」を立ち上げた。この団体はイリインの言葉を引用し、EUを「世界的陰謀団」、つまりはユダヤ人による国際的陰謀の一環であるとした。ベラルーシの市民で『スターリン万歳！ ソヴィエト連邦のツァーリ ヨシフ大帝』の著者アリャクサンドル・ウソフスキー、マロフェーエフがヨーロッパのファシストたちの活動をコーディネートする手助けをした。ロシアがウクライナに侵攻すると即座に、ウソフスキーは、反ウクライナの抗議運動を画策するのを厭わないポーランド人たちに金を払った。[*78]

二〇一四年五月三一日、マロフェーエフはヨーロッパの極右指導者たちを、ウィーンのとある宮殿に個人的に招待した。この会合でフランスを代表したのは、エイメリック・ショープラード、そしてマリーヌ・ルペンの姪であるマリオン・マレシャル゠ルペンだった。ドゥーギンは、極右が力を合わせてはじめてヨーロッパをゲイの悪魔《サタン》から救えるのだと主役を食ってしまう熱弁を振るった。[*79]

スキゾファシストのついた嘘が、ウクライナで実際に起きたこと、ウクライナ人が経験したことに取って替わった。二〇一四年の「ロシアの春」のやまほどのこうした矛盾する概念や幻覚のような妄想に押しつぶされては、誰がマイダンにいた個人に目を向け記憶することができただろうか――それぞれに現実をかかえ、情熱を抱き、歴史の只中で歴史をつくることを願った一人ひとりの人間のことを。

ロシアやヨーロッパ、アメリカの人々は、未来を望んだがために一一月の冷たい夜に殴打された学生たちのことなど、しょせん忘れるものだと高を括られていた。学生たちだけではない。「私たちの子どもたち」を守るために街頭に出てきた母親や父親、祖父母や退役軍人や労働者のことも。火焔瓶《モロトフカクテル》を投げていた法律家やコンサルタントのことも。テレビやインターネットから離れ、その身を危険に晒しにキエフまでやって来た数十万もの人々のことも。ロシアも地政学もイデオロギーも関係なく、次の世代のことだけを思っているウクライナ市民のことも。狙撃手による大量殺戮のさなかに負傷した男性を助けるためにマイダンに戻ってきた、一家の大黒柱の若きホロコースト史家のことも。あるいは、その日に頭部に銃弾を浴びた大学講師のことも。そう、誰のこともしょせん忘れるものと高を括られていた。*80

こうした人々はたしかにファシストでもなければナチスでもなかったし、ゲイの国際陰謀団にも、ユダヤ人の国際陰謀団にも、あるいはゲイでナチスでユダヤ人の国際陰謀団にも入っていなかった。ロシアのプロパガンダはさまざまな視聴者や読者を標的にそうほのめかしていたのだが。プロパガンダの作り話や矛盾に気づくことはできる。だが、それだけでは十分ではない。こうした発言は、論理的な主張でも事実に基づく判断でもなく、むしろ論理や事実をなかったものにするための意図的な発言だからだ。いったん知性の箍《たが》が緩むと、ロシア人には(そしてヨーロッパ人やアメリカ人にも)、テレビの提供する、資金をつぎ込んだ物語《ナラティヴ》を受け入れるのは簡単だったが、一方、困難な状況にいる人々のことを苦労してまで理解しようと努めることは不可能だった——マイダンの人たちはどこから来ているのか、何を思って行動しているのか、自分たちの未来をどんなふうに思い描いているのかを理解しようとするのは。

最初はヨーロッパの一員としての未来を守るために立ちあがったウクライナの人々は、いざプロパガンダと暴力に晒され始めると、「自分たちは過去－現在－未来というつながりのなかにいるのだ」と意識したいために戦っていることに気がついた。マイダンは、ウクライナの市民がウクライナのもろもろの問題の解決を求めるために始まった。そしてマイダンが終わったときにウクライナの人々は、感情が高ぶったときこそ冷静に考える必要があることを、ヨーロッパやアメリカの人々に思いださせようとしていた。マイダンを遠く離れた場所から見ていた者は、この物語の影の部分に飛びつき、無知よりもさらに暗澹たる空隙《ヴォイド》に転げ落ちてしまった。二〇一四年にロシアがくり出した非難の嵐に目がくらみ、いくらか譲ってマイダンは「右翼のクーデター」だというロシアの主張を認めたくなったのも無理はなかったし、実際多くのヨーロッパ人やアメリカ人がそうなってしまったのだ。[*81]

ウクライナの革命の筋書きにあったこの「クーデター」は、じつはそれ以前に、ロシアのなかで起きていた。それは二〇一一年から一二年にかけて、プーチンが自国の法律を破り、ロシア連邦議会で過半数の賛成を得て大統領の地位に返り咲いたときのことだ。こうした手を使って政権を握った指導者は、人々の関心や非難を外部の敵に向け、責任を押しつける必要があった。しかり、プーチンにとってロシアによるウクライナへの侵攻は、その存在自体が罪であるヨーロッパからロシアがその身を守る最新のエピソードだった。ウクライナで「クーデター」が起きたというロシアの主張は、クレムリンの説明のなかでも極めつけの皮肉と言えた。なぜなら、そう主張するロシアこそ、ヤヌコーヴィチが力ずくで追放されることを期待し、ウクライナの九つの州で

（失敗したものも成功したものもあったが）クーデターを仕掛けた張本人なのだから。

ウクライナの問題は、法の支配が弱いことと、それに伴う富の不平等と政治腐敗の蔓延にあった。抗議をするウクライナの人々には、法の支配こそがオリガルヒの集めた資源を社会全体にもっと平等に分配し、オリガルヒ以外の者たちが経済的に成功できるようにする唯一の道だとはっきりわかっていた。最初から最後までマイダンの真の目標とは、予測のつく公正な条件のもとでの社会の前進にあった。二〇一三年一一月に最初に抗議を始めた者たちは、ウクライナをヨーロッパ化することで法の支配を高めることに関心があった。それに続く者たちは、現在ある法の支配を、モスクワに牛耳られた腐敗したオリガルヒの指導者から守ることに関心があった。二〇一四年の一月から二月には、抗議者たちは人権という言葉を使いだした。

たしかにマイダンには右派や、それどころか極右にすら属する者もいて、政府が拷問や殺戮に手を染めだすと、彼らはマイダンを守るために重要な役目を果たした。ただし右派政党「スヴォボーダ」は、マイダンが続く間にその支持をほぼ失った。新たな一派である「右派セクター」は、マイダンに三〇〇人ほどしか送りこめなかった。ロシアがウクライナに侵攻すると、新たにいくつかの右翼集団が浮上し、東部でロシア軍や分離主義者を相手に戦った。それでもとにかく驚くのは、この戦争によって世論が過激なナショナリズムに走る傾向はほとんど見られず、侵略国ロシアでの方がその傾向がずっと強かったことだ。マイダンで最初に運動を始めたのは極右ではなかったし、極右は多数派にはほど遠く、権力の移行に決定権を持つことはついになかった。[*82]

当然ながら、さまざまな人がさまざまな考えを持っていたが、キエフやドニプロペトローウシク（現ドニプロ市）にあるウクライナ最大のユダヤ人共同体は総じて抗議運動を支持した。マイダンで自衛のための大隊を組織した者のなかに、イスラエル国防軍の一人の退役軍人がいた。キエフで彼は仲間から「兄弟」と呼ばれていたと振り返る。広場で一月に最初の二人の犠牲者が出たが、それは民族的にはアルメニア人のセルヒー・ニホヤンとベラルーシの市民ミハイル・ジズネフスキーだった。二月の狙撃兵による大量虐殺で殺された人々は、ウクライナという国と、抗議運動の多様性を象徴していた。犠牲者の一人はイェブヘーン・コトリェフという名の、ロシア語話者の環境保護活動家で、ウクライナの最北東部にあるハルキウから来ていた。この大量虐殺で、武器を持たない三人のウクライナ市民のユダヤ人が殺されたが、そのうちの一人は赤軍の退役軍人だった。ウクライナ、ロシア、ベラルーシ、アルメニア、ポーランド、そしてユダヤの文化の人々が、多言語を話すムスリム難民出身の若者がヨーロッパの名にかけて始めたマイダン革命で命を落とした。

　クーデターとは通常、軍または警察、もしくはこの両者が手を組んでかかわるものだ。ウクライナでは、軍隊は兵営にとどまっていて、警察機動隊《ベルクト》が抗議者たちと最後の最後まで戦っていた。大統領のヤヌコーヴィチが逃げだしたときですら、軍や警察、有力省庁のどこも政権をとろうという意欲を見せなかったし、それはクーデターのさなかであっても同じことだったろう。ヤヌコーヴィチがロシアに逃亡したことで、ウクライナの市民と議員たちは異常な事態に直面した。自国が侵攻されている真っ只中に、国家の長が侵攻国に永久的な亡命を求めたのだ。これは法律上前例のない状況だった。移行を仕切ったのは、合法的に選出された議会だった。

大統領代行と暫定政府のメンバーは、ウクライナの右派ナショナリストとはほど遠い面々で、おもにウクライナ東部出身のロシア語話者だった。ウクライナ議会の議長は、ウクライナ南東部のバプティスト派の牧師だった。大統領代行に選ばれたウクライナ議会の議長に、ロシア語話者に引き継がれた。国防相代行はロマの出身で、内務相はアルメニアとロシアの混血だった。二人の副首相のうち一人はユダヤ人だった。ロシアによる侵攻の脅威にさらされていた南東部ドニプロペトローウシクの州知事もユダヤ人だった。二〇一四年春の暫定政府における閣僚一八人のうち、三人がナショナリストのスヴォボーダ党に属していたとはいえ、どこから見てもこれは右派の政権とは言えなかった。[*83]

クーデターを実行する者は、行政部門の権力削減を求めたりしないものだが、これがまさにウクライナで起きたことだった。クーデターを実行する者は、権力を譲るべく選挙を求めたりしないものだが、これもまさにウクライナで起きたことだった。二〇一四年五月二五日に大統領選挙が行われ、ウクライナ南部出身の中道派でロシア語話者のペトロ・ポロシェンコが勝利したが、彼は何よりショコラティエ（「チョコレート王」）として有名だった。この時点でクーデターらしきものが計画されていたとすれば、それは極右政治家が勝利したと吹聴するためにロシアがウクライナ中央選挙管理委員会にハッキングを試みたこと、さらにその政治家が勝利したとロシアのテレビが報じたことくらいだった。[*84]

二〇一四年の五月、極右政治家は二人がウクライナの大統領選挙に立候補したが、どちらも得票率は一パーセント未満で、どちらもユダヤ人のための公約を掲げて立候補したユダヤ人候補者よりも得票数が少なかった。当選したポロシェンコは議会選挙を呼びかけ、選挙は九月に実施された。これもまたクーデターのさなかに予期されるだろうこととは正反対のことだった。そしてまたしてもウクライナでの極右の人気はすこぶる低かった。ウクライナの右翼政党である「スヴォボーダ」と、議会の一派「右派セクター」から発展した新たな右翼政党は、どちらも議会に議席を占めるのに必要な五パーセントに届かなかった。「スヴォボーダ」は三人の閣僚職を失い、新政府は右派抜きで樹立された。新たなウクライナ議会の議長はユダヤ人で、のちに彼が首相になった。[*85]

二〇一四年六月にはヨーロッパとの連合協定が調印され、二〇一七年九月に正式に発効された。歴史は前に進んだのだ。

若者が未来を守るべく通りに出てくるか、未来をつぶすべく戦車に乗ってやってくるかは、大きな違いだ。

多くのウクライナ人にとって、未来が来るのは早ければ早いほどよかった。マイダン革命が起こりえたということは、政党国家も、シビル・ソサエティも、供与の経済も、そして個人の犠牲もありうるということだった――つまり再現されることもありえたのだ。ウクライナのシビル・ソサエティが自らを守り抜いてその結果ウクライナ国家が持ちこたえてくれたおかげで、ウクライナの政党政治の歴史は続いた。けれども、ウクライナが最初の一撃で倒れなかったため、ロシアの永遠の政治の政治家たちは引き続きウクライナにやって来ざるをえなくなった。
最初はクリミア、続いてウクライナの他の地域で戦いを指揮すべく送られたロシアの将校たちは、ロシアが永遠に無垢とされる時の遠近法《タイムスケープ》の住人だった。ボロダイによれば、ウクライナとロシアは「共通の文明」に属し、これを彼は「一千年紀《ミレニアム》をかけて築かれた巨大なロシア世界」と呼んだ。したがって、ウクライナという国が存在すること自体が、ロシアに対する一種の攻撃だと考えられた。なぜなら、よそ者たち《アウトサイダー》は「我らがロシア世界からウクライナを引きはがしたい」からだ。ボロダイはグミリョフの著作を読み、マロフェーエフの下で働いていた――とはいえ、これと似たような考えを温めていたのは、ファシストの思想家の著作を読んだわけでもなければ、ソドミーが気になってしかたない投資銀行家の下で働いたこともないロシア人やウクライナ人のあいだにもいたのだが。[*86]
ロシアがウクライナを侵攻しているちょうどそのころ、「偶然のタイムトラベラー」という、ロシアのSF小説の一分野が一世を風靡していた。そのストーリーとは、個人や集団、兵器や軍隊が、世界のありようを修正すべく時を超えて移動を繰り返す、というものだ。永遠の政治においてと同様に、事実や連続性は消滅し、ある瞬間から別の瞬間への飛躍に置き換わる。そしてここぞというときに、無垢なるロシアが決まって罪深き西側を撃退するのだ。かくしてスターリンがプーチンと接触し、ロシアに戒厳令を敷いてアメリカに宣戦布告するよう手助けする。あるいはロシア人たちは一九四一年に戻って、ソ連がドイツの侵攻をくじくのを手助けする……。[*87]
第二次世界大戦は一九三九年ではなく一九四一年に始まったとするのがソヴィエトの公式の政

策だったが、それはロシアでも同じだった。一九四一年にロシアが無垢だったことにするためには、一九三九年にソ連がナチス・ドイツを同盟国として戦争を始めたことや、一九三九年から四一年にかけて占領地でドイツのものとさほど変わらぬ政策に手を染めたことを忘れるしかない。ごく最近の二〇一〇年まで、プーチンはカティンの森の虐殺という、当時の最も悪名高きソ連の犯罪についてポーランド首相と話す気になっていた。ところが二〇一四年になると態度を一変させていた。プーチンが一九三九年のモロトフ゠リッベントロップ協定をたんなる不可侵条約にすぎないと擁護したのは間違いだし、それでは昔のソヴィエトに逆戻りだ。二〇一四年にプーチンが述べたように「ソ連は戦争をしたくなかった」のならば、なぜ一九三九年にソ連軍はポーランドに侵攻し、ポーランド軍将校たちを捕虜にとったのか。そしてなぜ一九四〇年にカティンでソ連の秘密警察が何千人ものポーランド軍将校を殺害したのか。二〇一四年にロシアの法律は、一九三九年から四一年のあいだにソ連がポーランドに侵攻し、バルト諸国を占領し、戦争犯罪をおかしたと発言すれば犯罪行為になるとした。のちにロシアの連邦最高裁判所は、ロシア市民が自国の歴史についての基本的事実をソーシャルメディアに再投稿《リポスト》しただけで有罪判決を受けるおそれがあることを確認した。[*88]

ロシアの無垢が自明の理になったことで、ロシアは想像の翼を無限に広げることができるようになった。クリミアで、その後はロシアによるウクライナ南東部への侵攻でボロダイと協力したイーゴリ・ギルキンもまた、筋金入りの「時空トラベラー」だった。ロシア軍の情報機関の将校を務め、マロフェーエフのために仕事をしながら、ギルキンは子ども向けのサイエンスフィクシヨンを書く時間まで見つけていた。またウクライナに侵攻する以前は、再演者《リエンアクター》という顔もあった——軍服姿に身を包み、過去の戦闘を演じてみせるのが好きな輩《やから》だ。ウクライナに来たギルキンは、骨董品に捧げていたブログに、本物の戦争についての記事を載せた。第一次世界大戦やロシア内戦が大好きなギルキンは、当時の勲章を二〇一四年のロシア兵たちに授けたがった。第二次世界大戦時の赤軍将校を再演《リエンアクト》しているつもりのギルキンは、一九四一年にスターリンが出した命令を引用し、二〇一四年のロシアによる本物の侵攻で、本物の人間を処刑した。[*89]

　ロシアの多くの若者にとって、ウクライナへの介入は、一九四一年という想像の世界で起きた出来事だった。それは彼らの曽祖父たちが、ナチス・ドイツからソ連を守った栄光の時代として人々の記憶に刻まれる世界だ。テレビはこの見方を押しつけようと、大祖国戦争にまつわる言葉をひっきりなしに流していた。チャンネル1はウクライナの兵士たちについて触れるときに、「懲罰作戦」という言葉を五〇〇回以上使用した。第二次世界大戦中のドイツの行動をさすこの言葉は、カレンダーを一九四一年のものに戻し、ウクライナをナチスと重ねるものだった。クリミアにいるロシア兵は、自分たちのしていることについて聞かれると、話題を第二次世界大戦へと切り替えた。続いてウクライナ南東部に介入すると、ロシアは戦争捕虜を公衆の面前で行進させたが、これはスターリンが命じたドイツ兵の屈辱的な行進を模したものだった。ロシア側で戦うことを選んだウクライナの市民は、第二次世界大戦時の戦車を一台、記念館から盗んできた（その前年に行われたパレードのために修理してあったので、エンジンが動いた）。こうしたパルチザンの一人は、ウクライナが勝利するなど考えられないと語ったが、おそらく彼女にとってウクライナの勝利は（ソ連の大敗を招いた第二次ハリコフ攻防戦の起きた）「一九四二年」を意味するからだった。激戦が続くかぎり、今も永遠に一九四一年だった。二〇一四年の夏に大規模な襲撃を仕掛けるさいに、ロシアの若者は自分たちの戦車にペンキで「スターリンのために！」と書いた。[90]

ロシアでは、スターリン（プーチンではなくスターリン）の支持率が五二パーセントにまで上昇し、最高の数字を記録した。レオニード・ブレジネフの支持率も歴史的な高さに達した。だいぶ前に亡くなったこのブレジネフこそが、大祖国戦争でロシアを救った指導者として、ずいぶん前に亡くなったスターリンを祭りあげ、崇拝の対象にしたのだ。スターリンとブレジネフは現代にますます人気が高まっているが、それだけでなく彼らの世界への共感も高まっている。時が経つにつれ、ますます多くのロシア人が、今は亡き彼らの指導者について一家言持つようになっている。スターリンとブレジネフは過去に遠のくどころか、永遠のなかの現在にぐるっと回って戻ってきている。二一世紀に入って一〇年以上過ぎた現在のロシア人が、二〇世紀の指導者たちについての定期的な政治的調査に答えた結果は、すこぶる意味深なものだった。永遠の政治には、「ゾンビの兆候が……」と言って済ますことのできないものがあるのだ。[91]

ウクライナでの戦争は、歴史の記憶を競うものではなかった。それどころかロシアによる侵攻は、ロシアとウクライナが共有していた過去についてのそれまではソヴィエトとしての共通の神話だったものを破壊してしまった。キエフにある公式の戦争博物館は、二〇一四年の戦いで鹵獲したロシア軍の戦車がその芝生に置かれたときに名称を、「大祖国戦争」から「第二次世界大戦」へと変更した。[92]

ウクライナに対するロシアの戦争には、もっと深淵なものがあった——「新しさ」に対する「永遠」の戦いだったのだ。新しいことへのいかなる試みも、権力のお定まりの型《クリシエ》とか、そのお定まりの型《クリシエ》の持つ力と対峙しなければならないのか。それともマイダンのウクライナの人々とともに、何か新しいものを生みだすことができるのだろうか？

# 原　註
## （第１章～第４章）

1.　註は本文の各章の段落ごとにナンバーを振ってある。註のスタイルは出典と本書の本文との関係を明確にしている。興味をお持ちの読者は、本文中の該当する段落のなかで簡単にチェックすべき箇所を見いだせる。このやり方はさして面倒ではない。

　一方、翻字（transliteration）の問題は面倒である。〔原著で〕引用されている出典や引用先は、ロシア語、ウクライナ語、ドイツ語、フランス語、ポーランド語、英語とある。ロシア語、ウクライナ語はキリル文字で綴られているので、ロシア語、ウクライナ語の単語には翻字が必要である。本文中では、ロシア語、ウクライナ語の名前は一般的に、なじんだ形、ないしは関わりのある人物たちの好む形に翻字されている。原註においては、アメリカ議会図書館（Library of Congress）の翻字システムの簡略化したものを用いている。

2.　出典はどれも、初出箇所では完全な形で記し、それ以降は省略形での表記としている。しばしば引用されるメディアは以下のように省略することを諒とされたい。

1）BI: *Business Insider*／2）DB: *Daily Beast*／3）EDM: *Eurasia Daily Monitor*／4）FAZ: *Frankfurter Allgemeine Zeitung*／5）FT: *Financial Times*／6）GW: *Gazeta Wyborcza*／7）HP: *Huffington Post*／8）KP: *Komsomol'skaia Pravda*／9）LM: *Le Monde*／10）NG: *Novaia Gazeta*／11）NPR: *National Public Radio*／12）NW: *Newsweek*／13）NY: *New Yorker*／14）NYR: *New York Review of Books*／15）NYT: *New York Times*／16）PK: *Pervyi Kanal*／17）RFE/RL: *Radio Free Europe/Radio Liberty*／18）RG: *Russkaia Gazeta*／19）RK: *Russkii Kolokol*／20）TG: *The Guardian*／21）TI: *The Interpreter*／22）UP: *Ukrains'ka Pravda*／23）VO: *Vozrozhdenie*／24）WP: *Washington Post*／25）WSJ: *Wall Street Journal*

3.　原註中の〔　〕のなかは訳者による補いである。

## 第1章　個人主義か全体主義か（2011年）

＊1　必然性と永遠という概念は新たなものである。「時の遠近法」（timescape）は〔アナロジーとして〕以前からある。筆者は次の業績に大いに助けられた。Hans Ulrich Gumbrecht, *Nach 1945,* trans. Frank Born (Berlin: Suhrkampf, 2012); Johann Chapoutot, "L'historicité nazie," *Vingtième Siècle,* No. 117, 2013, 43–55; Reinhart Koselleck, *Futures Past,* trans. Keith Tribe (Cambridge, Mass.: MIT Press, 1985); Mary Gluck, *Georg Lukács and His Generation, 1900–1918* (Cambridge, Mass.: Harvard University Press, 1991).

＊2　Czesław Miłosz, *Zniewolony umysł* (Paris: Kultura, 1953), 15.〔チェスワフ・ミウォシュ『囚われの魂』工藤幸雄訳、共同通信社、1996年〕。

＊3　ロシアにおける富と不平等については本書第6章において論じる。出典はそちらで参照のこと。

＊4　ファシズムの知的起源については、Zeev Sternhell, *Les anti-Lumières* (Paris: Gallimard, 2010). この先で出てくるが、イリインは、正教会信徒でもあったルーマニアのファシストたちときわめて近しかった。キリスト教とファシズムの問題は広汎な問題である。西側の例の背景を知るには、Susannah Heschel, *The Aryan Jesus* (Princeton: Princeton UP, 2010); John Connelly, *From Enemy to Brother* (Cambridge, Mass.: Harvard UP, 2012); Brian Porter-Szűcs, *Faith and Fatherland* (New York: Oxford UP, 2011).

＊5　復活につながったイリインの書とは、I. Ilyin, *Nashi zadachi: Stat'i 1948–1954 gg.* (Paris: Izdanie Russkago obshche-voinskago soiuza, 1956). 1990年代におけるイリインの復活については、Oleg Kripkov, "To Serve God and Russia: Life and Thought of Russian Philosopher Ivan Il'in," doctoral dissertation, Department of History, University of Kansas, 1998, 205. 初期のプーチンの〔連邦議会での〕演説については、Address to Federal Assembly, April 25, 2005; Address to Federal Assembly, May 10, 2006.〔イリインの〕改葬については、"V Moskve sostoialas' tseremoniia perezakhoroneniia prakha generala A. I. Denikina i filosofa I. A. Il'ina," *Russkaia Liniia,* Oct. 3, 2005. イリインの論文については、"MSU will digitize archives of Ilyin," newsru.com. プーチンが自分で原稿を書き上げたことについては、Maxim Kalinnikov, "Putin i russkie filosofy: kogo tsitiruet prezident," Rustoria.ru, Dec. 5, 2014. 直接間接にイリインを引用しながらプーチンが対外政策とウクライナ侵攻について述べたことについては、"Vladimir Putin called the annexation of Crimea the most important event of the past year," PK, Dec. 4, 2014; "Blok NATO razoshelsia na blokpakety," *Kommersant,* April 7, 2008; Vladimir Putin, "Rossiia: natsional'nyi vopros," *Nezavisimaia Gazeta,* Jan. 23, 2012; Vladimir Putin, Address to Federal Assembly, Dec. 12, 2012; Vladimir Putin, Meeting with Representatives of Different

Orthodox Patriarchies and Churches, July 25, 2013; Vladimir Putin, Remarks to Orthodox-Slavic Values: The Foundation of Ukraine's Civilizational Choice conference, July 27, 2013; Vladimir Putin, "Excerpts from the transcript of the meeting of the Valdai International Discussion Club," Sept. 19, 2013; Vladimir Putin, interview with journalists in Novo-Ogarevo, March 4, 2014. プーチンがイリインを権威と仰いでいることについては、"Meeting with young scientists and history teachers," Moscow, 2014, Kremlin, 46951.

＊6　イリインに対するスルコフの態度を知るには、Vladislav Surkov, "Speech at Center for Party Studies and Personnel Training at the United Russia Party," Feb. 7, 2006, published in *Rosbalt,* March 9, 2006; Iurii Kofner, "Ivan Il'in—Evraziiskii filosof Putina," *Evraziia-Blog*, Oct. 3, 2015; Aleksei Semenov, *Surkov i ego propaganda* (Moscow: Knizhnyi Mir, 2014). イリインに対するメドヴェージェフの態度を知るには、D. A. Medvedev, "K Chitateliam," in I. A. Ilyin, *Puti Rossii* (Moscow: Vagrius, 2007), 5–6. ロシア政治におけるイリインについては、Tatiana Saenko, "Parlamentarii o priniatii v sostav Rossiiskoi Federatsii novykh sub'ektov," *Kabardino-Balkarskaya Pravda*, no. 49, March 18, 2014, 1; Z. F. Dragunkina, "Dnevnik trista sorok deviatogo (vneocherednogo) zasedaniia soveta federatsii," *Biulleten' Soveta Federatsii*, vol. 254 (453); V. V. Zhirinovskii, V. A. Degtiarev, N. A. Vasetskii, "Novaia gosudarstvennost," *Izdanie LDPR*, 2016, 14. よくも付けたと思う名のロシア自由民主党党首のウラジーミル・ジリノフスキーが確かにプーチンより先にイリインを読んでいたことについては、Andreas Umland, "Vladimir Zhirinovskii in Russian Politics," doctoral dissertation, Free University of Berlin, 1997. 公務員たちがイリインの全集を受け取ったことについては、Michael Eltchaninoff, *Dans la tete de Vladimir Poutine* (Arles: Actes Sud, 2015). ロシア各地の知事（と同一クラスの公務員）による発言の例については、kurganobl.ru/10005.html,etnokonf.astrobl.ru/document/621; old.sakha.gov.ru/node/1349#,special.kremlin.ru/events/president/news/17536; gov.spb.ru/law?d&nd=537918692&nh=1.

＊7　これらの課題〔美徳〕については本書第３章、第６章で論証される。

＊8　イリインの政治的志向の変遷については、Kripkov, "To Serve God and Russia," 13–35 for youthful leftism; Philip T. Grier, "The Complex Legacy of Ivan Il'in," in James P. Scanlan, ed., *Russian Thought after Communism* (Armonk: M. E. Sharpe, 1994), 165–86; Daniel Tsygankov, "Beruf, Verbannung, Schicksal: Iwan Iljin und Deutschland," *Archiv für Rechts-und Sozialphilosophie,* vol. 87, no. 1, 2001, 44–60. ムッソリーニとイタリアのファシズムについてのイリインの論考は、"Pis'ma o fashizmie: Mussolini sotsialist," *VO,* March 16, 1926, 2; "Pis'ma o fashizmie: Biografiia Mussolini," *VO,* Jan. 10, 1926, 3. 以下も参照。"Natsional-sotsializm" (1933), in D. K. Burlaka, ed., *I.A. Il'in—pro et contra* (Saint Petersburg: Izd-vo Russkogo khristianskogo gumanitarnogo in-ta, 2004), 477–84.

＊9　ファシズムについてのイリインの考えを知るには、"Natsional-sotsializm." ロシアの白軍についてのイリインの考えを知るには、"O russkom' fashizmie," *RK* no. 3,

1927, 56, 64. 以下も参照。Grier, "Complex Legacy," 166–67. ロシアの内戦についての有益な入門書〔分担執筆〕としては、Donald J. Raleigh, "The Russian Civil War, 1917–1922," in Ronald Grigor Suny, ed., *Cambridge History of Russia* (Cambridge, UK: Cambridge UP, 2006), vol. 3, 140–67.

＊10　ヒトラーについてのイリインの考えを知るには、"Natsional-sotsializm," 477–84.〔ヒトラーの反ユダヤ主義が〕ロシア白軍のイデオロギーから派生したことについては、Michael Kellogg, *The Russian Roots of Nazism* (Cambridge, UK: Cambridge UP, 2005), 12, 65, 72–73. 以下も参照。Alexander Stein, *Adolf Hitler: Schüler der "Weisen von Zion"* (Karlové Vary: Graphia, 1936) and V. A. Zolotarev, et al., eds., *Russkaia voennaia emigratsiia* (Moscow: Geiia, 1998). イリインの伝記的要素については、Tsygankov, "Iwan Iljin"; Tsygankov, "Beruf, Verbannung, Schicksal," 44–60; Kripkov, "To Serve God and Russia," 2, 10, 304; I. I. Evlampiev, ed., *Ivan Aleksandrovich Il'in* (Moscow: Rosspen, 2014), 14; Grier, "Complex Legacy."

＊11　イリインの伝記的要素については、Kripkov, "To Serve God and Russia," 72–73, 240, 304; Grier, "Complex Legacy"; Tsygankov, "Iwan Iljin." スイスでのイリインの受け入れられ方については、Jürg Schoch, " 'Ich möchte mit allem dem geliebten Schweizervolk dienen,' " *Tages-Anzeiger,* Dec. 29, 2014.

＊12　"Sud'ba Bol'shevizma" (Sept. 19, 1941), in I. A. Il'in, *Sobranie sochinenii,* ed. Iu. T. Lisitsy (Moscow: Russkaia kniga, 1993–2008), 22 volumes（ここでは vol. 8.). イリインの仲間たちについては、Schoch, " 'Ich möchte mit allem dem geliebten Schweizervolk dienen.' " イリインへの経済的支援については、Kripkov, "To Serve God and Russia," 245.

＊13　Felix Philipp Ingold, "Von Moskau nach Zellikon," *Neuer Zürcher Zeitung,* Nov. 14, 2000.

＊14　哲学的概念がドイツ語だったために、著者はドイツ語版からもっぱら引用している。(I. A. Iljin, *Philosophie Hegels als kontemplative Gotteslehre* 〔Bern: A. Francke Verlag, 1946〕), 本書の目的からして、著者はロシアでの議論とは離れてイリインに焦点を合わせている。ロシアでの背景を知るには、Laura Engelstein, "Holy Russia in Modern Times: An Essay on Orthodoxy and Cultural Change," *Past & Present,* 173, 2001, 129–56; Andrzej Walicki, *A History of Russian Thought from the Enlightenment to Marxism* (Stanford: Stanford UP, 1979).

＊15　Iljin, *Philosophie Hegels,* 9, 351–52, 374. 神の完全性についてのシオランの考えを知るには、E. M. Cioran, *Le Mauvais Démiurge* (Paris: Gallimard, 1969), 14.〔E. M. シオラン『悪しき造物主』（叢書・ウニベルシタス）、金井裕訳、法政大学出版局、2017 年（新装版）〕。ヘーゲル、ヘーゲル学派と完全性についての伝統的概念については、Leszek Kołakowski, *Main Currents of Marxism. Vol. 1: The Founders* (Oxford: Oxford UP, 1978), 17–26.

*16　Iljin, *Philosophie Hegels,* 310, 337, 371, 372. 参考として次を参照。Roman Ingarden, *Spór o istnienie świata* (Cracow: Nakład Polskiej Akademii Umiejętności), 1947.
*17　Iljin, *Philosophie Hegels,* 307, 335.
*18　悪《イーブル》については、I. Ilyin, *O soprotivlenii zlu siloiu* (1925), in *Sobranie sochinenii,* vol. 5, 43.〔人間の〕存在、事実重視、中流階級については、Iljin, *Philosophie Hegels,* 312, 345. まさにこの点から個人主義擁護を始めることも可能である。次を参照。Józef Tischner, *Spowiedź rewolucjonisty. Czytając Fenomenologię Ducha Hegla* (Cracow: Znak, 1993), 42–43.
*19　倫理は自分を例外としないことにより始まるという考えはイマニュエル・カントと結びつくが、若い頃のイリインはカントに大きな影響を受けていた。
*20　刊行されたスイスでの講演（複数）のテーマでもあったが、イリインの熟考については、Iljin, *Philosophie Hegels,* 8. コドレアヌスの見解については、Constantin Iordachi, *Charisma, Politics, and Violence* (Trondheim: Norwegian University of Science and Technology, 2004), 45. こうした「ネイション」についてのイリインの考えを知るには、"Put' dukhovnogo obnovleniia," (1932–1935), *Sobranie sochinenii,* vol. 1, 196.
*21　有機体と「友愛的連合」については、V. A. Tomsinov, *Myslitel' s poiushchim serdtsem* (Moscow: Zertsalo, 2012), 166, 168; Tsygankov, "Iwan Iljin." 民族的少数派については、Ilyin, *Nashi zadachi,* 250.
*22　外国からの脅威については、Ilyin, "Put' dukhovnogo obnovleniia," in *Sobranie sochinenii,* vol. 1, 210 (and on God and nation at 328); Iljin, *Philosophie Hegels,* 306 (and on Russian spirit at 345); Kripkov, "To Serve God and Russia," 273.
*23　イリインの脅威の創出と「大陸封鎖」については、Iljin, ed., *Welt vor dem Abgrund* (Berlin: Eckart-Verlag, 1931), 152, 155.〔イ・イリーン『「ソヴィエート」同盟の眞相』（思想研究資料、司法省刑事局編、第 21 輯）司法省刑事局 , 1932 年〕; Kripkov, "To Serve God and Russia," 273.
*24　イリインのこのあたりの経歴については、Grier, "Complex Legacy," 165. イリインの引用は次から、"O russkom" fashizmie," 60: "Dielo v' tom', chto fashizm' est spasitelnyi eksstess patrioticheskago proizvola."
*25　「救済行為」についてのイリインの考えを知るには、"O russkom" fashizmie," *RK,* no. 3, 1927, 60–61. ヒトラーの引用は次から。*Mein Kampf* (Munich: Zentralverlag der NSDAP, 1939), 73.〔アドルフ・ヒトラー『わが闘争 完訳』上下巻、平野一郎・将積茂訳、角川文庫、角川書店、2001 年（改訂版）〕。
*26　神についてのイリインの考えを知るには、Tsygankov, "Iwan Iljin." 神の完全性とキリストのための戦いについては、*O soprotivlenii zlu siloiu,* 33, 142.〔悪魔に立ち向かう〕騎士道的な戦いについては、"O russkom" fashizmie," 54. イリインは彼の雑誌 *Russki Kolokol*（『ロシアの鐘』）の創刊号で詩を発表し「汝の祈りが剣となり、汝の剣が祈りとならんことを！」と記した。次を参照。*RK,* no. 1, 80. キリスト教

から脱却しようとしたニーチェと異なり、イリインはたんにキリスト教を反転させようとしていた。イリインは、敵を憎むことで神を愛することが必要だと述べている。ニーチェは（自伝『この人を見よ』（*Ecce Homo*）のなかで）、知識を求める者は敵を愛さねばならないし友を憎まねばならない、それこそ高次元の挑戦だと言った。イリインはヘーゲル学派だが、ここではニーチェの方が確実に優れた弁証法の使い手であった。

＊27　「権力」については、Ilyin, "Pis'ma o fashizmie: Lichnost' Mussolini," *VO,* Jan. 17, 1926, 3.「歴史を超越した」については、"Pis'ma o fashizmie: Biografiia Mussolini," *VO,* Jan. 10, 1926, 3.「官能という邪悪な本性」については、Iljin, *Philosophie Hegels,* 320. Manliness: Ryszard Paradowski, *Kościół i władza. Ideologiczne dylematy Iwana Iljina*（Poznań: Wydawnictwo Naukowe UAM, 2003）, 91, 114. 救世主と有機体については、I. A. Il'in, "Belaia ideia," *Sobranie sochinenii,* vols. 9–10, 312.

＊28　次を参照。Jean-Pierre Faye, "Carl Schmitt, Göring, et l'État total," in Yves Charles Zarka, ed., *Carl Schmitt ou le mythe du politique*（Paris: Presses Universitaires de France, 2009）, 161–82; Yves-Charles Zarka, *Un detail dans la pensér de Carl Schmitt*（Paris: Presses Universitaires de France, 2005）; Raphael Gross, *Carl Schmitt and the Jews,* trans. Joel Golb（Madison: University of Wisconsin Press）, 2007.〔ラファエル・グロス『カール・シュミットとユダヤ人――あるドイツ法学』（叢書・ウニベルシタス）、山本尤訳、法政大学出版局、2002年〕。カール・シュミットの影響については、Dirk van Laak, *Gespräche in der Sicherheit des Schweigens*（Berlin: Akademie Verlag, 1993）; Jan-Werner Müller, *A Dangerous Mind*（New Haven: Yale UP, 2003）.〔ヤン・ヴェルナー・ミューラー『カール・シュミットの「危険な精神」――戦後ヨーロッパ思想への遺産』（Minerva人文・社会科学叢書）、中道寿一訳、ミネルヴァ書房、2011年〕。イリインがロシアで復活したことはカール・シュミットの国際的な復権の一環としてとらえられるべきであるが、ここで考察を加えるには大きすぎるテーマである。カール・シュミットの統治者についての考えは、Carl Schmitt, *Politische Theologie*（Berlin: Duncker & Humblot, 2004, 1922）, 13.〔カール・シュミット『危機の政治理論』（現代思想1、清水幾太郎責任編集）長尾龍一ほか訳、ダイヤモンド社、1973年〕。イリインの「ロシアのナショナリズム」という論文は、"O russkom natsionalizmie," 47. Art of politics: *Nashi zadachi,* 56: "Politika est' iskusstvo uznavat' i obezvrezhyvat' vraga."

＊29　戦争についてのイリインの考えは、Paradowski, *Kościół i władza,* 194. ルーマニアのファシストの歌は、"March by Radu Gyr" from "Hymn of the Legionary Youth"（1936）, 以下に引用されている、Roland Clark, *Holy Legionary Youth: Fascist Activism in Interwar Romania*（Ithaca: Cornell UP, 2015）, 152. 関連して次も参照。Moshe Hazani, "Red Carpet, White Lilies," *Psychoanalytic Review,* vol. 89, no. 1, 2002, 1–47.「度の過ぎた行為」と「情熱」については、*Philosophie Hegels,* 306; "Pis'ma o fashizmie," 3. ヴィト

ルド・ゴンブローヴィッチ〔ポーランドの小説家・劇作家、1904－1969〕の小説、とりわけ『フェルディドゥルケ』（*Ferdydurke*）は「無垢」という問題についての入門書として格好である〔W. ゴンブローヴィッチ『フェルディドゥルケ』（平凡社ライブラリー）、米川和夫訳、平凡社、2004 年〕。

＊30　シャルル・ペギーの引用は、Eugen Weber, “Romania,” in Hans Rogger and Eugen Weber, eds., *The European Right: A Historical Profile*（Berkeley: University of California Press, 1965）, 516.

＊31　指導者と選挙についてのイリインの考えは、*Nashi zadachi,* 33, 340–42; Ilyin, *Osnovy gosudarstevnnogo ustroistva*（Moscow: Rarog’, 1996）, 80; Paradowski, *Kościół i władza,* 114, 191. 以下も参照。Iordachi, *Charisma, Politics, and Violence,* 7, 48.

＊32　自由選挙についてのイリインの考えは、I. A. Il’in, “Kakie zhe vybory nuzhny Rossii”（1951）, *Sobranie sochinenii,* vol. 2, part 2, 1993, 18–23.「民主主義の原理」については、Paradowski, *Kościół i władza,* 91.

＊33　イリインの引用は、Ilyin, “Kakie zhe vybory nuzhny Rossii,” 25. 中流階級については、*Philosophie Hegels,* 312–16; *Osnovy gosudarstevnnogo ustroistva,* 45–46. イリインの時代には、中流階級への侮蔑の念は極右、極左において典型的であった。〔侮蔑の念を〕うまく特徴づけしている例としては、Miłosz, *Zniewolony umysł,* 20. 現在のロシアのファシズムにおいても典型的である。一例として、Alexander Dugin, “The War on Russia in its Ideological Dimension,” *Open Revolt,* March 11, 2014.〔アレクサンドル・ドゥーギンはこの先で、本文中に頻繁に登場する〕。

＊34　イリインの青年時代の法への観念については、I. A. Ilyin, “The Concepts of Law and Power,” trans. Philip. T. Grier, *Journal of Comparative Law,* vol. 7, no. 1, 63–87. ロシア人の「心のうち」については、Ilyin, *Nashi zadachi,* 54; Tomsinov, *Myslitel’s poiushchim serdtsem,* 174.「形而上学的アイデンティティ」については、*Philosophie Hegels, 306.* イリインは「ローマ人への手紙 2－15」に言及している。正教の神学には重要な節である。〔「彼らはこのようにして、律法の命じる行ないが彼らの心に書かれていることを示しています。彼らの良心もいっしょになってあかしし、また、彼らの思いは互いに責め合ったり、また、弁明し合ったりしています」〕。「心の内」の現象学的倫理学での別の読み解き方については、Tischner, *Spowiedź rewolucjonisty,* 92–93.

＊35　参考までに次を参照。Cioran, *Le Mauvais Démiurge,* 24; Payne, *Fascism,* 116.

＊36　犠牲者としてのロシアについては、Paradowski, *Kościół i władza,* 188, 194.

＊37　ロシアの寡頭政治《オリガーキー》については本書第 6 章において論じる。出典はそちらで参照。

＊38　マーシャ・ゲッセン（Masha Gessen）〔ロシア生まれのアメリカ人。ジャーナリストなど〕は 1970 年代に育った者たちの「進歩的な時間の崩壊」において異なった例となっている。*The Future Is History*（New York: Riverhead Books, 2017）.

＊39　G. W. F. Hegel, *Vorlesungen über die Philosophie der Geschichte,* part 3, section 2, chapter 24.〔G. W. F. ヘーゲル『哲学史講義』長谷川宏訳、河出文庫、河出書房新社、2016 年〕。

＊40　ヘーゲル左派としてのマルクスについては、Karl Marx, *The Economic and Philosophic Manuscripts of 1844,* ed. Dirk J. Struik, New York: International Publishers, 1964.〔カール・マルクス『経済学・哲学草稿』長谷川宏訳、光文社古典新訳文庫、光文社、2010 年〕。ここでの要点については 34, 145, 172. ヘーゲル左派については、Kołakowski, *Main Currents,* vol. 1, 94–100.

＊41　イリインの政治哲学については、Philip T. Grier, "The Speculative Concrete," in Shaun Gallagher, ed., *Hegel, History, and Interpretation*（State University of New York Press, 1997）, 169–93. イリインのマルクス観については、*Philosophie Hegels,* 11. 神についてのヘーゲルの態度については、Marx, *The Economic and Philosophic Manuscripts of 1844,* 40. 神についてのイリインの態度については、*Philosophie Hegels,* 12; Kripkov, "To Serve God and Russia," 164; Ilyin, "O russkom" fashizmie," 60–64.

＊42　レーニンのイリインへの態度については、Kirill Martynov, "Filosof kadila i nagaiki," *NG,* Dec. 9, 2014; Philip T. Grier, "Three Philosophical Projects," in G. M. Hamburg and Randall A. Poole, eds., *A History of Russian Philosophy 1830–1930*（Cambridge, UK: Cambridge UP, 2013）, 329.

＊43　イリインのレーニンへの態度については、Kripkov, "To Serve God and Russia." イリインの革命への態度については、"O russkom" fashizmie," 60–61; *Nashi zadachi,* 70. ベルジャーエフのイリインについての慧眼については、Martynov, "Filosof kadila i nagaiki"; Eltchaninoff, *Dans la tête de Vladimir Poutine,* 50. 以下も参照。Tischner, *Spowiedź rewolucjonisty,* 211.

＊44　ジャズに対するイリインの反応は、Ilyin, "Iskusstvo," in D. K. Burlaka, ed., *I.A. Il'in—pro et contra*（St. Petersburg: Izd-vo Russkogo khristianskogo gumanitarnogo in-ta, 2004）, 485–86. ジャズに対する『プラウダ』の反応は、Maxim Gorky, "O muzyke tolstykh," *Pravda,* April 18, 1928. ポーランドのファシストも同様の態度をとったことについては、Jan Józef Lipski, *Idea Katolickiego Państwa Narodu Polskiego*（Warsaw: Krytyka Polityczna, 2015）, 47. 反ユダヤ主義としてのジャズの見方については、Leopold Tyrmand, *Dziennik 1954*（London: Polonia Book Fund, 1980）. 法についてのアンドレイ・ヴィシンスキー〔1883–1954〕の信念については、Martin Krygier, "Marxism and the Rule of Law," *Law & Social Inquiry,* vol. 15, no. 4, 1990, 16. 例外的なスターリニストの国家（複数）については、Stephen G. Wheatcroft, "Agency and Terror," *Australian Journal of Politics and History,* vol. 53, no. 1, 2007, 20–43; ibid., "Towards Explaining the Changing Levels of Stalinist Repression in the 1930s," in Stephen G. Wheatcroft, ed., *Challenging Traditional Views of Russian History*（Houndmills: Palgrave, 2002）, 112–38.

＊45　ソ連についてのイリインの考えは、Ilyin, *Nashi zadachi;* Kripkov, "To Serve God

and Russia," 273. ロシアとファシズムについてのイリインの考え方については、本章のあちこちにある出典を参照。また次のようなものに見られる議論も参照。I. I. Evlampiev, "Ivan Il'in kak uchastnik sovremennykh diskussii," in Evlampiev, ed., *Ivan Aleksandrovich Il'in* (Moscow: Rosspen, 2014), 8–34. スターリンとロシアについては、David Brandenberger, *National Bolshevism* (Cambridge, Mass.: Harvard UP, 2002); Serhy Yekelchyk, *Stalin's Empire of Memory* (Toronto: University of Toronto Press, 2004). 以下も参照。Yoram Gorlizki and Oleg Khlevniuk, *Cold Peace* (Oxford: Oxford UP, 2004); Hiroaki Kuromiya, *Stalin* (Harlow: Pearson Longman, 2005); Vladislav M. Zubok, *A Failed Empire* (Chapel Hill: University of North Carolina Press, 2007).

＊46　上で引用されている出典の他に、*Nashi zadachi*, 152–55. このテーマに違った見方をしているものとして、Shaun Walker, *The Long Hangover* (Oxford: Oxford UP, 2018), "vacuum" at 1 and sic passim.

＊47　プーチンがイリインを引用している例はすでに本章にいくつか登場してきたが、本書の第2章、第3章でも引用が見られる。イリインの影響についてのロシアでの議論の雰囲気を知るには、Yuri Zarakhovich, "Putin Pays Homage to Ilyin," *EDM*, June 3, 2009; Maxim Kalinnikov, "Putin i russkie filosofy: kogo tsitiruet prezident," Rustoria.ru, Dec. 5, 2014; Martynov, "Filosof kadila i nagaiki"; Izrail' Zaidman, "Russkii filosof Ivan Il'in i ego poklonnik Vladimir Putin," *Rebuzhie*, Nov. 25, 2015; Eltchaninoff, *Dans la tête de Vladimir Poutine*.

＊48　また別の現象学的キリスト教徒が述べるように、「我々と彼ら」も善悪を完全に分かつが、それは此岸では不可能である。次を参照。Tischner, *Spowiedź rewolucjonisty*, 164.

## 第2章　継承か破綻か（2012年）

＊1　アレクサンドル・ランダの引用は次から。*Iordachi, Charisma, Politics, and Violence*, 7.

＊2　マルキシズムとレーニズムのあいだにエンゲルスがいた。次を参照。Friedrich Engels, *Anti-Dühring* (New York: International Publishers, [1878], 1972).

＊3　次を参照。Timothy Snyder, *Bloodlands* (New York: Basic Books, 2010).〔ティモシー・スナイダー『ブラッドランド――ヒトラーとスターリン 大虐殺の真実』上下巻、布施由紀子訳、筑摩書房、2015年〕。

＊4　説得力あるケーススタディーとしては次を参照。Amir Weiner, *Making Sense of War* (Princeton: Princeton UP, 2001).

＊5　「時の進行の停止」についての個人史を知るには次を参照。Katja Petrowskaja, *Vielleicht Esther* (Berlin: Suhrkamp, 2014); and Marci Shore, *The Taste of Ashes* (New York: Crown Books, 2013).

＊6　Kieran Williams, *The Prague Spring and Its Aftermath*（New York: Cambridge UP, 1997）; Paulina Bren, *The Greengrocer and His TV*（Ithaca: Cornell UP, 2010）.

＊7　Christopher Miller, *The Struggle to Save the Soviet Economy*（Chapel Hill: University of North Carolina Press, 2016）. 国家主義的な政治体制下の経済については、Timothy Snyder, "Soviet Industrial Concentration," in John Williamson, ed., *The Economic Consequences of Soviet Disintegration*（Washington, D.C.: Institute for International Economics, 1993）, 176–243.

＊8　ソ連内部のソヴィエト共和国の問題について古典的名句（locus cllasicus）を知るには、Terry Martin, *The Affirmative Action Empire: Nations and Nationalism in the Soviet Union, 1923–1939*（Ithaca, NY: Cornell UP, 2001）.〔テリー・マーチン『アファーマティヴ・アクションの帝国――ソ連の民族とナショナリズム、1923年〜1939年』荒井幸康ほか訳、明石書店、2011年〕。1989年と1991年のあいだの関係性のかけがえのなさを知るうえで価値があるのは、Mark Kramer, "The Collapse of East European Communism and the Repercussions within the Soviet Union," *Journal of Cold War Studies,* vol. 5, no. 4, 2003; vol. 6, no. 4, 2004; vol. 7, no. 1, 2005.

＊9　ボリス・エリツィンの人物描写として貴重なものは、Timothy J. Colton, *Yeltsin: A Life*（New York: Basic Books, 2008）.

＊10　ジョージ・H・W・ブッシュ大統領のキエフ訪問については、"Excerpts From Bush's Ukraine Speech: Working 'for the Good of Both of Us,' " Reuters, Aug. 2, 1991. ブッシュがゴルバチョフに言ったことについては、Svetlana Savranskaya and Thomas Blanton, eds., *The End of the Soviet Union 1991,* Washington, D.C.: National Security Archive, 2016, document 151.

＊11　イリインの救済の観念は本書第1章で論じている。とりわけ次を参照。"O russkom" fashizmie," 60–63.

＊12　ソ連の終焉について抑制されているが行き届いた歴史的入門書としては、Archie Brown, *The Rise and Fall of Communism*（New York: HarperCollins, 2009）.〔アーチー・ブラウン『共産主義の興亡』下斗米伸夫監訳、中央公論新社、2012年〕。

＊13　Charles Clover, *Black Wind, White Snow: The Rise of Russia's New Nationalism*（New Haven: Yale UP, 2016）, 214–23.〔チャールズ・クローヴァー『ユーラシアニズム――ロシア新ナショナリズムの台頭』越智道雄訳、NHK出版、2016年〕。

＊14　"Proekt Putin glazami ego razrabotchika," *MKRU,* Nov. 23, 2017; Clover, *Black Wind, White Snow,* 246–47.

＊15　政治的背景、メディアの状況については次を参照。Arkady Ostrovsky, *The Invention of Russia*（London: Atlantic Books, 2015）, 245–83. プーチンの支持率については、David Satter, *The Less You Know, the Better You Sleep*（New Haven: Yale UP, 2016）, 11.

＊16　爆破事件の政治的利用については、Satter, *The Less You Know,* 10–11; Krystyna

Kurczab-Redlich, *Wowa, Wolodia, Wladimir*（Warsaw: Wydawnictwo ab, 2016）, 334–46, 368.

＊17 テロリズムと〔テレビ局の〕管理については、Peter Pomerantsev, *Nothing Is True and Everything Is Possible*（New York: Public Affairs, 2014）, 56.〔ピーター・ポマランツェフ『プーチンのユートピア』池田年穂訳、慶應義塾大学出版会、2018年〕。選挙で選ばれる知事職の廃止については、Satter, *The Less You Know,* 116. スルコフの説明については、"Speech at Center for Party Studies," Feb. 7, 2006, published in *Rosbalt,* March 9, 2006; *Ivanov + Rabinovich,* April 2006.〔*Ivanov + Rabinovich* はロシア反体制派のユーモア短編集である〕。

＊18 スルコフと「主権民主主義」については、*Ivanov + Rabinovich,* April 2006, and succeeding note. 以下も参照。"Pochemu Putin tsitiruet filosofa Il'ina?" *KP,* July 4, 2009. アレクサンドル・ドゥーギン〔既出、Alexander Dugin〕は、後になって著書でこの見解を発展させた。*Putin protiv Putina*（Moscow: Yauza-Press, 2012）.

＊19 ウラジスラフ・スルコフによる民主主義とロシア国家の三本の柱については、*Texts 97-10,* trans. Scott Rose（Moscow: Europe, 2010）. イリインの「民主的独裁者」という表現については、*Nashi zadachi,* 340–42. イリインを引用しているのは、Surkov, "Suverenitet—eto politicheskii sinonim konkurentosposobnosti," in *Teksty 97-07*（Moscow: 2008）.「人柄こそが制度なのだ」は、Surkov, "Russkaia politicheskaia kultura: Vzgliaad iz utopii," Russ.ru, June 7, 2015.

＊20 2002年のプーチンの言動については、Michel Eltchaninoff, *Dans la tête de Vladimir Poutine*（Arles: Actes Sud, 2015）, 37. ウクライナのEUの一員としての将来については、"Putin: EU-Beitritt der Ukraine 'kein Problem,' " *FAZ,* Dec. 10, 2004. 本書第3章での論議も参照のこと。

＊21 大統領選挙の結果については、Vera Vasilieva, "Results of the Project 'Citizen Observer,' " Dec. 8, 2011. 以下も参照。Michael Schwirtz and David M. Herszenhorn, "Voters Watch Polls in Russia," *NYT,* Dec. 5, 2011. 国民の抗議については、"In St. Petersburg, 120 protestors were detained," *NTV,* Dec. 5, 2011; Will Englund and Kathy Lally, "Thousands of protesters in Russia demand fair elections," *WP,* Dec. 10, 2011; "Russia: Protests Go on Peacefully," Human Rights Watch, Feb. 27, 2012; Kurczab-Redlich, *Wowa,* 607. 政権にすり寄るメディアが警察を称賛したことについては、*KP,* Dec. 5, 2011; *Pravda,* Dec. 5, 2011. ニック・グリフィンについては、Elena Servettez, "Putin's Far Right Friends in Europe," Institute of Modern Russia, Jan. 16, 2014; Anton Shekhovstov, *Russia and the Western Far Right*（London: Routledge, 2018）. 以下も参照。Kashmira Gander, "Ex-BNP leader Nick Griffin tells right-wing conference Russia will save Europe," *Independent,* March 23, 2015.

＊22 いかさまの性質については、"Fal'sifikatsii na vyborakh prezidenta Rossiiskoi Federatsii 4 Marta 2012 goda," *Demokraticheskii Vybor,* March 30, 2012. 以下も参照。

Satter, *The Less You Know,* 91; Kurczab-Redlich, *Wowa,* 610–12. ポーランドの「選挙管理員」のバルトシュ・コフナツキとマテウス・ピスコルスキについては、Konrad Schuller, "Die Moskau-Reise des Herrn Kownacki," *FAZ,* July 11, 2017. コフナツキは後年ポーランド政府の国防副大臣になるし、かたやピスコルスキは情報活動の疑いで逮捕されることになる。

＊23　"Oppozitsiia vyshla na Pushkinskoi," Gazeta.ru, March 5, 2012.

＊24　メドヴェージェフについては、Satter, *The Less You Know,* 65. プーチンについては、"Excerpts from the transcript of the meeting of the Valdai International Discussion Club," Sept. 19, 2013. イリインの引用は次から。"Kakie zhe vybory nuzhny Rossii," 22.

＊25　Kripkov, "To Serve God and Russia," 65.

＊26　Dmitry Medvedev（@MedvedevRussia), Dec. 6, 2011. 以下も参照。Paul Goble, " 'Hybrid Truth' as Putin's New Reality," Window on Eurasia, blog, Jan. 30, 2015.

＊27　Vladimir Yakunin, "Novyi mirovoi klass' vyzov dlia chelovechestva," *Narodnyi Sobor,* Nov. 28, 2012.

＊28　中国での大会での演説は、"Address on Human Rights, Democracy, and the Rule of Law," Beijing, Sept. 13, 2013. プーチンのヴァルダイでのスピーチは、Vladimir Putin, address at Valdai, Sept. 19, 2013. 法案については、"For the Purpose of Protecting Children from Information Advocating for a Denial of Traditional Family Values," June 11, 2013.

＊29　「プーチンのキス……」発言は、Tatiana Zhurzenko, "Capitalism, autocracy, and political masculinities in Russia," *Eurozine,* May 18, 2016. 以下も参照。Kurczab-Redlich, *Wowa,* 717–19. 自分はトランプの新郎《グルーム》ではないという発言については、"Vladimir Putin Says Donald Trump 'Is Not My Bride, and I'm Not His Groom,' " *TG,* Sept. 5, 2017. 男らしさについては次も参照。Mary Louise Roberts, *Civilization Without Sexes*（Chicago: University of Chicago Press, 1994); Dagmar Herzog, *Sex After Fascism*（Princeton: Princeton UP, 2005); Judith Surkis, *Sexing the Citizen*（Ithaca, NY: Cornell UP, 2006）.〔ダグマー・ヘルツォーク『セックスとナチズムの記憶—— 20 世紀ドイツにおける性の政治化』川越修・田野大輔・荻野美穂訳、岩波書店、2012 年〕; Timothy Snyder, *The Red Prince*（New York: Basic Books, 2008).〔ティモシー・スナイダー『赤い大公——ハプスブルク家と東欧の 20 世紀』池田年穂訳、慶應義塾大学出版会、2014 年〕。

＊30　マックス・ヴェーバーはこの点をさらに発展させた。*Wirtschaft und Gesellschaft.* 当該箇所は英語でも刊行されている。Max Weber, *On Charisma and Institution Building,* ed. S. N. Eisenstadt（Chicago: University of Chicago Press, 1968). コンスタンティン・ヨルダケ〔東欧史、ファシズムの研究者、以下の書はすでに本書第 1 章註＊20, 31、第 2 章註＊1 で出典として挙がっている〕がこの問題をキリスト教ファシズムの観点で考察しているのは、*Charisma, Politics, and Violence,* 12ff.

＊31　男らしさというテーマは本書第 4 章、第 6 章でさらに考察が深められる。

＊32　プーチンの〔ヒラリーが〕合図を送ったという発言は広範囲に報道された。次を参照。*Pravda*, Dec. 8, 2011; *Mir24*, Dec. 8, 2011; *Nakanune*, Dec. 8, 2011. ヒラリー・クリントンの回想は次の自著に。*What Happened*（New York: Simon and Schuster, 2017）, 329.〔ヒラリー・ロダム・クリントン『何が起きたのか？』高山祥子訳、光文社、2018 年〕。プーチンが 12 月 15 日に吹聴したことについては、"Stenogramma programmy 'Razgovor s Vladimirom Putinym. Prodolzhenie," *RG*, Dec. 15, 2011. イリインの引用は次から。*Nashi zadachi*, 56. この書もカール・シュミットに言及しているが、シュミットもイリインと同じく前政治的な（prepolitical）友と敵とを区別している。*The Concept of the Political*, trans. George Schwab（Chicago: University of Chicago Press, 2007）, 25–28. 最近の中国の評価については次を参照。Thomas Stephan Eder, *China-Russia Relations in Central Asia*（Wiesbaden: Springer, 2014）; Marcin Kaczmarski, "Domestic Sources of Russia's China Policy," *Problems of Post-Communism*, vol. 59, no. 2, 2012, 3–17; Richard Lotspeich, "Economic Integration of China and Russia in the Post-Soviet Era," in James Bellacqua, ed., *The Future of China-Russia Relations*（Lexington: University of Kentucky Press, 2010）, 83–145; Dambisa F. Moyo, *Winner Take All: China's Race for Resources and What It Means for the World*（New York: Basic Books, 2012）.

＊33　アメリカ軍部隊配備のレベルについては、United States European Command, "U.S. Forces in Europe（1945–2016）: Historical View," 2016. ミット・ロムニーの発言については、"Russia is our number one geopolitical foe," *CNN: The Situation Room with Wolf Blitzer*, March 26, 2012; Z. Byron Wolf, "Was Mitt Romney right about Detroit and Russia?" CNN, Aug. 1, 2013.

＊34　抗議運動に関するロシアのメディアについては、"The Agency," *NYT*, June 2, 2015; Thomas Grove, "Russian 'smear' documentary provokes protests," Reuters, March 16, 2012.「西側の手先に厳罰を」については、"Putin predlozhil zhestche nakazyvat prispeshnikov zapada," *Novye Izvestiia*, Dec. 8, 2011.

＊35　Vladimir Putin, Address to Federal Assembly, Dec. 12, 2012. 以下も参照。Putin, "Excerpts from the transcript of the meeting of the Valdai International Discussion Club," Sept. 19, 2013.

＊36　Vladimir Putin, Address to Federal Assembly, Dec. 12, 2012.

＊37　誹謗中傷の罪については、Rebecca DiLeonardo, "Russia president signs law re-criminalizing libel and slander," jurist.org, July 30, 2012.「過激主義《エクストリーミズム》」については、Lilia Shevtsova, "Forward to the Past in Russia," *Journal of Democracy*, vol. 26, no. 2, 2015, 30. NGO に関する罪については、"Russia's Putin signs NGO 'foreign agents' law," Reuters, July 21, 2012. 信仰心への侮辱を禁じる法律については、Marc Bennetts, "A New Russian Law Targets Evangelicals and other 'Foreign' Religions," *NW*, Sept. 15, 2016. 反逆罪法については、"Russia: New Treason Law Threatens Rights," Human Rights Watch,

Oct. 23, 2012. FSB: Eltchaninoff, *Dans la tête de Vladimir Poutine,* 29.

＊38　Human Rights Watch, "Russia: Government vs. Rights Groups," Sept. 8, 2017.

＊39　プーチンが出演したラジオ番組の記録は、*RG,* Dec. 2011, rg.ru/2011/12/15/stenogramma.html. 以下も参照。"Vladimir Putin," *Russkaia narodnaia liniia,* Dec. 16, 2011.

＊40　1922年のイリインに起きたことについては、Kripkov, "To Serve God and Russia," 182. プーチンの発言については、"Vladimir Putin," *Russkaia narodnaia liniia,* Dec. 16, 2011.

＊41　赤軍と白軍については、"The Red and White Tradition of Putin," *Warsaw Institute,* June 1, 2017. イリインのソ連批判の一例としては、*Welt vor dem Abgrund*（on the secret police and terror）, 99–118. チェキストを追放するようイリインが提案していたことについては、"Kakie zhe vybory nuzhny Rossii," 18.

＊42　〔大粛清の犠牲者の〕焼却とニキータ・ミハルコフについては、Sophia Kishkovsky, "Echoes of civil war in reburial of Russian," *NYT,* Oct. 3, 2005. ミハルコフのイリインへの態度については、Izrail' Zaidman, "Russkii filosof Ivan Il'in i ego poklonnik Vladimir Putin," *Rebuzhie,* Nov. 25, 2015; Eltchaninoff, *Dans la tête de Vladimir Poutine,* 15. ミハルコフの声明については、N. Mikhalkov, "Manifesto of Enlightened Conservatism," Oct. 27, 2010. 以下も参照。 Martynov, "Filosof kadila i nagaiki."

＊43　神に仕えるチェキストについては、Kripkov, "To Serve God and Russia," 201. ティホン・シュフクノフについては、Yuri Zarakhovich, "Putin Pays Homage to Ilyin," *EDM,* June 3, 2009; Charles Clover, "Putin and the Monk," *Financial Times,* Jan. 25, 2013. シュフクノフが処刑人をどう評価していたかについては、"Arkhimandrit Tikhon: 'Oni byli khristiane, bezzavetno sluzhivshie strane i narodu,' " *Izvestiya,* March 26, 2009. プーチンの述べたことについては次から。"Putin priznal stroitelei kommunizma 'zhalkimi' kopipasterami," lenta.ru, Dec. 19, 2013.

＊44　*Solnechnyi udar,* 2014, dir. Nikita Mikhalkov; *Trotskii,* 2017, dir. Aleksandr Kott and Konstantyn Statskii（トロツキーとイリインの議論が第8回に出てくる、26: 20–29, 40のほぼ3分のあいだ）〔第6章原註＊84を参照〕。

＊45　Vladimir Putin, "Rossiia: natsional'nyi vopros," *Nezavisimaia Gazeta,* Jan. 23, 2012.

＊46　プーチンの論説は、同上。イリインの見解は、*Nashi zadachi,* 56. カール・シュミットの理論は、*Concept of the Political.*〔シュミット『政治的なものの概念』以下に収録：C. マックス・ヴェーバー、カール・シュミット『政治の本質』清水幾太郎訳、中公文庫、中央公論新社、2017年〕。

＊47　Putin, "Rossiia: natsional'nyi vopros."

＊48　Vladimir Putin, Address to Federal Assembly, Dec. 12, 2012.

＊49　ロシアのための計画については、本書第6章の論議と出典を参照のこと。また、以下も参照。Jeff Horwitz and Chad Day, "Before Trump job, Manafort worked to

aid Putin," AP, March 22, 2017. 2004 年と 2010 年の選挙の比較については次を参照。Timothy Garton Ash and Timothy Snyder, "The Orange Revolution," *NYR,* April 28, 2005; and Timothy Snyder, "Gogol Haunts the New Ukraine," *NYR,* March 25, 2010.

＊50 〔任期を始めるにあたってのヤヌコーヴィチの〕親ロシア的政策については、Steven Pifer, *The Eagle and the Trident*（Washington, D.C.: Brookings, 2017）, 282; Luke Harding, "Ukraine extends lease for Russia's Black Sea Fleet," *TG,* April 21, 2010. ロシア人の専門家の言の引用は次から。Fred Weir, "With Ukraine's blessing, Russia to beef up its Black Sea Fleet," *Christian Science Monitor,* Oct. 25, 2010. ヤヌコーヴィチの没落後に組閣された政府が、ロシアの侵攻がありながらも、NATO に加盟するのはウクライナの意図に入っていないと言明したのは注目に値する。次を参照。Meike Dülffer, interview with Foreign Minister Pavlo Klimkin, "Am Ende zahlt die Fähigkeit, uns selbst zu verteidigen," *Die Zeit,* Oct. 2, 2014.

＊51 この段落の内容は本書第 4 章の主題である。

＊52 "Meeting with young scientists and history teachers," Moscow 2014, Kremlin 46951.

＊53 Putin, Address to Federal Assembly, 2012.

＊54 「ウラジーミルのために祈る」については、Yuri Zarakhovich, "Putin Pays Homage to Ilyin," *EDM,* June 3, 2009. イリインの態度については次を参照。*Nashi zadachi,* 142. ヴォロディーミルの彫像については、Shaun Walker, "From one Vladimir to another: Putin unveils huge statue in Moscow," *TG,* Nov. 4, 2016. ゴチック的な封建主義としてのプーチン体制については次を参照。Dina Khapaeva, "La Russie gothique de Poutine," *Libération,* Oct. 23, 2014. 一千年紀の祈りとキリスト教ファシズムについては次を参照。Vladimir Tismaneanu, "Romania's Mystical Revolutionaries," in Edith Kurzweil, ed., *A Partisan Century*（New York: Columbia UP, 1996）, 383–92.

＊55 ルーシ族とブルガール人の歴史については、Simon Franklin and Jonathan Shepard, *The Emergence of Rus 750–1200*（London: Longman, 1996）, xix, 30–31, 61; Jonathan Shepard, "The origins of Rus'," in Maureen Perrie, ed., *The Cambridge History of Russia,* vol. 1（Cambridge, UK: Cambridge UP, 2006）, 47–97.「ルーシ」の語源については、Manfred Hildermaier, *Geschichte Russlands*（Munich: C. H. Beck, 2013）, 42. 奴隷売買については、Anders Winroth, *The Conversion of Scandinavia*（New Haven: Yale UP, 2012）, 47–57, 92. ヴォロディーミルについては、Jonathan Shepard, "The origins of Rus'," 62–72; Omeljan Pritsak, *The Origin of Rus'*（Cambridge, Mass.: Harvard UP, 1991）, 23–25. 異教信仰については、S. C. Rowell, *Lithuania Ascending*（Cambridge, UK: Cambridge UP, 1994）. 言語については、Harvey Goldblatt, "The Emergence of Slavic National Languages," in Aldo Scaglione, ed., *The Emergence of National Languages*（Ravenna: Loggo Editore, 1984）. 驚くには値しないが、イリインはバイキングを彼の考えているロシア史から消滅させることに取り憑かれていた。次を参照。Kripkov, "To Serve God and Russia," 247.

＊56　この王位継承の戦いについては、Franklin and Shepard, *Emergence of Rus,* 185–246. ルーシにおける継承についての概括は、Hildermaier, *Geschichte Russlands,* 114–115; Karl von Loewe, trans. and ed., *The Lithuanian Statute of 1529*（Leiden: E. J. Brill, 1976）, 2–3; Stefan Hundland, *Russian Path Dependence*（London: Routledge, 2005）, 19–42; Franklin, "Kievan Rus," 84–85. 以下も参照。Andrzej B. Zakrzewski, *Wielkie Księstwo Litewski*（*XVI–XVIII w.*）（Warsaw: Campidoglio, 2013）.「頭蓋骨を酒盃に」については、Jonathan Shepard, "The origins of Rus'," 143–46.

## 第３章　統合か帝国か（2013 年）

＊1　次を参照。Mark Mazower, *Dark Continent*（New York: Knopf, 1999）.〔マーク・マゾワー『暗黒の大陸――ヨーロッパの 20 世紀』中田瑞穂・網谷龍介訳、未來社、2015 年〕。ファシストによる民主主義の簡潔な描写は次を参照。Corneliu Zelea Codreanu, "A Few Remarks on Democracy," 1937. 極左の魅力については次を参照。François Furet, *Le passé d'une illusion*（Paris: Robert Laffont, 1995）.〔フランソワ・フュレ『幻想の過去――20 世紀の全体主義』楠瀬正浩訳、バジリコ、2007 年〕; Marci Shore, *Caviar and Ashes*（New Haven, Yale UP, 2006）; Richard Crossman, ed., *The God that Failed*（London: Hamilton, 1950）.〔リチャード・クロスマン『神は躓ずく――西欧知識人の政治体験』（ぺりかん双書）、村上芳雄訳、ぺりかん社、1969 年〕。

＊2　長い第一次世界大戦については、Jörn Leonhard, *Die Büchse der Pandora*（Munich: Beck, 2014）; Robert Gerwarth, *Die Besiegten*（Munich: Siedler, 2017）. 戦間期の列強間の政治については、Sergei Gorlov, *Sovershenno sekretno, Moskva-Berlin, 1920–1933*（Moscow: RAN, 1999）; Jonathan Haslam, *The Soviet Union and the Struggle for Collective Security in Europe, 1933–39*（Houndmills, UK: Macmillan, 1984）; Marek Kornat, *Polityka zagraniczna Polski 1938–1939*（Gdańsk: Oskar, 2012）; Hans Roos, *Polen und Europa*（Tübingen: J. C. B. Mohr, 1957）; Frank Golczewski, *Deutsche und Ukrainer, 1914–1939*（Paderborn: Ferdinand Schöning, 2010）; Hugh Ragsdale, *The Soviets, the Munich Crisis, and the Coming of World War II*（Cambridge, UK: Cambridge UP, 2004）; Gerhard L. Weinberg, *The Foreign Policy of Hitler's Germany*（Chicago: University of Chicago Press, 1980）; Piotr Stefan Wandycz, *The Twilight of French Eastern Alliances, 1926–1936*（Princeton: Princeton UP, 1988）. 戦間期の政治経済と民族国家については、E. A. Radice, "General Characteristics of the Region Between the Wars," in Michael Kaser, ed., *An Economic History of Eastern Europe,* vol. 1（New York: Oxford UP, 1985）, 23–65; Joseph Rothschild, *East Central Europe Between the World Wars*（Seattle: University of Washington Press, 1992）, 281–311; Bruce F. Pauley, "The Social and Economic Background of Austria's *Lebensunfähigkeit,*" in Anson Rabinbach, ed., *The Austrian Socialist Experiment*（Boulder: Westview Press, 1985）, 21–37. ポーランド州知事については、"Protokoł z zebrania

polskiej grupy parlamentarnej Wołynia," Centralne Archiwum Wojskowe, Rembertów, I.302.4.122. ジョージ・ケナンの提案については、Ira Katznelson, *Fear Itself*（New York: Norton, 2013）, 32.

＊3　モロトフ＝リッベントロップ協定については次を参照。Gerd Koenen, *Der Russland-Komplex*（Munich: Beck, 2005）; Sławomir Dębski, *Między Berlinem a Moskwą. Stosunki niemiecko-sowieckie 1939–1941*（Warsaw: PISM, 2003）; John Lukacs, *The Last European War*（New Haven: Yale UP, 2001）; Roger Moorhouse, *The Devils' Alliance*（London: Bodley Head, 2014）. ドイツのポーランドでの戦争については次を参照。Jochen Böhler, *"Größte Härte": Verbrechen der Wehrmacht in Polen September/Oktober 1939*（Osnabrück: Deutsches Historisches Institut, 2005）. ドイツと同時に行われたソヴィエトの戦争犯罪については次を参照。Anna M. Cienciala, Natalia S. Lebedeva, and Wojciech Materski, eds., *Katyn*（New Haven: Yale UP, 2007）; Grzegorz Hryciuk, "Victims 1939–1941," in Elazar Barkan, Elisabeth A. Cole, and Kai Struve, eds., *Shared History–Divided Memory*（Leipzig: Leipzig University-Verlag, 2007）, 173–200. ウクライナが独ソの関心の中心にあったことについては次を参照。Snyder, *Bloodlands*; Timothy Snyder, *Black Earth*（New York: Crown Books, 2015）.〔ティモシー・スナイダー『ブラックアース――ホロコーストの歴史と警告』上下巻、池田年穂訳、慶應義塾大学出版会、2016年〕。以下も参照。Adam Tooze, *The Wages of Destruction*（New York: Viking, 2007）.〔アダム・トゥーズ『ナチス　破壊の経済』山形浩生・森本正史訳、みすず書房、2019年〕; Rolf-Dieter Müller, *Der Feind steht im Osten*（Berlin: Ch. Links Verlag, 2011）; Ulrike Jureit, *Das Ordnen von Räumen*（Hamburg: Hamburger Edition, 2012）; Christian Gerlach, *Krieg, Ernährung, Völkermord*（Hamburg: Hamburger Edition, 1998）; Alex J. Kay, *Exploitation, Resettlement, Mass Murder*（New York: Berghahn Books, 2006）.

＊4　〔第二次世界大戦後の民族国家から共産主義国家への〕移行についての手引きとしては、Thomas W. Simons, Jr., *Eastern Europe in the Postwar World*（New York: St. Martin's, 1993）; Hugh Seton-Watson, *The East European Revolution*（New York: Praeger, 1956）, 167–211; Jan T. Gross, "The Social Consequences of War," *East European Politics and Societies,* vol. 3, 1989, 198–214; Bradley F. Abrams, "The Second World War and the East European Revolutions," *East European Politics and Societies,* vol. 16, no. 3, 2003, 623–64; T. V. Volokitina, et al., eds., *Sovetskii faktor v Vostochnoi Evrope 1944–1953*（Moscow: Sibirskii khronograf, 1997）.

＊5　Alan Milward, *The European Rescue of the Nation-State*（Berkeley: University of California Press, 1992）. 以下も参照。Harold James, *Europe Reborn: A History, 1914–2000*（Harlow: Pearson, 2003）.

＊6　*Nashi zadachi*, 94–95, 166–168. 次を参照。Evlampiev, "Ivan Il'in kak uchastnik sovremennykh diskussii," 15. 彼が強調しているのは、イリインが死にいたるまで「はっきりとファシストの含意をもって」国家独裁制を唱導していたことである。

＊7　脱植民地化と統合の両方を考察した歴史書として、Tony Judt, *Postwar: A History of Europe Since 1945* (New York: Penguin Press, 2005).〔トニー・ジャット『ヨーロッパ戦後史 1945-1971』上巻、森本醇訳、みすず書房、2008 年。トニー・ジャット『ヨーロッパ戦後史 1971-2005』下巻、浅沼澄訳、みすず書房、2008 年〕。戦時においてドイツの失ったものについては次を参照。Rüdiger Overmans, *Deutsche militärische Verluste im Zweiten Weltkrieg* (Munich: Oldenbourg, 1999). 以下も参照。Thomas Urban, *Der Verlust: Die Vertreibung der Deutschen und Polen im 20. Jahrhundert* (Munich: C. H. Beck, 2004).

＊8　経済的合理性を論理的に論じたものとしては、Andrew Moravcsik, *The Choice for Europe* (Ithaca, NY: Cornell UP, 1998).

＊9　ポーランドの例についての古典的な分析としては、Antony Polonsky, *Politics in Independent Poland 1921–1939* (Oxford: Clarendon Press, 1972).

＊10　Timothy Snyder, "Integration and Disintegration: Europe, Ukraine, and the World," *Slavic Review,* vol. 74, no. 4, Winter 2015.

＊11　次を参照。Mark Mazower, "An International Civilization?" *International Affairs,* vol. 82, no. 3, 2006, 553–66.

＊12　イタリア〔のファシスト帝国〕については、Davide Rodogno, *Fascism's European Empire,* trans. Adrian Belton (Cambridge, UK: Cambridge UP, 2006).

＊13　フランスのパトリック・ヴェイユによる検討は有益である。Patrick Weil, *How to be French,* trans. Catherine Porter (Durham: Duke UP, 2008).〔パトリック・ヴェイユ『フランス人とは何か——国籍をめぐる包摂と排除のポリティクス』宮島喬ほか訳、明石書店、2019 年〕。

＊14　2013 年に、EU 解体の考えが「ユーラシア」との合体としてロシアの指導者たちから投ぜられた。時とともに EU を破壊しようというロシアの脅しはいっそう明白になっていった。次を参照。Isabelle Mandraud, "Le document de Poutine qui entérine la nouvelle guerre froide," *LM,* Dec. 6, 2016.

＊15　ロシア、プーチン、EU については、Jackie Gower, "European Union–Russia Relations at the End of the Putin Presidency," *Journal of Contemporary European Studies,* vol. 16, no. 2, Aug. 2008, 161–67; Eltchaninoff, *Dans la tête de Vladimir Poutine,* 37. 2004 年のプーチンのウクライナへの対応については、"Putin: EU-Beitritt der Ukraine 'kein Problem,' " *FAZ,* Dec. 10, 2004. NATO についてのロゴージンの発言については、Artemy Kalinovsky, *A Long Goodbye: The Soviet Withdrawal from Afghanistan* (Cambridge, Mass.: Harvard UP, 2011), 226.

＊16　泥棒政治《クレプトクラシー》については、しばしば引用されるのは、Karen Dawisha, *Putin's Kleptocracy* (New York: Simon and Schuster, 2014). カール・シュレーゲルは次の著作でみごとに要点を突いている。*Entscheidung in Kiew* (Munich: Carl Hanser Verlag, 2015), 78. 以下も参照。Anders Åslund and Andrew Kuchins, *The Russia Balance Sheet* (Washington, D.C.:

Peterson Institute, 2009).

＊17　エストニアへのサイバー攻撃については、Hannes Grassegger and Mikael Krogerus, "Weaken from Within," *New Republic,* Dec. 2017, 18; Marcel Van Herpen, *Putin's Propaganda Machine* (Lanham: Rowman and Littlefield, 2016), 121. ジョージア〔への侵攻とサイバー攻撃〕については、John Markoff, "Before the Gunfire, Cyberattacks," *NYT,* Aug. 12, 2008; D. J. Smith, "Russian Cyber Strategy and the War Against Georgia," *Atlantic Council,* Jan. 17, 2014; Irakli Lomidze, "Cyber Attacks Against Georgia," Ministry of Justice of Georgia: Data Exchange Agency, 2011; Sheera Frenkel, "Meet Fancy Bear, the Russian Group Hacking the US election," *BuzzFeed,* Oct. 15, 2016.

＊18　Vladimir Putin, "Von Lissabon bis Wladiwostok," *Süddeutsche Zeitung,* Nov. 25, 2010.

＊19　2010年以降のプーチンが〔積極的に〕イデオロギーを受け入れたことは、本書のテーマの一つである。2010年以前のプーチンの法と政治との関係について知るためには、また補完する論拠を得るためには次を参照。Masha Gessen, *The Man Without a Face* (New York: Riverhead Books, 2013).〔マーシャ・ゲッセン『そいつを黙らせろ――プーチンの極秘指令』松宮克昌訳、柏書房、2013年〕。「革命前のロシアの青年」としてのイリインについては、Ilyin, "Concepts of Law and Power," 68; Grier, "Complex Legacy," 167; Kripkov, "To Serve God and Russia," 13.

＊20　Ilyin, "O russkom" fashizmie," 60.

＊21　Vladimir Putin, "Novyi integratsionnyi proekt dla Evrazii—budushchee, kotoroe rozhdaetsia segodnia," *Izvestiia,* Oct. 3, 2011. 以下も参照。Vladimir Putin, "Rossiia: natsional'nyi vopros," *Nezavisimaia Gazeta,* Jan. 23, 2012.

＊22　ユーラシアについてのプーチンの考えを知るには、"Rossiia i meniaiushchiisia mir," *Moskovskie Novosti,* Feb. 27, 2012. ユーラシア経済連合（共同体）については、Jan Strzelecki, "The Eurasian Economic Union: a time of crisis," *OSW Commentary,* no. 195, Jan. 27, 2016.

＊23　本書第2章を参照。

＊24　2012年5月にプーチンがユーラシア構想を掲げたことについては、"Vladimir Putin vstupil v dolzhnost' Prezidenta Rossii," kremlin.ru, May 7, 2012. 以下も参照。Alexander Dugin, "Tretii put' i tret'ia sila," *Izborsk Club,* Dec. 4, 2013, article 1300. 同年12月のプーチンの議会演説は、Address to Federal Assembly, Dec. 12, 2012.

＊25　オレーグ・クリプコフによれば、イリインは第一次世界大戦勃発時にはヨーロッパ化主義者だったという。"To Serve God and Russia," 120. 次を参照。Martin Malia, *Alexander Herzen and the Birth of Russian Socialism, 1812–1855* (Cambridge, Mass.: Harvard UP, 1961); Andrzej Walicki, *The Controversy over Capitalism* (Oxford, UK: Clarendon Press, 1969).〔A. ヴァリツキ『ロシア資本主義論争――ナロードニキ社会思想史研究』日南田静真ほか訳、ミネルヴァ書房、1975年〕。

＊26　Clover, *Black Wind, White Snow,* 47–63.

＊27　グラーグと「人が生きるうえでの本質的な真実」については、Clover, *Black Wind, White Snow*, 124; Golfo Alexopoulos, *Illness and Inhumanity in the Gulag* (New Haven: Yale UP, 2017). グラーグ一般については次を参照。Oleg V. Khlevniuk, *The History of the Gulag* (New Haven: Yale UP, 2004); Lynna Viola, *The Unknown Gulag* (New York: Oxford UP, 2007); Anne Applebaum, *Gulag: A History* (New York: Doubleday, 2003).〔アン・アプルボーム『グラーグ――ソ連集中収容所の歴史』川上洸訳、白水社、2006年〕。以下も参照。Barbara Skarga, *Penser après le Goulag*, ed. Joanna Nowicki (Paris: Editions du Relief, 2011).「大粛清」については、Karl Schlögel, *Terror und Traum* (Munich: Carl Hanser Verlag, 2008); Nicolas Werth, *La terreur et le désarroi* (Paris: Perrin, 2007); Rolf Binner and Marc Junge, “Wie der Terror ‘Gross’ wurde,” *Cahiers du Monde russe*, vol. 42, nos. 2–3–4, 2001, 557–614.

＊28　Clover, *Black Wind, White Snow*, 139.

＊29　Clover, *Black Wind, White Snow*, 125, 129, 134.

＊30　Alexander Sergeevich Titov, “Lev Gumilev, Ethnogenesis and Eurasianism,” doctoral dissertation, University College London, 2005, 102; Clover, *Black Wind, White Snow*, 129. グミリョフの反ユダヤ主義については、Mark Bassin, *The Gumilev Mystique* (Ithaca, NY: Cornell UP, 2016), 313: “Gumilev was a zealous antisemite.”

＊31　一般的な知識を得るには、Andreas Umland, “Post-Soviet ‘Uncivil Society’ and the Rise of Aleksandr Dugin,” doctoral dissertation, University of Cambridge, 2007. ボロダイ〔父子〕とグミリョフについては、itov, “Lev Gumilev,” 102, 236; Bassin, *Gumilev Mystique*, 314.

＊32　焼却炉《オーブン》については、Clover, *Black Wind, White Snow*, 155. ドゥーギンとグミリョフについては、Titov, “Lev Gumilev,” 13; Clover, *Black Wind, White Snow*, 180; Bassin, *Gumilev Mystique*, 308–9.

＊33　ドゥーギンが得た影響については、Shekhovtsov, *Russia and the Western Far Right*, chapter 2.

＊34　ヴォルフラム・ジーヴァスとド・ブノワについては、Clover, *Black Wind, White Snow*, 158, 177.

＊35　キリルとメトディオス兄弟と、死を称えることについては、Clover, *Black Wind, White Snow*, 11, 225.「国境のない赤いファシズム」については、Aleksandr Dugin, “Fashizm—Bezgranichnyi i krasnyi,” 1997. ドゥーギンのいう「運命の男」については、Alexander Dugin, “Horizons of Our Revolution from Crimea to Lisbon,” *Open Revolt*, March 7, 2014.

＊36　マレーネ・ラリュエル編著の書で、ドゥーギンへのヨーロッパの影響について記した価値ある「序文」のなかで、ラリュエルはドゥーギンがカール・シュミットと国家社会主義の伝統とを区別できなかったという要点を衝いている。区別できなかったのは、示唆に富む失敗と言える。次を参照。“Introduction,” in

Marine Laruelle, ed., *Eurasianism and the European Far Right*（Lanham: Lexington Books, 2015）, 10–11. シュミットの引用は、Carl Schmitt, *Writings on War,* trans. Timothy Nunan（Cambridge, UK: Polity Press, 2011）, 107, 111, 124. ティモシー・ヌナンの序文は国際関係理論家としてのシュミットについての素晴らしい入門書になっている。シュミットの伝統的国家への反対とナチスの国際法への態度については次を参照。Czesław Madajczyk, "Legal Conceptions in the Third Reich and Its Conquests," *Michael: On the History of Jews in the Diaspora,* vol. 13, 1993, 131–59. チェスワフ・マダチクは、戦時中にシュミットに答えるものとして記された次から引用している。Alfons Klafkowski, *Okupacja niemiecka w Polsce w świetle prawa narodów*（Poznań: Wydawnictwo Instytutu Zachodniego, 1946）. マーク・マゾワーは西側の研究者のなかで、国際法の観点からのドイツのポーランド占領の論議の重要性を理解している数少ない研究者の一人である。次を参照。*Governing the World*（New York: Penguin Press, 2012）.〔マーク・マゾワー『国際協調の先駆者たち——理想と現実の 200 年』依田卓巳訳、NTT 出版、2015 年〕。および、*Hitler's Empire*（London: Allen Lane, 2008）.

＊37　「原型《アーキタイプ》」については、Alexander Dugin, "Arkhetip vampirov v soliarnykh misteriiakh," propagandahistory.ru, 51; Clover, *Black Wind, White Snow,* 189. 西側の腐った文化的堕落と「邪悪」については、Aleksandr Dugin, "Printsipy i strategiia griadushchei voiny," *4 Pera,* Dec. 20, 2015.「専門分野での機能」については、Eltchaninoff, *Dans la tête de Vladimir Poutine,* 110. バラク・オバマへのドゥーギンの批判については、"Obama rozvalit Ameriku," www.youtube.com/watch?v=9AAyz3YFHhE.「霊的な源」については "Ideinye istoki Vladimira Putina," Odinnadtsatyi Kanal, May 17, 2016.

＊38　「大いなる脅威」については、Clover, *Black Wind, White Snow,* 238. 青年運動組織とクリミアを求める戦いについては、Anton Shekhovtsov, "How Alexander Dugin's Neo-Eurasianists Geared Up for the Russian-Ukrainian War in 2005–2013," *TI,* Jan. 26, 2016. 以下も参照。Aleksandr Dugin, "Letter to the American People on Ukraine," *Open Revolt,* March 8, 2014.

＊39　〔イズボルスク・クラブの〕メンバーについては、"Manifest Ottsov — Osnovaetlei," *Izborsk Club,* dated Sept. 8, 2012, published Dec. 1, 2012, article 887.〔2012 年のベストセラーの生みの親でもある〕ティホン・シュフクノフについては、Charles Clover, "Putin and the Monk," *Financial Times,* Jan. 25, 2013.

＊40　アレクサンドル・プロハーノフについては次を参照。Clover, *Black Wind, White Snow,* 183–87. 背景を知るのに有益なものとして、G. V. Kostyrchenko, *Gosudarstvennyi antisemitizm v SSSR*（Moscow: Materik, 2005）. プロハーノフのオバマへの反応は、*Ekho Moskvy,* July 8, 2009, 604015.

＊41　"Yanukovich i Timoshenko: eto ne lichnosti, a politicheskie mashiny—Aleksandr Prokhanov," News24UA.com, Aug. 31, 2012.

＊42　“Ukraina dolzhna stat’ tsentrom Evrazii—Aleksandr Prokhanov,” News24UA.com, Aug. 31, 2012.

＊43　同上。

＊44　ここでの引用、その後の長々とした引用はイズボルスク・クラブの「マニフェスト」からである。次を参照。“Manifest Ottsov—Osnovaetlei,” Izborsk Club, dated Sept. 8, 2012, published Dec. 1, 2012, article 887.

＊45　プロハーノフがあきらかにしたことについては次を参照。Interview for *Ekho Moskvy,* July 8, 2009, 604015.

＊46　その中核は「シオニストの指導者ら」については、Oleg Platonov, “Missiia vypolnima,” *Izborsk Club*, Feb. 6, 2014, article 2816. EU の崩壊とヨーロッパがロシアと統合することについては、Yuri Baranchik and Anatol Zapolskis, “Evrosoiuz: Imperiia, kotoraia ne sostoialas,” Izborsk Club, Feb. 25, 2015, article 4847. プロハーノフについては、“Parizhskii Apokalipsis,” Izborsk Club, Nov. 15, 2015.「あるイズボルスク・クラブの〔ウクライナの〕専門家」については、Valery Korovin, interview, “Ukraina so vremenem vernetsia k Rossii,” *Svobodnaia Pressa,* March 22, 2016. ドゥーギンの発言については、“Tretii put’ i tret’ia sila,” Izborsk Club*,* Dec. 4, 2013.

＊47　“Nachalo,” Izborsk Club, Sept. 12, 2012, article 887.

＊48　Andrei Volkov, “Prokhanov prokatilsia na novom raketonostse Tu-95,” *Vesti,* Aug. 16, 2014.

＊49　セルゲイ・グラジエフの「計画経済」への考えについては、Sergei Glazyev and Sergei Tkachuk, “Eurasian economic union,” in Piotr Dutkiewicz and Richard Sakwa, *Eurasian Integration*（New Brunswick: Routledge, 2014）, 61–83. グラジエフとリンドン・ラルーシュについては、Sergei Glazyev, *Genocide: Russia and the New World Order*（published by *Executive Intelligence Review,* 1999）. グラジエフのウクライナについての発言は、Sergei Glazyev, “Eurofascism,” *Executive Intelligence Review,* June 27, 2014.

＊50　Sergei Glazyev, “Who Stands to Win? Political and Economic Factors in Regional Integration,” *Global Affairs,* Dec. 27, 2013. あるいは次を参照。“Takie raznye integratsii,” globalaffairs.ru, Dec. 16, 2013.「根本的に異なる空間的概念」については Glazyev and Tkachuk, “Eurasian economic union,” 82.「モザイク」については、Sergei Glazyev, “SSh idut po puti razviazyvaniia mirovoi voiny,” March 29, 2016, lenta.ru.

＊51　この段落と以降の段落でロシア連邦外務省からの引用は、“Kontseptsiia vneshnei politiki Rossiiskoi Federatsii（utverzhdena Prezidentom Rossiiskoi Federatsii V.V. Putinym 12 fevralia 2013 g.）”

＊52　Sergei Lavrov, “Istoricheskaia perspektiva vneshnei politiki Rossii,” March 3, 2016.

＊53　ミロシュ・ゼマンについては、Péter Krekó et al., *The Weaponization of Culture*（Budapest: Political Capital Institute, 2016）, 6, 61; Van Herpen, *Putin’s Propaganda Machine,* 109; “Milos Zeman,” *TG,* Sept. 14, 2016.「ルクオイル」社はマーティン・ネ

イエドリー〔ネイエドリーは「ルクオイル・アヴィエーション・チェコ」を設立した。チェコ共和国大統領となったゼマンの顧問兼ゼマンの政党「市民権党」副代表となっている〕に課せられた罰金140万ドルを支払った（Roman Gerodimos, Fauve Vertegaal, and Mirva Villa, "Russia Is Attacking Western Liberal Democracies," NYU Jordan Center, 2017）。2018年のゼマンの再選にあたっての選挙活動については、Veronika Špalková and Jakub Janda, "Activities of Czech President Miloš Zeman," Kremlin Watch Report, 2018. プーチンと同様に、ゼマンもシリアからの難民をほぼ拒絶している国家の大統領である。また、プーチンと同様に、ムスリムがチェコ人にやらかした「スーパー・ホロコースト」を引き合いに出して、「脅威のイメージ」を用いた。さらには、ゼマンはロシアのウクライナ侵攻を否定したし、ゲイと（ロシアの）政治犯に対するロシアの攻撃にも同調した。ゼマンにはロシアのメディアの注目というおまけがついた。František Vrobel and Jakub Janda, *How Russian Propaganda Portrays European Leaders*（Prague: Semantic Visions, 2016）. プーチンの引用は、"Putin: esli by Berluskoni byl geem, ego by pal'tsem nikto ne tronul," interfax.ru, Sept. 19, 2013. シルヴィオ・ベルルスコーニについては、Jochen Bittner et al., "Putins großer Plan," *Die Zeit,* Nov. 20, 2014; Jason Horowitz, "Berlusconi Is Back," *NYT,* Jan. 29, 2018. ゲアハルト・シュレーダーについては、Rick Noack, "He used to rule Germany. Now, he oversees Russian energy companies and lashes out at the U.S.," *WP,* Aug. 12, 2017; Erik Kirschbaum, "Putin's apologist?" Reuters, March 27, 2014.

＊54　このあたりを一般的に知るには、Van Herpen, *Putin's Propaganda Machine.* インターネットのフォーラムサイトについては、Krekó, "Weaponization of Culture"; Anton Shekhovtsov, "Russian Politicians Building an International Extreme Right Alliance," *TI,* Sept. 15, 2015. RTに対するルペンの態度については、Marine Turchi, "Au Front nationale, le lobbying pro-russe s'accélère," *Mediapart,* Dec. 18, 2014. 以下も参照。Iurii Safronov, "Russkii mir 'Natsional'nogo Fronta'," *NG,* Dec. 17, 2014. RTは2009年にスペイン語で、2014年にドイツ語で、2017年にフランス語で放送を始めた。

＊55　Nigel Farage, "Leave Euro, Retake Democracy!" RT, July 8, 2013. 以下も参照。Bryan MacDonald, "Could UKIP's rise herald a new chapter in Russian-British relations," RT, Nov. 25, 2014. ルペンについては、Alina Polyakova, Marlene Laruelle, Stefan Mesiter, and Neil Barnett, *The Kremlin's Trojan Horses*（Washington, D.C.: Atlantic Council, 2016）. 先の方で出てくる〔ルペンやショープラードへの〕融資〔本章註＊61の段落など〕と同性婚についての議論も参照。

＊56　マリーヌ・ルペンとロシアの「性的政治」については、Polyakova et al., *Kremlin's Trojan Horses,* 10.「同性愛は」以降のルペンの発言は次を。Aleksandr Terent'ev-Ml., interview with Marine Le Pen, "Frantsiia davno uzhe ne svobodnaia strana," *Odnako,* Aug. 6, 2013. エイメリック・ショープラードについては、Marine Turchi, "Les réseaux russes de Marine Le Pen," *Mediapart,* Feb. 19, 2014; *Sputnik France,* Oct. 16,

2013; Aymeric Chauprade, speech to Russian Duma, *Realpolitik TV*, June 13, 2013. ユーラシアに対するルペンの態度については、"Au congrès du FN, la 'cameraderie' russe est bruyamment mise en scène," *Mediapart,* Nov. 29, 2014.

＊57　リチャード・スペンサーがプーチンを崇拝していることについては、Sarah Posner, "Meet the Alt-Right Spokesman Thrilled by Putin's Rise," *Rolling Stone,* Oct. 18, 2016.「世界で唯一の白人国家」については、Natasha Bertrand, "Trump won't condemn white supremacists or Vladimir Putin," *BI,* Aug. 14, 2017. スペンサーとニナ・クープリアノワ夫妻については、Casey Michel, "Meet the Moscow Mouthpiece Married to a Racist Alt-Right Boss," *DB*, Dec. 20, 2016. スペンサーの叫び言葉《チャント》については、Daniel Lombroso and Yoni Appelbaum, " 'Hail Trump!' " *The Atlantic,* Nov. 21, 2016; Adam Gabbatt, "Hitler salutes and white supremacism," *TG,* Nov. 21, 2016.

＊58　RT がバーサリズム〔オバマ大統領がアメリカ生まれでないため大統領になる資格を欠くという主張〕や同じような発想の拡散に努めていたことは、Sonia Scherr, "Russian TV Channel Pushes 'Patriot' Conspiracy Theories," Southern Poverty Law Center Intelligence Report, Aug. 1, 2010. 以下も参照。Shekhovtsov, *Russia and the Western Far Right,* chapter 5. トランプのツイートについては、Donald Trump, June 18, 2013.

＊59　トランプとミス・コンテストについては、Jim Zarroli, "At the 2013 Miss Universe Contest, Trump Met Some of Russia's Rich and Powerful," NPR, July 17, 2017. トランプの財務状況については、Reuters, "Trump Bankers Question His Portrayal of Financial Comeback," *Fortune,* July 17, 2016; Jean Eaglesham and Lisa Schwartz, "Trump's Debts Are Widely Held on Wall Street, Creating New Potential Conflicts," Jan. 5, 2017; トランプとトフタフノフとモギーレヴィッチ〔第5章註95、98の段落に登場〕については、Craig Unger, "Trump's Russian Laundromat," *New Republic,* July 13, 2017. トフタフノフについては、Chris Francescani, "Top NY art dealer, suspected Russian mob boss indicted on gambling charges," Reuters, April 16, 2013; David Corn and Hannah Levintova, "How Did an Alleged Russian Mobster End Up on Trump's Red Carpet?" *Mother Jones,* Sept. 14, 2016. 以下も参照。Tomasz Piątek, *Macierewicz i jego tajemnice*（Warsaw: Arbitror, 2017）.

＊60　トランプとアラス・アガラロフについては次を。Luke Harding, *Collusion*（New York: Vintage, 2017）, 229–37.〔ルーク・ハーディング『共謀――トランプとロシアをつなぐ黒い人脈とカネ』高取芳彦・米津篤八・井上大剛訳、集英社、2018年〕。"Here's What We Know about Donald Trump and His Ties to Russia," *WP,* July 29, 2016; "How Vladimir Putin Is Using Donald Trump to Advance Russia's Goals," *NW,* Aug. 29, 2016; Cameron Sperance, "Meet Aras Agalarov," *Forbes,* July 12, 2017; Shaun Walker, "The Trumps of Russia?" *TG,* July 15, 2017; Mandalit Del Barco, "Meet Emin Agalarov," *NPR,* July 14, 2017. アガラロフがクリントンについての情報をトランプに送ったことについては、Jo Becker, Adam Goldman, and Matt Apuzzo, "Russian Dirt on Clinton? 'I

Love It,' Donald Trump Jr. Said," *NYT,* July 11, 2017.

＊61　名誉勲章については、"How Vladimir Putin Is Using Donald Trump to Advance Russia's Goals," *NW,* Aug. 29, 2016. ルペンのモスクワ訪問については、Vivienne Walt, "French National Front Secures Funding from Russian Bank," *Time,* Nov. 25, 2014. トランプのルペン支持については、Aidan Quigley, "Trump expresses support for French candidate Le Pen," *Politico,* April 21, 2017; Aaron Blake, "Trump is now supporting far-right French candidate Marine Le Pen," *WP,* April 21, 2017; Gideon Rachman, "Le Pen, Trump and the Atlantic counter-revolution," *FT,* Feb. 27, 2017. ルペンのトランプ支持については、James McAuley, "Marine Le Pen's tricky alliance with Donald Trump," April 2, 2017. ロシアから資金援助を受けた国民戦線については、Marine Turchi, "Le FN attend 40 million d'euros de Russie," *Mediapart,* Nov. 26, 2014; Karl Laske and Marine Turchi, "Le troisème prêt russe des Le Pen," *Mediapart,* Dec. 11, 2014; Abel Mestre, "Marine Le Pen justifie le prêt russe du FN," *LM,* Nov. 23, 2014; Anna Mogilevskaia, "Partiia Marin Le Pen vziala kredit v rossiiskom banke," *Kommersant,* Nov. 23, 2014.

＊62　ロシアがフランスのテレビ局をハッキングしたことについては、Frenkel, "Meet Fancy Bear"; Gordon Corera, "How France's TV5 was almost destroyed by 'Russian hackers,' " BBC, Oct. 10, 2016; Joseph Menn and Leigh Thomas, "France probes Russian lead in TV5Monde hacking: sources," Reuters, June 10, 2015. プロハーノフの予測については、"Parizhskii Apokalipsis," Izborsk Club, Nov. 15, 2015.

＊63　プーチンを褒め称えるルペンについては、Turchi, "Le Front national décroche les millions russe"; Shaun Walker, "Putin welcomes Le Pen to Moscow with a nudge and a wink," *TG,* March 24, 2017; Ronald Brownstein, "Putin and the Populists," *The Atlantic,* Jan. 6, 2017. マクロンに関するロシアのプロパガンダは次を参照。Götz Hamann, "Macron Is Gay, Not!" *Zeit Online,* Feb. 24, 2017; "Ex-French Economy Minister Macron Could Be 'US Agent,' " *Sputnik News,* Feb. 4, 2017.

＊64　ファラージによるロシア支持については、Patrick Wintour and Rowena Mason, "Nigel Farage's relationship with Russian media comes under scrutiny," *TG,* March 31, 2014. EU についてのファラージの主張は、"Leave Euro, retake democracy!' " RT, July 8, 2015.

＊65　不正行為があったという主張を支持するボットやトロールについては、Severin Carrell, "Russian cyber-activists," *TG,* Dec. 13, 2017.「まったくの改竄だ」との明言については、"Russia meddled in Scottish independence referendum," *Daily Express,* Jan. 15, 2017. イギリスの〔総〕選挙でのフェイクについては、Neil Clark, "UK general election," RT, May 10, 2015.〔スコットランドの〕住民投票への支持については、Bryan MacDonald, "Ireland needed guns, but Scots only need a pen for independence," RT, Sept. 3, 2014. 以下も参照。Ben Riley-Smith, "Alex Salmond: I admire 'certain aspects' of Vladimir Putin's leadership," *Telegraph,* April 28, 2014; Anastasia

Levchenko, "Russia, Scotland Should Seek Closer Ties—Ex–SNP Leader," *Sputnik,* May 7, 2015.

＊66　ファラージと RT についてはすでに触れている〔本章の原註＊54、＊64 にあたる段落〕。ファラージとプーチンについては、"Nigel Farage: I admire Vladimir Putin," *TG,* March 2014.〔ファラージの〕「上級スタッフの一人」については、Stephanie Kirchgaessner, "The Farage staffer, the Russian embassy, and a smear campaign," *TG,* Dec. 18, 2017.「コンサーヴァティヴ・フレンズ・オブ・ロシア」については、Carole Cadwalladr, "Brexit, the ministers, the professor and the spy," *TG,* Nov. 4, 2017.

＊67　国民投票をめぐってのロシアのプロパガンダについては、"General referendum may trigger a domino effect in Europe," Rossiia-24, June 24, 2016. ブレグジットに対する RT の役割については、"Is Parliament preparing to ignore public vote for Brexit?" RT, June 6, 2016; "EU army plans 'kept secret' from British voters until after Brexit referendum," RT, May 27, 2016. ボットに関しての統計とブレグジットについては、Marco T. Bastos and Dan Mercea, "The Brexit Botnet and User-Generated Hyperpartisan News," *Social Science Computer Review,* 2017. 関連するボットの 99% がイギリス国外からという結論はその p. 17。419 のツイッターアカウントについては、Severin Carrell, "Russian cyber-activists," *TG,* Dec. 13, 2017. 分析については、Carole Cadwalladr, "The Great British Brexit Robbery," *TG,* May 7, 2017; Gerodimos et al., "Russia Is Attacking Western Liberal Democracies."

＊68　コンスタンチン・コサチョフについては、report on election result, *Telegraph,* Jan. 9, 2015.「拘束力を持つ約束」については、PK, June 3, 2016. プーチンの言動については、"Vladimir Putin ne ozhidaet 'global'noi katastrofy," PK, June 24, 2016, "V Velikobritanii nabiraet oboroty agitatsionnaia kompaniia za vykhod strany iz Evrosoiuza," PK, May 27, 2016.

＊69　ヨハン・グデヌスと、オーストリア極右のモスクワ・コネクションの背景を知るには次を。Shekhovtsov, *Russia and the Western Far Right.* 20 世紀のオーストリアについて知るには、Gerald Stourzh, *Vom Reich zur Republik*（Vienna: Editions Atelier, 1990）; Walter Goldinger and Dieter Binder, *Geschichte der Republik Österreich 1918–1938*（Oldenbourg: Verlag für Geschichte und Politik, 1992）; Anson Rabinbach, *The Crisis of Austrian Socialism*（Chicago: University of Chicago Press, 1983）; Wolfgang Müller, *Die sowjetische Besatzung in Österreich 1945–1955 und ihre politische Mission*（Vienna: Böhlau, 2005）; Rolf Steininger, *Der Staatsvertrag*（Innsbruck: Studien-Verlag, 2005）.

＊70　Bernhard Weidinger, Fabian Schmid, and Péter Krekó, *Russian Connections of the Austrian Far Right*（Budapest: Political Capital, 2017）, 5, 9, 28, 30.

＊71　「協力協定」については、"Austrian far right signs deal with Putin's party, touts Trump ties," Reuters, Dec. 19, 2016.

＊72　"Ukrainian Oligarchs Stay Above the Fray and Let the Crisis Play Out," *IBTimes,* Feb.

26, 2014; "Behind Scenes, Ukraine's Rich and Powerful Battle over the Future," *NYT,* June 12, 2013.

＊73　プロハーノフの発言は、"Yanukovich i Timoshenko." グラジエフが「脅威」としていることについては、Shaun Walker, "Ukraine's EU trade deal will be catastrophic, says Russia," *TG,* Sept. 22, 2013. 次を参照。Schlögel, *Entscheidung in Kiew,* 80.

## 第4章　新しさか永遠か（2014年）

＊1　Vladimir Putin, "Meeting with members of Holy Synod of Ukrainian Orthodox Church of Moscow Patriarchate," July 27, 2013, Kremlin, 18960. プーチンが2013年にこうしたことをいっそう頻繁に口にしていたことについては、次を参照。John Lough, "Putin's Communications Difficulties Reflect Serious Policy Problem," Chatham House, 2014.

＊2　Vladimir Putin, "Excerpts from the transcript of the meeting of the Valdai International Discussion Club," Sept. 19, 2013. ロシアが「有機体」であるというのは、本書第1章で論じている。

＊3　初期の「ルーシ」がどのような国家であったかは本書第2章で論じている。一般的なことを知るには、Franklin and Shepard, *Emergence of Rus;* Winroth, *Conversion of Scandinavia.*

＊4　アイザイア・バーリンは、論文「科学的歴史の概念」("The Concept of Scientific History,"『歴史と理論』誌に掲載 *History and Theory,* 1）でルイス・ネイミアを引用して興味深い効果をあげている。いわく、「歴史感覚で意味するところは、起きたことを理解するのでなく、起きなかったことを理解することだ」。

＊5　ポーランドとリトアニアがつくったコモンウェルスについては次を参照。Daniel Stone, *The Polish-Lithuanian State, 1386–1795*（Seattle: University of Washington Press, 2001).〔本註のついた段落の次とその次の段落も参照〕。情勢の緊張関係については、Timothy Snyder, *The Reconstruction of Nations: Poland, Ukraine, Lithuania, Belarus, 1569–1999*（New Haven: Yale UP, 2003); Oskar Halecki, *Przyłączenie Podlasia, Wołynia, i Kijowszczyzny do Korony w Roku 1569*（Cracow: Gebethner and Wolff, 1915); Nataliia Iakovenko, *Narys istorii Ukrainy z naidavnishykh chasiv do kintsia XVIII stolittia*（Kyiv: Heneza, 1997); Jan Rotkowski, *Histoire economique de la Pologne avant les partages*（Paris: Champion, 1927).

＊6　次を参照。David Frick, *Polish Sacred Philology in the Reformation and Counter-Reformation*（Berkeley: University of California Press, 1989); André Martel, *La Langue Polonaise dans les pays ruthènes*（Lille: Travaux et Mémoires de l'Université de Lille, 1938).

＊7　Vitalii Shcherbak, *Ukrains'ke kozatstvo*（Kyiv: KM Akademia, 2000); Tetiana Iakovleva, *Hetmanshchyna v druhii polovini 50-kh rokiv XVII stolittia*（Kyiv: Osnovy, 1998).

＊8　次を参照。Jaroslaw Pelenski, "The Origins of the Official Muscovite Claim to the 'Kievan Inheritance,' " *Harvard Ukrainian Studies,* vol. 1, no. 1, 1977, 48–50.

＊9　次を参照。David Saunders, *The Ukrainian Impact on Russian Culture, 1750–1850* (Edmonton: CIUS, 1985); K. V. Kharlampovich, *Malorossiiskoe vliianie na velikorusskuiu tserkovnuiu zhizn'* (Kazan: Golubeva, 1914).

＊10　Daniel Beauvois, *Pouvoir russe et noblesse polonaise en Ukraine, 1793–1830* (Paris: CNRS Editions, 2003); Daniel Beauvois, *Le noble, le serf, et le revizor* (Paris: Editions des archives contemporaines, 1985); Jarosław Hrycak, *Historia Ukrainy: 1772–1999* (Lublin: Instytut Europy Środkowo-Wschodniej, 2000); Andreas Kappelar, *Russland als Vielvölkerreich* (Munich: Beck, 1982).

＊11　Iryna Vushko, *The Politics of Cultural Retreat* (New Haven: Yale UP, 2017); John Paul Himka, *Socialism in Galicia* (Cambridge, Mass.: Harvard UP, 1983); Ivan L. Rudnyts'kyi, *Essays in Modern Ukrainian History* (Edmonton: Canadian Institute for Ukrainian Studies, 1987); Roman Szporluk, "The Making of Modern Ukraine: The Western Dimension," *Harvard Ukrainian Studies,* vol. 25, nos. 1-2, 2001, 57–91; Harald Binder, *Galizien in Wien* (Vienna: Verlag der Österreichischen Akademie der Wissenschaften, 2005); Mykhailo Vozniak, *Iak probudylosia ukrains'ke narodnie zhyttia v Halychyni za Avstrii* (L'viv: Dilo, 1924).

＊12　ロシア帝国時代からソ連時代へのさまざまな継続性については、Richard Pipes, *The Formation of the Soviet Union* (Cambridge, Mass.: Harvard UP, 1997). ウクライナと協商国側列強については、Oleksandr Pavliuk, *Borot'ba Ukrainy za nezalezhnist' i polityka SShA, 1917–1923* (Kyiv: KM Akademia, 1996); Caroline Milow, *Die ukrainische Frage 1917–1923 im Spannungsfeld der europäischen Diplomatie* (Wiesbaden: Harrassowitz Verlag, 2002); Mark Baker, "Lewis Namier and the Problem of Eastern Galicia," *Journal of Ukrainian Studies,* vol. 23, no. 2, 1998, 59–104. ロシア゠ポーランド間の地政学については、Andrzej Nowak, *Polska a trzy Rosje* (Cracow: Arcana, 2001). 以下も参照。Richard Ullman, *Anglo-Soviet Relations 1917–1920* (Princeton: Princeton UP, three volumes, 1961–1973). ポーランドの手に渡った地域については、Werner Benecke, *Die Ostgebiete der Zweiten Polnischen Republik* (Köln: Böhlau Verlag, 1999); Jan Tomasz Gross, *Revolution from Abroad* (Princeton: Princeton UP, 1988); Katherine R. Jolluck, *Exile and Identity* (Pittsburgh: University of Pittsburgh Press, 2002).

＊13　ドイツの植民地主義については、Willeke Hannah Sandler, " 'Colonizers are Born, Not Made': Creating a Colonial Identity in Nazi Germany, 1933–1945," doctoral dissertation, Duke University, 2012; Lora Wildenthal, *German Women for Empire, 1884–1945* (Durham: Duke UP, 2001); Jürgen Zimmerer, *Von Windhuk nach Auschwitz* (Münster: LIT Verlag, 2011); Wendy Lower, *Nazi Empire-Building and the Holocaust in Ukraine* (Chapel Hill: University of North Carolina Press, 2005). 参考までに次を参照。

Alexander Victor Prusin, *The Lands Between: Conflict in the East European Borderlands, 1870–1992*（Oxford: Oxford UP, 2010）. ソヴィエトの「自己植民地化」の言い回しについては、Alvin Gouldner, "Stalinism: A Study of Internal Colonialism," *Telos,* no. 34, 1978, 5–48; Lynne Viola, "Selbstkolonisierung der Sowjetunion," *Transit,* no. 38, 2009, 34–56.〔次の註＊14も参照〕。

＊14　ウクライナで殺害されたユダヤ人の数については、Alexander Kruglov, "Jewish Losses in Ukraine," in Ray Brandon and Wendy Lower, eds., *The Shoah in Ukraine*（Bloomington: Indiana UP, 2008）, 272–90. ソ連でのホロコーストの死亡者数については、Yitzhak Arad, *The Holocaust in the Soviet Union*（Lincoln: University of Nebraska Press and Jerusalem: Yad Vashem, 2009）. さらに数字を見るためには次を参照。Dieter Pohl, *Verfolgung und Massenmord in der NS-Zeit 1933–1945*（Darmstadt: Wissenschaftliche Buchgesellschaft, 2008）; Snyder, *Bloodlands.*

＊15　1654年の統合協定そのものについては次を参照。John Basarab, *Pereiaslav 1654*（Edmonton: CIUS, 1982）.

＊16　強制移送については、Snyder, *Reconstruction of Nations*; Grzegorz Motyka, *Od rzezi wołyńskiej do akcji "Wisła". Konflikt polsko-ukraiński 1943–1947*（Warsaw: Wydawnictwo Literackie, 2011）; Jeffrey Burds, "Agentura: Soviet Informants Networks and the Ukrainian Underground in Galicia," *East European Politics and Societies,* vol. 11, no. 1, 1997, 89–130.

＊17　1932年から1933年にかけての飢饉については次を参照。Andrea Graziosi, *The Great Soviet Peasant War*（Cambridge, Mass.: Harvard UP, 1996）; Barbara Falk, *Sowjetische Städte in der Hungersnot 1932/33*（Cologne: Böhlau Verlag, 2005）; Robert Kuśnierz, *Ukraina w latach kolektywizacji i wielkiego głodu*（Toruń: Grado, 2005）; Anne Applebaum, *Red Famine: Stalin's War on Ukraine*（New York: Doubleday, 2017）.〔ソ連末期の20年間の〕1970年代と1980年代についてのクロニクラーのロマン・シュプルルクによるエッセイが後年になって次に集成されている。Roman Szporluk, *Russia, Ukraine, and the Breakup of the Soviet Union*（Stanford: Hoover Press, 2000）.

＊18　ソヴィエト・ウクライナの末期の歴史については次を参照。Serhii Plokhy, *The Gates of Europe*（New York: Basic Books, 2015）, 291–336.

＊19　ロシアとウクライナの（現代における）簡潔な比較は次を参照。"Ukraine's Biggest Problem: No Money," *American Interest,* Feb. 24, 2014; "On Putin and Oligarchs," *American Interest,* Sept. 19, 2014; "Private Banks Fuel Fortune of Putin's Inner Circle," *NYT,* Sept. 29, 2014. 一般的な知識を得るには、Dawisha, *Putin's Kleptocracy.*

＊20　Franklin Foer, "The Quiet American," *Slate,* April 28, 2016; Franklin Foer, "Putin's Puppet," *Slate,* July 21, 2016; Roman Romaniuk, "How Paul Manafort Brought US Politics to Ukraine（and Ukrainian Politics to the US）," *UP,* Aug. 18, 2016; Nick Robins-Early, "Who is Viktor Yanukovych and What's His Connection to Paul Manafort?" *HP,* Oct. 30, 2017; Steven Lee Myers and Andrew Kramer, "How Paul Manafort Wielded Power in

Ukraine Before Advising Donald Trump," *NYT,* July 31, 2016.

＊21　ヤヌコーヴィチ・ファミリーの蓄財については、Benjamin Bidder, "The Dubious Business of the Yanukovych Clan," *Spiegel Online,* May 16, 2012; Alexander J. Motyl, "Ukraine: The Yanukovych Family Business," *World Affairs,* March 23, 2012; H. E. Hale and R. W. Orttung, *Beyond the Euromaidan,* (Palo Alto: Stanford UP, 2016), 191. ヤヌコーヴィチが政敵を投獄したことについては、Kathy Lally, "Ukraine jails former prime minister," *WP,* Oct. 11, 2011; Luke Harding, "Ukraine's new government puts final nail in coffin of the Orange Revolution," *TG,* March 11, 2010.

＊22　EUとの連合協定については、Amanda Paul, "Ukraine under Yanukovych: Plus ça change?" European Policy Centre, Feb. 19, 2010; "Ukraine protests after Yanukovych EU deal rejection," BBC, Nov. 30, 2013; "How the EU Lost Ukraine," *Spiegel Online,* Nov. 25, 2013.

＊23　"Berkut' besposhchadno rastoptal kyevskyy evromaydan," *Fakty UA,* Nov. 30, 2013. 典型的な反応の引用は次に見られる。"The last drop of our patience was the first drop of blood spilled on the Maidan." Sergei Gusovsky, Dec. 13, 2013, in Timothy Snyder and Tatiana Zhurzhenko, eds., "Diaries and Memoirs of the Maidan," *Eurozine,* June 27, 2014.

＊24　ニホヤンの肉声は次に。interview, Jan. 19, 2014, TSN. 以下も参照。Daisy Sindelar, Yulia Ratsybarska, and Franak Viachorka, "How an Armenian and a Belarusian Died for the Ukrainian Revolution," *The Atlantic,* Jan. 24, 2014; "First Victims of Maidan Crackdown Remembered in Ukraine," *RFE/RL,* Jan. 22, 2015. ドンバス地方とそこの労働者については次を参照。Hiroaki Kuromiya, *Freedom and Terror in the Donbas* (Cambridge: Cambridge UP, 1998); Tanja Penter, *Kohle für Stalin und Hitler* (Essen: Klartext Verlag, 2010).

＊25　この段落での発言の引用は次のなかに見られる。Snyder and Zhurzhenko, "Diaries and memoirs of the Maidan."

＊26　"Priniaatye Radoi 16 ianvaria skandal'nye zakony opublikovany," *Liga Novosti,* Jan. 21, 2014; Will Englund, "Ukraine enacts harsh laws against protests," *WP,* Jan. 17, 2014; Timothy Snyder, "Ukraine: The New Dictatorship," *NYR,* Feb. 20, 2014.

＊27　David M. Herszenhorn, "Unrest Deepens in Ukraine as Protests Turn Deadly," *NYT,* Jan. 22, 2014; "Timeline: How Ukrainian Protests Descended into Bloodbath," *RFL/RE,* Feb. 19, 2014; Piotr Andrusieczko, "Ofiary kijowskiego Majdanu nie byly daremne," *GW,* Nov. 21, 2014.

＊28　Fond Demokratychni Initsiatyvy im. Il'ka Kucheriva, "Vid Maidanu-taboru do Maidanu-sichi," survey of participants, Feb. 2014.

＊29　ある調査などについては、"Vid Maidanu-taboru do Maidanu-sichi," survey of participants, Feb. 2014. スレンコについては、Snyder and Zhurzhenko, "Diaries and memoirs of the Maidan."

＊30　Volodymyr Yermolenko, “O dvukh Evropakh,” inache.net, Dec. 18, 2013.

＊31　イーホル・ビフンについては、Leonid Finberg and Uliana Holovach, eds., *Maidan. Svidchennia* (Kyiv: Dukh i Litera, 2016), 89. アンドリイ・ボンダールについては、Snyder and Zhurzhenko, “Diaries and memoirs of the Maidan.”

＊32　「供与の経済」については、Valeria Korablyova, “The Idea of Europe, or Going Beyond Geography,” unpublished paper, 2016. この段落での発言の引用は次のなかに見られる。Snyder and Zhurzhenko, “Diaries and memoirs of the Maidan.”

＊33　パーセントのデータについては、“Vid Maidanu-taboru do Maidanu-sichi.” Cherepa-nyn: personal experience, 2014. 以下も参照。Natalie Wilson, “Judith Butler's Corporeal Politics: Matters of Politicized Abjection,” *International Journal of Sexuality and Gender Studies,* vol. 6, nos. 1-2, 2001, at 119–21.

＊34　Snyder and Zhurzhenko, “Diaries and memoirs of the Maidan.”

＊35　哲学者のヴォロディーミル・イェルモレンコについては、“O dvukh Evropakh.” ヤロスラフ・フリツァークは次に引用されている。Snyder and Zhurzhenko, “Diaries and memoirs of the Maidan.” ベンジャミン・フランクリンの手紙の引用は次から。Korablyova, “The Idea of Europe, or Going Beyond Geography.”

＊36　Finberg and Holovach, *Maidan. Svidchennia,* 100. 131

＊37　Vladimir Korovin, “Putin i Evraziiskaia ideologiia,” Izborsk Club, April 15, 2014, article 2801.

＊38　“ ‘Ia ne gei!’: khakery vzlomali sotsseti Klichko posle ego prizyva vyiti na Maidan,” *NTV,* Nov. 22, 2013, 714256. 背景を知るうえで有益なものとしては次を参照。Oleg Riabov and Tatiana Riabova, “The Decline of Gayropa?” *Eurozine,* Feb. 2013.

＊39　「同性愛的な独裁政治（homodictatorship）」については次を参照。“V Kieve aktivisty vodili khorovod i protykali puzyr' evrogomointegratsii,” *NTV,* Nov. 24, 2014, 735116. “The ‘gay’ maelstrom of euro-integration,” *Trueinform,* Dec. 22, 2013; Viktor Shestakov, “ ‘Goluboi’ omut ‘evrorevoliutsii,’ ili Maidan sdali,” *Odna Rodina*, Dec. 21, 2014.

＊40　Jim Rutenberg, “How the Kremlin built one of the most powerful information weapons of the 21st century,” *NYT,* Sept. 13, 2017.

＊41　ポーランド＝リトアニア＝スウェーデン同盟についてのキセリョフの発言は、Dmitrii Kiselev, “Vesti Nedeli,” Rossiia-1, Dec. 1, 2013, 928691.

＊42　Dmitrii Kiselev, “Vesti Nedeli,” Rossiia-1, Dec. 8, 2013.『セヴォードニャ』紙については、Nikolai Telepnev, “Gei- Udar Po ‘Udaru,’ ” Dec. 20, 2013, 133168.

＊43　〔本文中のこの段落では「ロシアの政治家たち」の一人であるが、マロフェーエフは本文中に頻繁に出てくる〕アレクサンダー・マロフェーエフについては、Nataliia Telegina, “Put' Malofeeva: ot detskogo pitaniia k sponsorstvu Donbassa i proshchennym,” republic.ru, May 12, 2015, 50662.『コムソモリスカヤ・プラウダ』紙の記事については、“Gei-drovishki v koster Mai dana,” *KP,* May 12, 2013, 3055033.

＊44　“V Kieve aktivisty vodili khorovod i protykali puzyr’ evrogomointegratsii,” NTV, Nov. 24, 2014.

＊45　天然ガスの取引については、“Putin Pledges Billions, Cheaper Gas to Yanukovych,” *RFE/RL,* Dec. 17, 2013; Carol Matlack, “Ukraine Cuts a Deal It Could Soon Regret,” *Bloomberg,* Dec. 17, 2013; David Herszenhorn and Andrew Kramer, “Russia Offers Cash Infusion for Ukraine,” *NYT,* Dec. 17, 2013. ウクライナの警察機動隊の力の行使については、Andrew Kramer, “Police and Protestors in Ukraine Escalate Use of Force,” *NYT,* Jan. 20, 2014. 暴力についての回想は次のなかにも見られる。Snyder and Zhurzhenko, “Diaries and memoirs of the Maidan”; Finberg and Holovach, *Maidan. Svidchennia.*

＊46　Ilya Arkhipov, Henry Meyer, and Irina Reznik, “Putin’s ‘Soros’ Dreams of Empire as Allies Wage Ukraine Revolt,” *Bloomberg,* June 15, 2014.

＊47　Telegina, “Put’ Malofeeva.” Girkin’s past and self-definition as “special operations officer”: Aleksandr Prokhanov, interview with Girkin, “Kto ty, Strelok?” *Zavtra,* Nov. 20, 2014. イーゴリ・ギルキンはインタビューでも自分を現役の大佐としていた。Aleksandr Chalenko, interview with Girkin, *Politnavigator,* Dec. 1, 2014.

＊48　Andrei Lipskii, “ ‘Predstavliaetsia pravil’nym initsiirovat’ prisoedinenie vostochnykh oblastei Ukrainy k Rossii’,” *NG,* Feb. 2015. 回覧された文書でのヤヌコーヴィチ政権への判断については、“Vo-pervykh, rezhim V. Yanukovicha okonchatel’no obankrotilsia. Ego politicheskaia, diplomaticheskaia, finansovaia, informatsionnaia podderzhka Rossiskoi Federatsiei uzhe ne imeet nikakogo smysla.” ドイツ語訳については、“Russlands Strategiepapier im Wortlaut,” *Die Zeit,* Feb. 26, 2016. さらなる議論のためには次を参照。Steffen Dobbert, Christo Grosev, and Meike Dülffer, “Putin und der geheime Ukraine-Plan,” *Die Zeit,* Feb. 26, 2015.

＊49　“Spasti Ukrainu! Memorandum ekspertov Izborskogo Kluba,” Feb. 13, 2014.

＊50　ラヴロフと「快楽主義のヨーロッパ」については、Sergei Lavrov, “V ponimanii EC i CShA ‘svobodnyi’ vybor za ukraintsev uzhe sdelan,” *Kommersant,* Feb. 13, 2014. スルコフと実包については、Kurczab-Redlich, *Wowa,* 667–68.

＊51　当時のアメリカの国務次官補ヴィクトリア・ヌーランドが〔キエフを訪れ〕マイダンで「クッキー」を配ったことをあなたは信じているだろうか？　仮に信じているなら、あなたの頭に入っていた出来事のヴァージョンは、すでにロシアのプロパガンダを経過したものだ。ヌーランドは「サンドウィッチ」を配ったのだ。この取り違えは、それ自体は大したことではないが、手がかりとしては役立つものだ。あなたの頭の中の物語に「クッキー」という作りものの要素がまじっているなら、ほかの作りものの要素も含んでいることになるからだ。

＊52　〔本段落と、次とその次の段落に関わる註になるが〕交渉、狙撃、逃亡については、“A Kiev, la diplomatie européenne négocie directement avec Ianoukovitch,” *LM,* Feb. 20, 2014; Matthew Weaver and Tom McCarthy, “Ukraine crisis: deadly clashes shatter

truce," *TG,* Feb. 20, 2014. ヤヌコーヴィチの退任については、Shiv Malik, Aisha Gani, and Tom McCarthy, "Ukraine crisis: deal signed in effort to end Kiev standoff," *TG,* Feb. 21, 2014; "Ukraine's Parliament, President Agree to Opposition Demands," *RFE/RL,* Feb. 21, 2014; Sam Frizell, "Ukraine Protestors Seize Kiev as President Flees," *Time,* Feb. 22, 2014; Alan Taylor, "Ukraine's President Voted Out, Flees Kiev," *The Atlantic,* Feb. 22, 2014.

＊53　2月20日から21日にかけてFSBがキエフに来ていたことについては、Kurczab-Redlich, *Wowa,* 667–68; Andrei Soldatov, "The True Role of the FSB in the Ukrainian Crisis," *Moscow Times,* April 15, 2014. 以下も参照。Simon Shuster, "The Russian Stronghold in Ukraine Preparing to Fight the Revolution," *Time,* Feb. 23, 2014; Daniel Boffey and Alec Luhn, "EU sends advisers to help Ukraine bring law and order to rebel areas," *TG,* July 26, 2014.

＊54　ヤヌコーヴィチが議会多数派を失ったことについては、"Parliament votes 328–0 to impeach Yanukovych on Feb. 22; sets May 25 for new election; Tymoshenko free," *Kyiv Post,* Feb. 23, 2014; Uri Friedman, "Ukraine's Government Disappears Overnight," *The Atlantic,* Feb. 22, 2014.

＊55　クリミアをめぐるサイバー攻撃については、Owen Matthews, "Russia's Greatest Weapon May Be Its Hackers," *NW,* May 7, 2015; Hannes Grassegger and Mikael Krogerus, "Weaken from Within," *New Republic,* Dec. 2017, 21; Adam Entous, Ellen Nakashima, and Greg Jaffe, "Kremlin trolls burned across the Internet," *WP,* Dec. 25, 2017.「インターネット・リサーチ・エージェンシー」については、Adrian Chen, "The Agency," *NYT,* June 2, 2015. クリミア侵攻の最初の数日間の雰囲気を知るには次を参照。the early dispatches from Simon Ostrovsky's "Russian Roulette" series at VICE News online.

＊56　部隊番号については、Thomas Gutschker, "Putins Schlachtplan," *FAZ,* July 9, 2014. ロシアのウクライナ侵攻の当初の報道をいくらか挙げれば、"Russian troops in Crimea and the traitor admiral"（"Russkie voiska v Krymu i admiral predatel' "）*BigMir,* March 3, 2014; Telegina, "Put' Malofeeva." 以下も参照。Pavel Nikulin, "Kak v Krymu otneslis' k vvodu rossiiskikh voisk," *Slon,* March 1, 2014; Il'ia Shepelin, "Prorossiiskie soldaty otkryli ogon' v vozdukh, chtoby ne dat' ukrainskim vernut' aerodrom Bel'bek," *Slon,* March 3, 2014.

＊57　クリミアへのロシアの侵攻については、Anton Bebler, "Crimea and the Russian-Ukrainian Conflict," *Romanian Journal of Foreign Affairs,* vol. 15, no. 1, 2015, 35–53; Ashley Deels, "Russian Forces in Ukraine," *Lawfare,* March 2, 2014; Anatoly Pronin, "Republic of Crimea," *Russian Law Journal,* vol. 3, no. 1, 2015, 133–42. シンフェロポリ空港については、Mat Babiak, "Russians Seize Simferopol," *Ukrainian Policy,* Feb. 27, 2014; Simon Shuster, "Gunmen Seize Parliament in Ukraine's Russian Stronghold," *Time,* Feb. 27, 2014. ギルキンの回想は次のインタビューで。Sergei Shargunov, interview with Ivan Girkin, *Svobodnaia Pressa,* Nov. 11, 2014. セルゲイ・グラジエフが電話をかけたことについ

ては、“Kiev releases audio tapes,” *Meduza,* Aug. 22, 2016. 以下も参照。Gerard Toal, *Near Abroad*（London: Oxford UP, 2016）. セルゲイ・アクショーノフについては、Simon Shuster, “Putin's Man in Crimea Is Ukraine's Worst Nightmare,” *Time,* March 10, 2014. ウクライナについてのオバマの態度は、Thomas Sparrow, “From Maidan to Moscow: Washington's Response to the crisis in Ukraine,” in Klaus Bachmann and Igor Lyybashenko, eds., *The Maidan Uprising, Separatism and Foreign Intervention*（Frankfurt: Peter Lang, 2014）, 322–23. オバマの声明の引用は次から。Bill Chappell, “Obama Warns Russia Against Using Force in Ukraine,” NPR, Feb. 28, 2014.

＊58　クリミアに現れた「夜の狼」については、“Night Wolves, Putin's ‘Biker Brothers’, To Ride to Ukraine to Support Pro-Russia Cause,” *HP,* Feb. 28, 2014; Harriet Salem, “Crimea's Putin supporters prepare to welcome possible Russian advance,” *TG,* March 1, 2014. アレクセイ・ヴァイツの引用は次から。Peter Pomerantsev, “Forms of Delirium,” *London Review of Books,* vol. 35, no. 19, Oct. 10, 2013.

＊59　アレクサンドル・ザルドスタノフの引用は次から。Damon Tabor, “Putin's Angels,” *Rolling Stone,* Oct. 8, 2015; Shaun Walker, “Patriotic group formed to defend Russia against pro-democracy protestors,” *TG,* Jan. 15, 2015.

＊60　プーチンのジャーナリストへの答えは、“Vladimir Putin otvetil na voprosy zhurnalistov o situatsii na Ukraine,” March 4, 2014. ウィーンでの会合〔本章註＊79を参照〕とドゥーギンの発言の引用は、Bernhard Odehnal, “Gipfeltreffen mit Putins fünfter Kolonne,” *Tages-Anzeiger,* June 3, 2014.「歴史に存在していたウクライナは消え去ったのだ」は次から。Alexander Dugin, “Letter to the American People on Ukraine,” *Open Revolt,* March 8, 2014.

＊61　住民投票については、David Patrikarakos, *War in 140 Characters*（New York: Basic Books, 2017）, 92–94, 153; Richard Balmforth, “No room for ‘Nyet’ in Ukraine's Crimea vote to join Russia,” Reuters, March 11, 2014. 結果については、Paul Roderick Gregory, “Putin's human rights council accidentally posts real Crimean election results,” *Kyiv Post,* May 6, 2014; “Krym vybral Rossiiu,” Gazeta.ru, March 15, 2014; “Za zlyttia z Rosiieiu proholosovalo 123% sevastopoltsiv,” *Ukrains'ka Pravda,* March 17, 2014; “V Sevastopole za prisoedinenie k Rossii progolosovalo 123% naseleniia,” UNIAN, March 17, 2014.「フランスへの感謝」については、Agathe Duparc, Karl Laske, and Marine Turchi, “Crimée et finances du FN: les textos secrets du Kremlin,” *Mediapart,* April 2, 2015.

＊62　「ブダペスト覚書」については、Czuperski et al., “Hiding in Plain Sight,” 4. さまざまな法的関連事項については、Deels, “Russian Forces in Ukraine”; Ivanna Bilych, et al., “The Crisis in Ukraine: Its Legal Dimensions,” Razom report, April 14, 2014; Anne Peters, “Sense and Nonsense of Territorial Referendums in Ukraine,” ejiltalk.org, April 16, 2014; Anne Peters, “The Crimean Vote of March 2014 as an Abuse of the Institution of Territorial Referendum,” in Christian Calliess, ed., *Staat und Mensch im Kontext des Volker-*

*und Europarechts* (Baden-Baden, Noms Verlag, 2015), 255–80. 軍縮については、Sergei L. Loiko and Carol J. Williams, "Ukraine troops struggle with nation's longtime neglect of military," *Los Angeles Times,* Oct. 18, 2014.

＊63　3月17日のロシア外相による宣言については、Ministry of Foreign Affairs, "Zaiavlenie MID o Gruppe podderzhki dlia Ukrainy," March 17, 2014. 次を参照。Paul Roderick Gregory, "Putin Demands Federalization for Ukraine, But Declares It Off-Limits for Siberia," *Forbes,* Sept. 1, 2014; Maksim Trudoliubov and Nikolai Iepple, "Rossiiskoe obshchestvo ne vidit sebia," *Vedomosti,* July 2, 2015; "M.I.D. Ukrainy schitaet nepriemlemymi predlozheniia Rossii po uregulirovaniiu krizisa v strane," *Interfax,* March 17, 2014, 196364.

＊64　Vladimir Putin, Address of the President of the Russian Federation, March 18, 2014.

＊65　Tatiana Saenko, "Parlamentarii o priniatii v sostav Rossiiskoi Federatsii novykh sub"yektov," *Kabardino-Balkarskaya Pravda,* no. 49, March 18, 2014.

＊66　プーチンの弁明の引用は次から。"Priamaia liniia s Vladimirom Putinym," Kremlin, April 17, 2014. マロフェーエフの引用は、Dmitrii Sokolov-Mitrich and Vitalii Leibin, "Ostavit' Bogu mesto v istorii," *Russkii Reporter,* March 4, 2015. これらは戦争を始めはするが宣戦はしないという「時の観念」である。著者が、悪魔と戦う男らしいキリスト教の戦士とマロフェーエフが想定していた親ロシアの義勇兵たちとのインタビューを読んだとき、著者が微笑を禁じえないものが2つあった。取りかかった最初のものはユダヤ系の男性の証言であり、ロシア文学に出てくるサタンに言及していたが、サタンを自分のペンネームにしていた。次のものは、自分の信仰はサタニズムだとする女性の証言だった。著者の微笑は束の間のものだった。2人の語りは、その戦争に引きずり込まれた地元住民すべての証言と同じく、とても悲しいものだったから。(Separatist interviews (B) and (V), transcripts provided by Oksana Mikhaevna.)

＊67　グラジエフについては、"Ukraine publishes video proving Kremlin directed separatism in eastern Ukraine and Crimea," *Euromaidan Press,* Aug. 23, 2016; "English translation of audio evidence of Putin's adviser Glazyev and other Russian politicians' involvement in war in Ukraine," *Focus on Ukraine,* Aug. 30, 2016. このあたりについての議論には〔どれも2016年の〕次を参照。Veronika Melkozerova, "Two years too late, Lutsenko releases audio of Russian plan that Ukrainians already suspected," *Kyiv Post,* Aug. 27, 2016; Halya Coynash, "Odesa Smoking Gun Leads Directly to Moscow," *Human Rights in Ukraine,* Sept. 20, 2016; "The Glazyev Tapes," *European Council on Foreign Relations,* Nov. 1, 2016.

＊68　4月になるとギルキンとボロダイがウクライナに戻ってきたことについては、Czuperski et al., "Hiding in Plain Sight," 4, 20. ギルキンとボロダイの就いた地位については、Dmitrii Sokolov-Mitrich and Vitalii Leibin, "Ostavit' Bogu mesto v istorii,"

*Russkii reporter,* March 4, 2015; "Profile of Russian Tycoon's Big New Christian TV Channel," *FT,* Oct. 16, 2015. ドネツクの「人民の知事」を称するパベル・グーバレフについては、Nikolai Mitrokhin, "Transnationale Provokation," *Osteuropa,* 5–6/2014, 158; Mitrokhin, "Infiltration, Instruktion, Invasion," *Osteuropa* 8/2014, 3–16; "Russian ultra-nationalists come to fight in Ukraine," *StopFake,* March 8, 2014; "After Neutrality Proves Untenable, a Ukrainian Oligarch Makes His Move," *NYT,* May 20, 2014. グーバレフの発言の引用は次から。Paweł Pieniążek, *Pozdrowienia z Noworosji*（Warsaw: Krytyka Polityczna, 2015）, 18.

＊69　「ロシアの春」については、"Ukraine and Russia are both trapped by the war in Donbas," *The Economist,* May 25, 2017. ドゥーギンの引用は彼の次の論説などから。Alexander Dugin, "Horizons of our Revolution from Crimea to Lisbon," *Open Revolt,* March 7, 2014. ザカムスカヤについては、"Blogery Ishchut Antisemitizm Na 'Rossii 24': 'Korichnevaia Chuma' Raspolzaetsia," *Medialeaks,* March 24, 2014. モスクワのネオナチについては、Alec Luhn, "Moscow Holds First May Day Parade Since Soviet Era," *TG,* May 1, 2014.

＊70　スキゾファシズムは〔筆者の同僚の〕哲学者ジェイソン・スタンリーが「弱体化させるプロパガンダ」と呼ぶものの例である——概念をその概念を破壊するために用いるのだ。ここでは、「反ファシズム」が「反ファシズム」を破壊するために用いられている。スタンリーの著書は、*How Propaganda Works*（Princeton: Princeton UP, 2016）.

＊71　プロハーノフ、ドゥーギン、グラジエフについてはそれぞれ、Alexander Prokhanov, "Odinnadtsatyi stalinskii udar. O nashem novom Dne Pobedy," *Izvestiia,* May 5, 2014; Dugin: "Towards Laocracy," July 28, 2014, *Open Revolt*; Glazyev: "Predotvratit' voinu—pobedit' v voine," Izborsk Club, Sept. 2014, article 3962. 以下も参照。Pieniążek, *Pozdrowiena z Noworosji,* 167.

＊72　Glazyev, "Predotvratit' voinu—pobedit' v voine."

＊73　Vladimir Putin, Address of the President of the Russian Federation, March 18, 2014.

＊74　ラヴロフの宣言については、"Comment by Russian Ministry of Foreign Affairs," March 14, 2014. 以下も参照。Damien McElroy, "Moscow uses death of protestor to argue for 'protection' of ethnic Russians in Ukraine," *Telegraph,* March 14, 2014.

＊75　アメリカの白人至上主義者たちについては、Casey Michel, "Beyond Trump and Putin," *Diplomat,* Oct. 13, 2016. スペンサーによるロシアの侵攻の擁護については、"Russian State Propaganda Uses American Fascist to Blame Ukrainian Fascists for Violence," *Daily Surge,* June 5, 2014. ポーランドのファシストたちについては、Piątek, *Macierewicz i jego tajemnice,* 176, 180–81.

＊76　引用は次から。Shekhovstov, *Russia and the Western Far Right,* chapter 5. 一般的なことを知るには、P. Krekó et al., "The Weaponization of Culture," *Political Capital Institute,*

Aug. 4, 2016, 8, 14, 30–40, 59; Alina Polyakova, “Putinism and the European Far Right,” *Atlantic Council,* Nov. 19, 2015, 4. ウクライナでの衝突に対する極右の反応については、Timothy Snyder, “The Battle in Ukraine Means Everything,” *New Republic,* May 11, 2014. ブタペストについては、Anton Shekhovtsov, “Far-right international conferences in 2014,” *Searchlight,* Winter 2014. マヌエル・オクセンライターについては、Van Herpen, *Putin's Propaganda Machine,* 73.

＊77　一般的なことを知るには次を。Patrick Jackson, “Ukraine war pulls in foreign fighters,” BBC, Sept. 1, 2014. フランスの極右については、Mathieu Molard and Paul Gogo, “Ukraine: Les docs qui montrent l'implication de l'extrême droite française dans la guerre,” *Streetpress,* Aug. 29, 2016. セルビアのナショナリストについては、“Serbia arrests suspect linked to Montenegro election plot: report,” Reuters, Jan. 13, 2017. スウェーデンのネオナチについては、“Three Swedish men get jail for bomb attacks on asylum centers,” Reuters, July 7, 2017; “Russia trains extremists who may wreak havoc in Europe—probe,” UNIAN, July 24, 2017.

＊78　「世界国家保守運動」については、Anton Shekhovtsov, “Slovak Far-Right Allies of Putin's Regime,” *TI,* Feb. 8, 2016. 以下も参照。“Europe's far right flocks to Russia: International conservative forum held in St. Petersburg,” *Meduza,* March 24, 2015. アリャクサンドル・ウソフスキーについては、Yaroslav Shimov and Aleksy Dzikawicki, “E-Mail Hack Gives Glimpse into Russia's Influence Drive in Eastern Europe,” *RFE/RL,* March 17, 2017; Andrew Higgins, “Foot Soldiers in a Shadowy Battle Between Russia and the West,” *NYT,* May 28, 2017. ポーランド人に金を払った、の出典は、“Za antiukrainskimi aktsiami v Pol'she stoit Kreml,” InfoNapalm, Feb. 22, 2017, 33652.

＊79　Odehnal, “*Gipfeltreffen.*”

＊80　〔21歳の大学生の〕ムイハーロ・マルトゥネンコ（1992年－）や〔「頭部に銃弾を浴びた大学講師」〕のボフダーン・ソルチャヌク（1985年－2014年）と、学生や教師たちの革命への見通しについては次を参照。Marci Shore, *The Ukrainian Night: An Intimate History of Revolution*（New Haven: Yale UP, 2018）.

＊81　“RF traktuet proiskhodiashchee na Ukraine kak popytku gosperevorota, zaiavil press-sekretar' Prezidenta,” PK, Feb. 19, 2014, 52312.

＊82　Anton Shekhovtsov, “Spectre of Ukrainian ‘fascism’: Information wars, political manipulation, and reality,” *Euromaidan Press,* June 24, 2015.

＊83　Olga Rudenko, “Oleksandr Turchynov's Baptist faith may help defuse Ukrainian crisis,” *WP,* Feb. 26, 2014; “Ukraine Turns to Its Oligarchs for Political Help,” *NYT,* March 2, 2014; “Avakov appointed interior minister of Ukraine,” *ArmenPress,* Feb. 22, 2014.

＊84　セルゲイ・グラジエフはペトロ・ポロシェンコをしつこく「ナチ」と呼んだ。次を参照。Glazyev: Poroshenko—natsist, Ukraina—Frankenshtein,” BBC, June 27, 2014.

＊85　Steven Pifer, “Ukraine's Parliamentary Election,” Brookings Institute, Oct. 27, 2014.

＊86　「共通の文明」については、Pavel Kanygin, "Aleksandr Borodai: 'Zakliuchat' mir na usloviiakh kapituliatsii my nikak ne gotovy'," *NG,* Aug. 12, 2014. 時の遠近法（タイムスケープ）については、Tatiana Zhurzenko, "Russia's never-ending war against 'fascism,' " *Eurozine,* Aug. 5, 2015.

＊87　Konstantin Skorkin, "Post-Soviet science fiction and the war in Ukraine," *Eurozine*, Feb. 22, 2016.

＊88　Federal Law of May 5, 2014, N. 128-Fr, "O vnesenii izmenenii v otdel'nye zakonodatel'nye akty Rossiiskoi Federatsii." プーチンがモロトフ＝リッベントロップ協定を擁護したことについては、Vladimir Putin, "Meeting with young academics and history teachers," Nov. 5, 2014, Kremlin, 46951. 有罪判決を受けることについては、Gleb Bugush and Ilya Nuzov, "Russia's Supreme Court Rewrites History of the Second World War," *EJIL Talk!* Oct. 28, 2016.

＊89　Issio Ehrich, "Absturz von MH17: Igor Strelkow—'der Schütze,' " N-TV.de, July 24, 2014. ギルキンとスターリンばりの本物の処刑については、Anna Shamanska, "Former Commander of Pro-Russian Separatists Says He Executed People Based on Stalin-Era Laws," *RFE/RL,* Jan. 29, 2016.

＊90　「懲罰作戦」については、"Ukraine conflict: Turning up the TV heat," BBC, Aug. 11, 2014. 戦車については、"Lies: Luhansk Gunmen to Wage War on Repaired T-34 Museum Tank," *StopFake,* May 13, 2014. "1942": Separatist interview (B).「スターリンのために」については、"Russia's 200th Motorized Infantry Brigade in the Donbass," *Bellingcat,* Jan. 16, 2016. クリミアにいるロシア兵については、Ekaterina Sergatskova, Artiom Chapai, Vladimir Maksakov, eds., *Voina na tri bukvy* (Kharkiv: Folio, 2015), 24. 戦車と戦争捕虜については、Zhurzenko, "Russia's never-ending war."

＊91　スターリンとブレジネフの支持率については、"Praviteli v Otechestvennoi Istorii," Levada Center, March 1, 2016.

＊92　"V Kiyeve Pereimenovali Muzei Velikoi Otechestvennoi Voiny," ru.tsn.ua, July 16, 2015. ウクライナが〔対ロシアの〕その戦争について第二の神話を持っていたのは確かだった――ウクライナの西部のいくらかのナショナリストが「ソヴィエト」権力の軍事施設に対して戦ったナショナリストのパルチザンを褒め称えていたからだ。けれど、2014年の戦いは南東部ウクライナで戦われたのだし、〔パルチザンでなく〕地元住民の兵士たちが圧倒的に多かったのだ。

［著者］

ティモシー・スナイダー（Timothy Snyder）

1969 年オハイオ州生まれ。イェール大学歴史学部教授。オクスフォード大学でPh.D. を取得。専攻は中東欧史、ホロコースト論、近代ナショナリズム研究。邦訳されている著書として『赤い大公――ハプスブルク家と東欧の 20 世紀』『ブラックアース――ホロコーストの歴史と警告』『暴政―― 20 世紀の歴史に学ぶ 20 のレッスン』（いずれも慶應義塾大学出版会、2014 年、2016 年、2017 年）、『ブラッドランド』（2015 年）、インタビュアーを務めたトニー・ジャットの遺著『20 世紀を考える』（2015 年）がある。2017 年 1 月に初来日し、慶應義塾大学、東京大学などで講演を行った。ブラウン大学を卒業しオクスフォード大学に転じた 1991 年にソ連崩壊を経験したため、英独仏語だけでなくスラブ諸語の一次史料をも自在に活用する学風は、ホロコースト論でも新境地を開いたと高く評価されている。ハンナ・アーレント賞をはじめ多彩な受賞歴を誇る。また、ウクライナ情勢の信頼できる解析者であるだけでなく、世界に蔓延するフェイクデモクラシーへの批判をさまざまなメディアを通じて発信しており、アメリカでもきわめて大きな影響力を持つオピニオンリーダーの一人と目されている。

［訳者］

池田年穂（いけだ としほ）

1950 年横浜市生まれ。慶應義塾大学名誉教授。ティモシー・スナイダーの日本における紹介者として、本書のほかに『赤い大公』『ブラックアース』『暴政』（2014 年、2016 年、2017 年）を翻訳している。タナハシ・コーツ『世界と僕のあいだに』（2017 年）、マーク・マゾワー『国連と帝国』（2015 年）、ピーター・ポマランツェフ『プーチンのユートピア』（2018 年）など多数の訳書がある（出版社はいずれも慶應義塾大学出版会）。

自由なき世界（上）
――フェイクデモクラシーと新たなファシズム

2020年3月20日　初版第1刷発行

著　者――――ティモシー・スナイダー
訳　者――――池田年穂
発行者――――依田俊之
発行所――――慶應義塾大学出版会株式会社
〒108-8346　東京都港区三田2-19-30
TEL〔編集部〕03-3451-0931
〔営業部〕03-3451-3584〈ご注文〉
〔　〃　〕03-3451-6926
FAX〔営業部〕03-3451-3122
振替　00190-8-155497
http://www.keio-up.co.jp/
装　丁――――耳塚有里
組　版――――株式会社キャップス
印刷・製本――中央精版印刷株式会社
カバー印刷――株式会社太平印刷社


Printed in Japan　ISBN 978-4-7664-2665-6